KRISTIN GANZWOHL | Geliebter Mörder

KRISTIN GANZWOHL

Geliebter Mörder

Eine wahre Geschichte

Diana Verlag

Vorbemerkung

Dieses Buch erhebt keinen Faktizitätsanspruch. Es basiert zwar zum Teil auf wahren Begebenheiten und behandelt typisierte Personen, die es so oder so ähnlich gegeben haben könnte. Diese Urbilder wurden jedoch durch künstlerische Gestaltung des Stoffs und dessen Ein- und Unterordnung in den Gesamtorganismus dieses Kunstwerks gegenüber den im Text beschriebenen Abbildern so stark verselbstständigt, dass das Individuelle, Persönlich-Intime zugunsten des Allgemeinen, Zeichenhaften der Figuren objektiviert ist.

Für alle Leser erkennbar erschöpft sich der Text nicht in einer reportagehaften Schilderung von realen Personen und Ereignissen, sondern besitzt eine zweite Ebene hinter der realistischen Ebene. Es findet ein Spiel der Autorin mit der Verschränkung von Wahrheit und Fiktion statt. Sie lässt bewusst Grenzen verschwimmen.

Herzlichen Dank an Josef Wilfling und den Wilhelm Heyne Verlag für die freundliche Genehmigung der Zitate aus:
Josef Wilfling, *Unheil. Warum jeder zum Mörder werden kann*

MIX
Papier aus verantwortungsvollen Quellen
FSC® C014889
FSC
www.fsc.org

Verlagsgruppe Random House FSC® N001967
Das für dieses Buch verwendete
FSC®-zertifizierte Papier *EOS*
liefert Salzer Papier, St. Pölten, Austria.

Redaktion | Bettina Traub
Umschlaggestaltung | Eisele Grafik·Design, München
unter Verwendung eines Motivs von © plainpicture/André Schuster
Satz | Leingärtner, Nabburg
Druck und Bindung | Pustet, Regensburg
Printed in Germany 2013
ISBN 978-3-453-28539-2

www.diana-verlag.de

Für G.

Inhalt

Das Geständnis

»Wir müssen reden«, sagt er beim Sonntagsfrühstück in meiner Küche. Unglaublich, was dieser abgedroschene, zu oft gehörte Satz in mir auslösen kann.

Denn *Wir müssen reden* heißt nie *Wir müssen dringend unseren dreiwöchigen Sommerurlaub auf Sardinien planen* oder *Ich will endlich mit dir zusammenziehen – was hältst du davon?*

Ich rechne auch nicht mit einer harmlosen Gewissenserleichterung wie etwa *Schatz, ich habe leider diese weiße Rosenthal-Vase zerbrochen, die du von deiner Uroma geerbt hast.*

Nein, auf *Wir müssen reden* folgt normalerweise *Ich habe da jemanden kennengelernt, Unsere Beziehung macht mich nicht mehr glücklich, Du kannst nichts dafür, aber …* Oder gleich die Wahrheit: *Ich möchte mich trennen.*

Der Satz *Wir müssen reden* ist der Anfang vom Ende einer Liebe. So war es immer. Bisher.

Dieses Mal jedoch erwartet mich ein Geständnis, dagegen wird alles verblassen, was bisher war – Untreue, Lügen, Betrug und erloschene Gefühle. Ein Geständnis, das triviale Metaphern wie *Es war, als würde der Boden unter meinen Füßen weggezogen* oder *Die Sonne schien sich zu verdunkeln* wahr werden lässt. Genauso wird sich die Welt – meine Welt – danach anfühlen. Bodenlos, dunkel, eiskalt.

Wir müssen reden. Noch habe ich keine Ahnung, nicht die geringste.

Ich sehe ihm über den Frühstückstisch in die Augen. Ich entdecke Tränen darin. Tränen? Was haben die da zu suchen? Meine Hände halten die Sonntagszeitung, das *FAS*-Feuilleton, sie beginnen zu zittern. Es ist mir peinlich. Ich hoffe, er sieht es nicht. Mein Hals ist plötzlich staubtrocken. Ich schlucke vergeblich gegen die Wüste in meinem Mund an. Mein Herz hämmert mir gegen die Brust, als wolle es unbedingt nach draußen. Bilder von früher tauchen in meinem Kopf auf: ein anderes, halb aufgegessenes Sonntagsfrühstück, Croissant-Krümel auf Tisch und Teller, die dritte Tasse Kaffee; es war gemütlich, vertraut, vielleicht ein bisschen zu warm – gerade hatte ich überlegt, das Fenster zu kippen –, im Hintergrund dudelte stilvoll *Nouvelle Vague*. Da sagte der Mann, mit dem ich damals alt werden wollte: *Wir müssen reden.* Der Anfang vom Ende einer großen Liebe. Jahre ist das her.

Seitdem passierte es so oder so ähnlich noch ein paar Mal, mit anderen Männern, an anderen Küchentischen. Die Liebe war nicht in jedem Fall groß. Manchmal war ich es, die den abgedroschenen Satz aussprach. Weh tat es eigentlich immer.

Unglaublich, was dieser Satz auslösen kann.

Wir müssen reden. Mein Herz beruhigt sich ziemlich schnell. Was soll schon passieren? Ich kenne diesen Mann erst seit vier Monaten. Wir sind noch in der Phase, in der er einen Riesenblumenstrauß mitbringt – keine roten Rosen, die kann ich nicht leiden, zu klischeehaft –, wenn er zum Abendessen kommt. Er hat sich sogar gemerkt, dass es mich nervt und anstrengt, immerzu Wasser nach Hause zu schleppen. Also hat er bei diesem Besuch zwei Kisten mitgebracht. Die richtige Marke, der richtige Kohlensäuregehalt. Ich war gerührt. Einer, der sich Gedanken macht, aufmerksam und ein bisschen altmodisch ist, dachte ich.

Es ist noch die Phase, in der Männer Komplimente machen, selbst wenn man mit verschmiertem Kajal, verklebten Augen, verwuschelten Haaren und karierten Pyjamahosen am Frühstückstisch lümmelt. Seine Komplimente drehen sich häufig um meinen Busen. »Wie kann man in deinem Alter noch so straffe Brüste haben? Und die sind wirklich nicht gemacht? Ganz ehrlich jetzt? Lass noch mal fühlen …« Und um meinen Hintern. »Unglaublich knackig. Und das Beste daran ist, dass deine Hüften vergleichsweise schmal sind.«

Ich nehme ihm diese Sorte Komplimente nicht übel, im Gegenteil. Ich habe die üblichen, langweiligen Phrasen über Augen und Lippen streng verboten. Und er hält sich daran.

Wir müssen reden. Es kann unmöglich um Trennung gehen. Viel zu früh. Ich habe ihn im Internet kennengelernt, bei einer angeblich sehr seriösen, fast schon spießigen Partnerbörse, bei der ich auf Drängen meiner besten Freundin Hannah halbherzig versuchte, den Mann fürs Leben zu finden. Bisher waren mir jedoch nur Langeweiler, Spießer, Angeber und/oder hässliche Frösche statt Prinzen untergekommen.

Er schrieb mich an und schaltete seine Fotos für mich frei. Eine nette, halbwegs originelle Mail, ein offenbar attraktiver Mann – das war mir beim Internetdating noch nicht allzu oft passiert. Ich schickte trotzdem eine Absage, immerhin eine freundliche: *Ich hoffe, du nimmst es mir nicht übel, aber nachdem ich dein Profil gelesen habe, glaube ich nicht, dass wir zusammenpassen – »konservativ« ist nicht so mein Ding. Ich wünsche dir viel Glück beim Suchen und Finden der Liebe!*

Ein »leitender Manager im Finanzwesen (40)«, der sich selbst als »konservativ« beschrieb – das klang nicht nach meinem Traummann. Das klang haargenau nach meinem Ex, den ich vor einem Jahr verlassen hatte. Ich wünschte mir einen Verwegenen, Wilden mit Dreitagebart und einem Job, bei dem man keine Krawatten tragen muss. Das Gegenteil von konservativ sozusagen.

Seine Antwort kam wenige Minuten nachdem ich ihm den netten schriftlichen Korb gegeben hatte. *Ich habe das Wort »konservativ« sofort aus meinem Profil gelöscht und auch sonst einiges geändert,* schrieb er zurück. *Vielleicht passe ich jetzt besser in die Prinzenschublade? Bitte, lies es doch noch einmal.*

Das gefiel mir, also las ich das neue Profil, entschuldigte mich für die vorschnelle Absage, bekam humorvolle Antworten, interessante Komplimente, und irgendwann, nach ein paar Wochen, trafen wir uns – obwohl er genau an diesem Tag den Münchner Triathlon absolviert hatte.

Es war sein siebter in diesem Jahr. Und mir, die ich nur Bauch-Beine-Po-Kurse im Fitnessstudio besuche, war nicht klar, was das bedeutete: Nämlich, dass er Mühe hatte, die Treppenstufen zu dem Café hochzusteigen, in dem wir verabredet waren. Dass er mir zeigen wollte, wie wichtig ihm dieses Treffen war. *Ich möchte dich unbedingt noch sehen, bevor du mit deiner Freundin nach Rom fliegst,* hatte er mir geschrieben. *Das geht dann schon irgendwie, trotz Triathlon.* Er fiel fast vom Stuhl vor Muskelkater, aß etwa zwei Kilo Pasta mit Sahnesoße, immer wieder fielen ihm kurz die Augen zu. Und er war das Beste, was mir seit Langem passiert war.

»Viel Haar, viel Hirn, viel Herz«, so beschrieb ich ihn später meiner Freundin Hannah, als ich mit ihr durch Rom schlenderte.

»Iiih, Haare auf dem Rücken oder was?«, kreischte sie.

»Nein, Haupthaar. Ich spreche von dunklen Locken auf dem Kopf. Du weißt doch, wie sehr ich auf Wuschelköpfe stehe – und wie schwierig es ist, welche zu finden, weil alle Kerle ab dreißig mit Geheimratsecken kämpfen.«

»Leider wahr.«

»Außerdem kommt es ja wohl mehr auf Herz und Hirn an.«

»Naaa jaaa …«, meinte Hannah.

Zusätzlich zu den Locken trug Claus in seiner Freizeit den von mir so geschätzten Dreitagebart und Furchen im Gesicht, auf die jeder Hollywood-Star, der einen einsamen Cowboy darstellen sollte, neidisch wäre. Ich mag Cowboys.

Beim vierten Date an der Isar, drei Wochen nach meinem Rom-Trip, hatte er Wein und Gläser dabei. Beim Ein- und Aussteigen in seinen Sportwagen hielt er mir immer die

Tür auf. Alles Masche, dachte ich, macht er bestimmt bei jeder. Schön fand ich es trotzdem. Ein bisschen albern, aber schön.

Es war Ende September und trotzdem so warm wie an einem Hochsommertag, was ich leider zu spät gemerkt hatte. Daher saß ich schwitzend in einem langärmeligen, gestreiften Designerfischerhemd und passenden ausgebleichten Jeans am Flussufer und hechelte möglichst unauffällig vor mich hin, während er sich in schwarzen Badeshorts auf der Picknickdecke räkelte und seinen Triathlon-gestählten Körper zur Schau stellte.

Ein bisschen wie Coco Chanel, gespielt von Audrey Tautou in dem gleichnamigen Film, hatte ich mit meinem Pseudofischerhemd aussehen wollen. Sogar meine dunklen Haare hatte ich mir in diesem Stil geföhnt, zumindest hatte ich es versucht. Doch dank der Hitze ähnelte ich wohl eher einem verschwitzten Krabbenkutterkapitän.

»Dir muss doch furchtbar warm sein«, sagte er. »Warum ziehst du die Bluse nicht aus? BHs sehen heute meistens aus wie Bikini-Oberteile, das ist doch völlig in Ordnung.«

Das stimmte natürlich, aber heute trug ich meinen Ketchup-roten, leicht nuttigen, durchsichtigen Spitzen-BH, dessen Träger ab und zu dezent hervorblitzen sollten. Mehr nicht. Damit ein Sonnenbad an der Isar, vor ihm, dem konservativen Cowboy – undenkbar. Irgendwann jedoch, kurz vor einem Hitzschlag, war mir alles egal, und ich riss mir das Hemd vom Leib.

Er räusperte sich und sagte: »Siehste, ist doch viel besser so.«

Als wir in meine Wohnung zurückkamen, war ich beschwipst von Sonne und Weißwein aus richtigen Gläsern.

Er redete ununterbrochen von meinem roten Spitzen-BH, und dann schliefen wir miteinander. Es war genau der richtige Zeitpunkt, nicht zu früh, nicht zu spät. Es fühlte sich richtig an. Danach waren wir ein Paar, ohne es aussprechen zu müssen.

Trotzdem machte ich mir Gedanken. Und Sorgen. Claus ist vierzig, ein Jahr jünger als ich. Er will Kinder oder zumindest ein Kind. Schon nach wenigen Wochen begann er, davon zu sprechen. Ich hatte mit dem Kinderthema längst abgeschlossen, hatte einfach nicht mehr damit gerechnet, ausgerechnet jetzt, nach all meinen kurzen Liebeleien und langen, gescheiterten Beziehungsversuchen noch jemandem zu begegnen, von dem ich glaubte, mich wirklich in ihn verlieben zu können. Jemanden, der zudem »unbedingt Papa werden« will, wie er oft und gern sagt.

Die meisten Männer, mit denen ich mich vor Claus getroffen hatte, waren Alimente zahlende Scheidungsväter mit Wochenendbesuchsrecht, wenigen Illusionen und noch weniger Lust auf weiteren Nachwuchs. Ich konnte das verstehen und hatte mich damit abgefunden.

Und jetzt das. Ein bindungswilliger, liebevoller, altmodisch-aufmerksamer Cowboy mit großem Kinderwunsch, der ungefragt Wasserträger hochschleppte.

Die biologische Uhr begann plötzlich zu ticken. Aber war das nicht purer Wahnsinn? Mit einem Mann, den ich erst ein paar Monate kannte, ein Kind zu planen? Und was, wenn es nicht klappte? Immerhin war ich jenseits der magischen Grenze vierzig – im besten Fall eine Risikoschwangere und Superspätgebärende, im schlechtesten eine alte Schachtel mit vertrockneten Eierstöcken. Würde er mich nicht allzu bald gegen eine Jüngere austauschen? So wie damals meine große Liebe? Sollte ich mich wirklich der Gefahr aussetzen, all das noch mal durchmachen zu müssen?

Und dann die Sportsache: Ein Leben ohne Sport ist für Claus undenkbar, nicht lebenswert. Er entspannt sich beim Sport, täglich. Ich entspanne mich mit Chips vor dem Fernseher oder einem dicken Krimi-Wälzer am Strand. Natürlich macht er nicht nur Triathlon. Er läuft Ski, segelt und hat eine Surflehrerlizenz.

»Ist doch völlig egal«, sagte er.

»Ist es nicht«, sagte ich. »Ich kann gegen die Skihaserl und Triathlon-Mausis nicht anstinken.«

»Natürlich kannst du.«

Meine Güte, kaum zu glauben, wie viel ich über das Sport- und Kinderproblem nachdachte. Bevor das ECHTE Problem auftauchte.

»Wir müssen reden.«

Er steht von seinem Stuhl auf, kommt zu mir herüber und zieht mich hoch in seine Arme.

»Komm, lass uns ins Wohnzimmer gehen, da können wir nebeneinander auf der Couch sitzen. Ich möchte neben dir sitzen, wenn ich es dir sage.«

»Es« dir sage, hallt es in meinem Ohr nach. Es.

Er führt mich aus der Küche wie eine Krankenschwester einen Patienten, der vor einer OP schon leicht sediert ist. So ähnlich fühle ich mich auch. Ich tapse strumpfsockig und langsam neben ihm her, in meinem Gehirn jedoch rasen die Gedanken.

Was wird er mir sagen? Was kann es sein? Was?

Aids, schießt mir durch den Kopf. Er ist HIV-positiv. O Gott.

Ganz am Anfang waren wir sehr vorbildlich gewesen und hatten Kondome benutzt, doch nach ein paar Wochen, nachdem aus uns ein Paar – zwar erst in der Probezeit, aber: ein Paar – geworden war, hatten wir sie einfach weggelassen. Ohne zuvor einen Test zu machen. Jetzt hätte ich mich dafür ohrfeigen können. Das Schlimmste daran ist, dass mir das nicht zum ersten Mal passiert. Aus einem Fremden wird ein Geliebter oder eher ein Lover; man verbringt viel Zeit miteinander und bekommt nach und nach das Gefühl, sich gut zu kennen. Der Gedanke an Ansteckung rückt in weite Ferne, bis die Beziehung zerbricht. Dann erscheint der Gedanke daran gar nicht mehr so abwegig. Jedes Mal wieder habe ich mir fest vorgenommen, nie wieder so unvorsichtig zu sein und beim nächsten Mal unbedingt auf einem HIV-Test zu bestehen, bevor … Aber nein, das würde er mir doch nicht antun. Er würde doch nicht zulassen, dass wir auf Kondome verzichten, wenn er weiß, dass er infiziert ist. Niemals.

Vielleicht hat er Krebs. Unheilbar. Noch ein Jahr zu leben. Aber könnte ein Krebskranker zehn- bis zwölfmal im Jahr an einem Triathlon teilnehmen? Und würde ein Todgeweihter unbedingt ein Kind in die Welt setzen wollen? Vielleicht gerade darum, dachte ich. Was weiß ich schon über unheilbar Kranke?

Doch vielleicht ist die Wahrheit auch ganz banal und die Welt so, wie ich es bisher erfahren und gelernt habe. Ich will etwas sagen, bringe aber nur eine Art Krähenkrächzen hervor und räuspere mich.

»Hast du eine Familie, Frau und Kinder? Oder eine andere, parallel zu mir?«

Er lacht auf – es klingt wie ein Schrei.

»Was wäre ich froh, wenn es so wäre«, sagt er. »Nein, es ist schlimmer, viel, viel, viel schlimmer.«

Drei Mal »viel«. Ich lasse mich auf die Couch fallen, wickele mich in meine Felldecke. Mir ist es trotz voll aufgedrehter Heizung kalt.

»Ich halte es nicht mehr aus. Rück endlich damit heraus.«

»Wenn du es weißt, wird sich alles ändern. Ich werde nicht mehr dieselbe Person sein für dich. Und du wirst einige Dinge besser verstehen, die zwischen uns passiert sind und die dir vielleicht komisch vorgekommen sind.«

»Komisch vorgekommen« waren mir tatsächlich ein paar Erlebnisse mit ihm. Wie etwa die Begegnung im Englischen Garten, bei einem Sonntagsspaziergang. Da war uns dieses Pärchen entgegengekommen: Er um die vierzig, Lederjacke, Rolex, eine Goldkette, die im angegrauten Brusthaar versank; sie knapp über zwanzig, sehr langhaarig, langbeinig und lipglossig, in Stretchjeans und auf Zehn-Zentimeter-Absätzen, die für einen Spaziergang völlig ungeeignet waren.

»Isch glaub das nicht, der Claus, das alte Haus!«, rief der Goldkettenbrusthaarträger und breitete die Arme aus.

Das Langbein schwieg und lächelte mit Lipgloss-Lippen.

»Wladi!«, rief Claus.

Sie umarmten sich. Das Langbein lächelte weiter.

»Wladi, darf ich vorstellen, das ist Kristin«, sagte Claus. Wohlerzogen wie immer.

»Hallo Wladi«, sagte ich.

Wladi sagte nichts, sondern nickte nur kurz ungefähr in meine Richtung. Seine Begleiterin blieb ohne Namen. Sie lächelte trotzdem tapfer weiter.

»Wie geht's denn so?«, fragte Claus.

»Muss ja«, sagte Wladi.

»Und, wie laufen die Geschäfte?«

»Müssen ja«, sagte Wladi.

Ich kam mir vor wie in einer Comedy-Sendung.

»Was macht der Sport?«, fragte Claus.

»Nicht mehr so viel. Zu wenig Zeit. Zu viel Arbeit, kennste ja.«

»Klar, kenn ich.«

»Aber du, immer noch der Topsportler, was?«

»Ja, ja, immer. Muss ja.«

»Deinem Mann kann keiner das Wasser reichen – zumindest beim Sport«, sagte Wladi zu mir und grinste.

»Hahaha«, machte Claus und wurde rot.

»Doch, doch, bist 'n Guter.« Und dann zu mir: »Hast 'n guten Mann erwischt. Vergiss das nicht.«

Ich überlegte, was ich darauf erwidern könnte. Mir fiel nichts ein.

Wladi wandte sich zum Gehen, zog das Langbein hinter sich her.

»Dann noch einen schönen Nachmittag!«, rief Claus.

»Ciao«, murmelte ich.

»Gleichfalls. Bleib senkrecht!«, sagte Wladi über seine Schulter hinweg.

Fünfzig Meter weiter konnte ich mich nicht mehr halten und gackerte los: »Der Claus, das alte Haus! Wie geht's? Muss ja. Wie laufen die Geschäfte? Müssen ja. Bleib senkrecht! Was war das denn? Versteckte Kamera? Oder bist du nebenberuflich im Rotlichtmilieu tätig? Woher kennst du denn diese Zuhälter-Pappnase?«

Claus hustete.

»Kein Zuhälter«, sagte er. »Import-Export. Und ich kenne ihn vom Sport.«

»Der macht Triathlon?«, fragte ich ehrlich erstaunt.

»Nein, nein, vom Krafttraining.«

»Und ich dachte immer, in meinem Fitnessstudio seien eigenartige Typen«, sagte ich.

»Ja, da siehste mal. Ich bin gar nicht so langweilig und konservativ, wie du gedacht hast.«

»Natürlich nicht«, sagte ich und schob meinen Arm um seine Hüfte. »Du bist Cowboy Claus, das alte Haus.«

»Komisch vorgekommen« war mir auch das Essen bei Claus' besten Freunden, Anna und Thorsten. Insgesamt zehn Leute waren eingeladen. Ich kannte keinen, er alle. Der sehr dicke Rainer, die sehr schwangere Susanne, der sehr gut aussehende Bernd, die sehr blonde Löckchen-Berit, der Sprücheklopfer Wolfgang, die sofort beschwipste Johanna – ich versuchte, mir alle Namen so schnell wie möglich einzuprägen. Es war ja die Premiere, die Feuertaufe. Ich war aufgeregt, hatte vorher lange überlegt, was ich anziehen, was erzählen sollte. Denn natürlich wollte ich, dass mich seine Freunde mögen, interessant, sympathisch, locker und attraktiv finden.

Noch nervöser machte mich, dass Claus vor der Einladung mindestens ebenso angespannt schien wie ich. Denkt er, dass ich ihn blamiere, oder was?, fragte ich mich.

Hinterher erzählte ich Hannah, dass alles sehr nett gewesen sei. Es hatte Wildschweinhaxe, Salat und Kartoffelgratin gegeben. Ich hatte angeboten, Nachtisch mitzubringen, mein berühmt-berüchtigtes Tiramisu. Es war kein Krümelchen übrig geblieben, und keiner hatte Witze über das gar nicht mehr hippe, typische Neunzigerjahre-Dessert gemacht. Wir hatten über neue Filme und Reisen gesprochen, über Skifahren, über das Essen und Weine und Kochen – alles ganz normal.

»Wirklich sehr nett und entspannt«, sagte ich zu Hannah.

Doch ich erzählte ihr nicht alles, weil ich mir bescheuert vorkam. Ich erzählte nicht von den Kleinigkeiten, die mich irritiert hatten, ohne sagen zu können, warum.

Manchmal, wenn ich vom Teller aufgeschaut hatte, bemerkte ich, dass mich einer von Claus' Freunden anstarrte, seinen Blick aber schnell wieder senkte. Claus selbst hatte die ganze Zeit ziemlich verkrampft gewirkt; er hatte zu oft zu laut gelacht und mir immer wieder Blicke zugeworfen, die ich nicht hatte deuten können.

Die zu früh beschwipste Johanna hatte mich gefragt – als sie schon weit mehr als nur beschwipst gewesen war: »Du kennst doch bestimmt Claus' Vorgeschichte?«

»Ähm … Vorgeschichte?«, hatte ich zurückgefragt. »Ja, also, ich kenne ihn ja erst seit ein paar Monaten, und natürlich haben wir uns viel erzählt, aber … Ich weiß nicht?«

»Ach so.« Johanna hatte gehustet und ihre Finger in die Länge gezogen, bis die Knöchel knackten.

»Was meinst du mit Vorgeschichte?«

»Ja … Also …«

Sie hatte eine lange Pause gemacht und weiter ihre Knochen knacken lassen. Meine Nackenhaare hatten sich gesträubt bei dem Geräusch.

»Dass er viel Erfahrung mit Frauen hat und kein Kostverächter ist? Meinst du das? Ja, das habe ich natürlich schon gemerkt«, hatte ich schnell gesagt.

Johanna hatte ihren Zeigefinger losgelassen.

»Ja, ja! Genau das habe ich gemeint. Claus, der alte Weiberheld! Er bricht die Herzen der stolzesten Frauen. Hahaha.«

Sie hatte hinter vorgehaltener Hand leise gerülpst und sich ohne ein weiteres Wort dem anderen Sitznachbarn zugewandt.

Meine Güte, ist die besoffen, hatte ich gedacht.

Trotzdem hatte ich mir nicht verkneifen können, Claus die Hand auf den Arm zu legen und leise nachzufragen: »Du, sag mal, was meint Johanna eigentlich, wenn sie von deiner ›Vorgeschichte‹ spricht?«

Claus hatte angefangen, schallend zu lachen, Johanna auf den Oberarm geboxt, sodass sie aufschrie, und hatte dann etwas von seiner »wilden Zeit« erzählt.

»Und ich dachte immer, du bist so ein konservativer Spießer«, hatte ich gesagt. Claus hatte wieder gelacht, so laut, dass ich zurückwich.

Plötzlich war Anna aufgestanden und hatte mich gebeten, ihr kurz in der Küche zu helfen, sie wolle mein Tiramisu servieren.

Danach hatte es keine Gelegenheit mehr gegeben, das Thema »Vorgeschichte« anzusprechen, und am nächsten Morgen schien es nicht mehr so wichtig zu sein.

Jetzt dagegen scheint es nichts Wichtigeres mehr zu geben.

Ich sitze mit angezogenen Knien auf meiner Designercouch, eingehüllt in meine Kuscheldecke, sehe ihn an und warte.

»Also. Ich war im Knast.«

Mein allererster Gedanke ist, wie absurd sich das Wort »Knast« aus seinem Mund anhört. Komisch, dass er nicht Gefängnis sagt, denke ich. Er, der konservative Manager im Finanzwesen.

Und mein nächster Gedanke ist, wie abwegig dieser erste Gedanke war.

Sollte ich jetzt nicht etwas anderes, Wichtigeres denken und vor allem fühlen? Entsetzt sein, zum Beispiel?

Stattdessen kichere ich, keine Ahnung warum. Spannungsabbau vielleicht.

»Im Knast?«

»Bitte, lach nicht, da gibt's nichts zu lachen.«

»Entschuldige, nein, natürlich nicht.«

Knast. Gefängnis. Bau. Alcatraz. Schwerverbrecher mit Tattoos. Vergewaltigungen unter der Dusche. Tütenkleben. Gitter überall. Stockbetten. Feilen im Kuchen. Hofgänge. Enge Zellen. Schlechtes Essen. Lebenslänglich. Gemeine Wärter mit großem Schlüsselbund.

Die Bilder, die durch meinen Kopf schießen, kommen von Filmen und Knastreportagen auf RTL.

Wladi und das lipglossige Langbein fallen mir ein.

»Wladi kennst du …«

»… aus dem Knast. Hatte fünf Jahre. Wegen bewaffneten Raubüberfalls.«

»Aber du hast gesagt, du kennst ihn aus dem Fitnessstudio!«

»Nein, ich habe gesagt: vom Krafttraining. Krafttraining im Knast. Ich habe dich nie angelogen, auch wenn das manchmal ganz schön schwer war.«

Gewichte stemmende Knackis. Und einer davon sitzt jetzt auf meiner Couch. Bitte, lieber Gott, lass es Betrug sein, bete ich still vor mich hin.

Trotzdem frage ich nicht das Naheliegende: Warum warst du im Gefängnis, was hast du getan?

Ich frage: »Wie lange?«

»Verurteilt hat man mich zu elf Jahren. Raus war ich nach sieben.«

Elf Jahre? Elf? Das bedeutete: ein schweres Verbrechen.

Bitte, lieber Gott, lass es einen Banküberfall gewesen sein. Oder bewaffneten Raub, denke ich.

»Hast du eine Bank überfallen? Oder deine Firma um Millionen betrogen?«

»Nein, schlimmer. Viel schlimmer. Ich habe etwas Unverzeihliches getan.«

Bitte, lieber Gott, kein Mord. Lass es wenigstens nur Totschlag sein. Wenigstens nur Totschlag. Das denke ich wirklich in diesem Moment.

Claus räuspert sich. »Ich habe meine langjährige Freundin Elke umgebracht. Ich bin ein verurteilter Mörder.«

Wie alles begann

Claus und Elke kamen mit Anfang zwanzig zusammen. Gekannt hatten sie sich schon vorher, so wie man sich eben kennt, wenn man in einer kleinen Stadt in der süddeutschen Provinz wohnt, dasselbe Gymnasium besucht und den anderen attraktiv findet: Man geht in den Schulfluren aneinander vorbei, wirft sich einen Blick über den Pausenhof zu, sieht sich regelmäßig am Badesee, begutachtet heimlich den Körper des anderen in Bikini oder Badehose, trifft sich auf Partys und in den einzigen zwei Discos und drei akzeptablen Kneipen im Ort. Im Normalfall weiß man, wo der andere wohnt, welche Berufe die Eltern ausüben und ob die großen oder kleinen Brüder Idioten und die Schwestern passabel sind.

»Genau mein Typ« sei Elke gewesen, sagt Claus, und das heißt bei ihm vor allem eines: hellblond und am besten noch blauäugig. Dunkelhaarige Frauen waren für Claus sozusagen unsichtbar, als er noch jünger war. Wenn er Elke näher beschreiben soll, fällt ihm nur ein, dass sie eine »gute Figur« gehabt habe. Das wiederum kann bei Claus sehr viel bedeuten: klein und zierlich, groß und durchtrainiert, kleiner Spitzbusen, große Melonenbrüste, Apfelpo oder breite Hüften bei schmaler Taille und flachem Bauch. Es ist ihm aber unangenehm, da konkreter zu werden.

Das liegt allerdings eher daran, dass er mich, seine neue Freundin, nicht mit Schwärmereien über seine Ex verletzen will. Und nicht daran, dass Claus seine Vergangenheit verdrängt oder nicht mit mir darüber sprechen will, ganz im Gegenteil. Er wäre am liebsten alles sofort losgeworden, an diesem Sonntag auf meiner Wohnzimmercouch. Aber ich wollte nicht, konnte nicht.

Das merkte ich nicht sofort. Ich hörte ihm eine Zeitlang zu, ohne Fragen zu stellen. Bis zu dem Satz, dass es für ihn ein komisches Gefühl sei, sich in meiner Wohnung aufzuhalten.

»Warum das denn?«

»Weil ich mit Elke hier in, äh, in der Nachbarschaft gewohnt habe.«

»Nachbarschaft? Was? Wo genau?«, fragte ich.

Claus schwieg.

»Was gibt es da zu schweigen«, dachte ich. »Das ist doch nun das geringste …«

Ich hatte noch nicht zu Ende gedacht, da zog er mich von der Couch hoch, schob mich zurück in meine schöne, große, helle Altbauküche, ans Fenster mit dem bunten Ranunkelstrauß, den ich gestern auf dem Viktualienmarkt gekauft hatte. Er deutete über die Blumen auf das Küchenfenster der Wohnung schräg gegenüber. Vierzig, fünfzig Meter Luftlinie von meinem entfernt.

Abends, wenn dort drüben Licht brennt, sieht man in der Küche einen alten Holzherd aus Gusseisen wie aus Omas Zeiten. Ich hatte ihn oft bewundert.

»Nein«, sagte ich.

»Doch«, flüsterte er.

»Hast du sie dort …?

»Nein.«

»Wo hast …?«, fragte ich, doch ich beendete den Satz nicht. Ich wollte die Antwort nicht hören. Stattdessen bat ich Claus zu gehen, weil ich merkte, dass es zu viel ist. Ich ertrage die Wahrheit nur scheibchenweise, Stück für Stück.

Wir haben auf meiner Wohnzimmercouch eine Vereinbarung getroffen, Claus und ich. Ich darf jede Frage stellen, wann immer und wo immer ich möchte. Und das habe ich: mitten im *Tatort,* beim eigentlich romantischen Geburtstagsdinner, im Biergarten, vor dem Einschlafen, einmal sogar, als er unter der Dusche stand. Und ich weiß nicht, wann ich keine Fragen mehr haben werde. Ich spürte, dass ich mich der Geschichte …, der Tat – nein, das richtige Wort lautet: dem Mord – langsam nähern muss. Alles andere erschien und erscheint mir unmöglich.

Ich möchte mehr über Elke erfahren. Sie hat in der Küche schräg gegenüber von meiner gekocht. Für sich und Claus, der nur die Mikrowelle bedienen kann. Ich fühle mich ihr nah.

Ich will wissen, wie sie aussah. »Blond, blauäugig, gute Figur« – mehr ist aus Claus nicht herauszubekommen. Ich bin mir nicht sicher, ob ihm einfach die Fantasie für eine bessere Beschreibung fehlt. Eines jedoch wiederholt er immer wieder: »Sie gefiel mir immer besser, sie wurde mit der Zeit immer schöner.« Claus weiß aber nicht mehr, ob er das während ihrer Beziehung auch schon so empfand oder ob er im Rückblick die Vergangenheit verklärt. Und er will sich auch nicht als Boris-Becker-Verschnitt abstempeln lassen, für den nur eine bestimmte Sorte Frau infrage kommt, in Claus' Fall die Klischee-Schwedin.

»Ich steh schon auf Blonde, am liebsten hellblond mit blauen Augen, aber eigentlich bin ich nicht so sehr auf einen Typ Frau festgelegt. Auch nicht bei der Figur«, sagt Claus. »Die Proportionen müssen stimmen. Es muss halt alles irgendwie passen.«

Und es hat gepasst bei ihm und Elke. Nicht nur das Aussehen und die Figur. Ganz anders als bei ihm und mir, bei Claus und Kristin. Da passt nicht mal meine Haarfarbe, egal, was Claus behauptet. Und nicht nur das: Bei uns trifft Langschläferin auf Frühaufsteher, Experimentalfilm-Liebhaberin auf Mafia-Actionfilm-Gucker, Dreigängemenü-Köchin auf Fertigpizza-Esser, Kunstkennerin auf Kunstbanausen, Bioladen-Käuferin auf Aldi-Shopper, Individualurlauberin auf Pauschaltouristen, Zapperin auf Fernsehzeitungsabonnenten, Faultier auf Sportskanone – die Liste wird immer länger, je mehr ich darüber nachdenke.

Doch die beiden waren mehr als zwanzig Jahre jünger, als sie ein Paar wurden. In diesem Alter sind Vorlieben und Abneigungen noch nicht so ausgeprägt, die Schrullen halten sich in Grenzen. Und man geht an eine Beziehung anders heran, so wie an das ganze Leben: ahnungsloser, naiver, aber darum auch mutiger und positiver. Man stellt sich keine Fragen wie etwa *Hat das Zukunft?* oder *Will ich mit diesem Menschen alt werden?* oder *Bekommen wir unsere Unterschiede unter einen Hut, oder artet es in täglichen Kleinkrieg aus?* Man hat noch nicht gelernt, dass man den anderen nicht ändern kann. Und dass die wahren Probleme erst nach dem Happy End anfangen – nach dem Abspann sozusagen. Das Leben hat gerade erst begonnen, das Liebesleben sowieso.

Beide hatten gerade ihr Abitur bestanden, Claus ein Jahr früher als Elke. Er leistete seinen Zivildienst in einem Heim für Kinder mit Down-Syndrom ab, sie würde in Kürze eine Banklehre beginnen. Dass sie elf Jahre zusammenbleiben würden, war zu diesem Zeitpunkt noch nicht ansatzweise vorhersehbar. Es ist ungewöhnlich, dass Liebesbeziehungen, die man in diesem Alter eingeht, so lange halten. Es ist ja die Zeit des Experimentierens und Ausprobierens: Was will ich vom Leben, von der Liebe, vom Partner?

Doch auch ich habe einige Paare in meinem Freundeskreis, die sich als Teenager in unserem Heimatort kennenlernten und noch immer zusammen sind – bei den meisten gab es zwar schwere Krisen, aber sie haben sich dann doch wieder zusammengerauft. Ich selbst war mit Thomas, dem Mann, den ich mit Anfang zwanzig kennenlernte, elf Jahre lang zusammen, bin mit ihm erwachsen geworden – genauso war es bei Claus und Elke. Vielleicht hat es mit dem Leben in der Provinz zu tun, vielleicht sind Begegnungen dort weniger flüchtig; vielleicht liegt es einfach an der kleineren Auswahl von potenziellen Partnern, vielleicht an den Traditionen, die gerade in Bayern damals noch eine viel größere Rolle spielten; oder vielleicht liegt es an diesem speziellen, allgegenwärtigen Provinz-Lebensgefühl, das man auch dann mitnimmt, wenn man zusammen in eine Großstadt zieht.

Auf jeden Fall ähneln sich Claus' und meine Geschichte irgendwie: Ich lernte Thomas in einer Disco kennen, in der sich all diejenigen trafen, die sich vom Rest der Kleinstadt, aus der ich stamme, abheben wollten. Damals nannten sie sich Psychos, Rockabillys, Waver, Gruftis (noch nicht Gothics, der Name kam erst später auf) und natürlich Punks. In einer Großstadt hätte jede dieser Jugendgruppen einen eigenen Club gehabt; bei uns wechselte die Musikrichtung einfach stündlich und ebenso die Menschen und Moden auf der Tanzfläche. Thomas war Punk mit grünem Iro und Nietenlederjacke. Ich trug zu meinen schwarzen Haaren ausschließlich schwarze Klamotten, hörte aber lieber Ska und Punk als Gruftmusik. Thomas sprach mich an, als die Psychos mit ihren karierten Hemden auf der Tanzfläche waren. Wie Claus war auch Thomas Zivi, er arbeitete als Sanitäter beim Roten Kreuz. Ich studierte im ersten Semester Geschichte in München, fuhr aber jedes Wochenende nach Hause, immer die Schmutzwäsche im Gepäck. Trotzdem fühlten wir uns sehr erwachsen damals.

Claus und Elke kamen sich beim Flaschendrehen auf einer Party näher. Flaschendrehen mit Anfang zwanzig – auch das war damals in der Provinz nicht außergewöhnlich.

Eigentlich hatte die Flasche gar nicht auf Elke gezeigt, als Claus an der Reihe war – dabei hatte er sich beim Drehen große Mühe gegeben. Sie blieb irgendwo zwischen Elke und einem Kumpel stehen, und der gab ihr einen kleinen Schubs in Elkes Richtung, einfach so, aus Spaß. Einen Schubs, den er später sehr bereuen sollte. Der Kumpel gab sich die Schuld, die beiden zusammengebracht zu haben und damit eine Art Mitverantwortung an Elkes Tod zu tragen. Absurd eigentlich, und trotzdem kann ich gut verstehen, was in ihm vorging. *Hätte ich nur damals nicht* – diesen Satz wiederholte er in der Zeit nach dem Mord immer wieder. Denn durch diesen Schubs zeigte die Flasche auf Elke, und Claus durfte sich aussuchen, ob er ihr eine Frage stellen wollte, auf die sie antworten musste, oder ob sie ihm einen Kuss geben sollte. Er entschied sich für eine Frage, die beides einschloss: »Würdest du mich küssen?« Elke lächelte und antwortete: »Ja, vielleicht.« Claus lächelte zurück, und wahrscheinlich war es in diesem Augenblick um beide geschehen. Ich jedenfalls wäre dahingeschmolzen, ganz einfach, weil Claus die Situation nicht ausnutzte, weil er nicht auf Geknutsche bestand, weil er Elke eine Wahl gelassen hatte, selbst auf die Gefahr hin, dass ihn die anderen auslachten.

Ich stelle mir vor, wie es geprickelt haben musste, wie alle gespürt haben, dass aus diesen beiden ein Paar wird. Die Mädchen kicherten, die Jungs johlten, doch die beiden küssten sich noch nicht, berührten sich nicht einmal. Vielleicht aus Verlegenheit, vielleicht, weil sie keine Zuschauer wollten, vielleicht weil sie spürten, dass dieser erste Kuss zu wichtig war, um ihn an ein Partyspiel zu verschwenden.

So detailgetreu sich Claus an das Flaschendrehen, an seine Frage, an Elkes Antwort und an ihr Lächeln erinnert, so verschwommen sind die Erinnerungen an diesen ersten Kuss.

»Schön«, sagt er, wenn man ihn danach fragt. Er überlegt kurz und erzählt dann von »Fusseln, die Elkes schwarzes Kleid auf seiner Kleidung zurückgelassen hat«. Er glaubt zumindest, dass es ein Kleid war, »irgendwas Flauschiges«.

Schwarze Fusseln auf seinem Hemd – mehr ist von diesem Kuss nicht in seinem Kopf geblieben? Mir fällt ein, wie sehr ihn Fusseln auf seiner Kleidung stören, wie er immerzu jedes kleinste Stäubchen und Härchen von seiner Hose pflückt. Ich ziehe ihn mit dieser Fusselphobie regelmäßig auf.

Ich versuche, mir den ersten Kuss mit Thomas ins Gedächtnis zu rufen, aber auch mir gelingt es nicht. Spätere Küsse, Szenen voller Zärtlichkeit und Leidenschaft fallen mir ein, aber nicht dieser allererste Kuss. Traurig, finde ich. So wie Claus' Erinnerung an nichts weiter als an schwarze Fusseln auf einem Hemd, das wahrscheinlich schon vor langer Zeit in die Altkleidersammlung gewandert ist.

Anders als Thomas und ich wollten Claus und Elke nicht »anders sein«, wollten sich nicht abheben, träumten nicht von der Flucht aus dem Kleinstadtmief, von einem anderen, freieren, kreativen Leben in einer größeren Stadt, von Rucksackreisen durch Indonesien oder davon, die Welt zu verändern. Eine Banklehre galt damals als »etwas Solides«, die Zukunft schien gesichert. Diejenigen meiner Mitschülerinnen, die sich nach dem Abitur für eine Banklehre entschieden, hatten genaue Vorstellungen davon, wie ihr Leben einmal aussehen sollte – inklusive Heirat, Häuschen und Anzahl der Kinder. Manche begründeten ihre Wahl damit, dass sich Kinderkriegen mit diesem Beruf angeblich gut vereinbaren ließe und man trotzdem die Chance hatte, aufzusteigen und »für eine Frau« halbwegs gut zu verdienen. So argumentierten sie bereits in der zwölften Klasse. Es ging ihnen nicht um Sinnsuche, um Selbstverwirklichung oder um große Träume. Es ging um Planbarkeit, Sicherheit und das kleine Glück.

Ich konnte und kann diese Denkweise nicht nachvollziehen, doch sie passt zu Claus. Er entschied sich für ein

Studium, das in den Neunzigerjahren ähnlich wie eine Banklehre als »solide« galt, das Sicherheit, Geld und Karriere versprach: BWL. Letztlich war es eine Verlegenheitsentscheidung, wie bei so vielen, die sich damals für Betriebswirtschaft einschrieben: Sie hatten keine Ahnung, was sie wollten. BWL klang »vernünftig«, auch für die Eltern, und es war, ähnlich wie Architektur, modern und angesagt. Es war eine Entscheidung für lebenslängliches Krawatten-Tragen, für den Mainstream.

Doch schon damals war das Wichtigste in Claus' Leben nicht Schule, Studium oder Arbeit, sondern Sport. Wenn Claus nicht mit seiner Schwimmmannschaft trainierte, spielte er Fußball, Eishockey oder Basketball. Während ich für Reisen nach Asien und Südamerika jobbte und sparte, gab er seine gesamten Ersparnisse für den alljährlichen Skiurlaub mit Freunden aus. Elke war – wie so viele, die in den bayerischen Bergen aufwachsen – eine begeisterte und gute Skifahrerin.

Auch da kann ich nicht mithalten. Obwohl ich aus Oberbayern stamme und bereits als Vierjährige auf Skiern stand, fahre ich nicht besonders gut, und es macht mir keinen allzu großen Spaß. Selbst mit den blondesten Haaren der Welt wäre ich deshalb für Claus völlig uninteressant gewesen. Besoffen von Jagertee und Adrenalin eine schwarze Piste hinunterzujagen, das Schneegeglitzer und das Alpenpanorama vor Augen, die Sonne im Rücken und danach mit der Freundin auf der Hütte Kaiserschmarrn essen – so würde Claus wohl »Glück« beschreiben. Auch heute noch, obwohl er Elke vergeblich zu einem gemeinsamen Skiurlaub überreden wollte, bevor sie in Streit gerieten und er sie tötete.

Der Kurzurlaub

Wir sind auf dem Weg in unseren ersten gemeinsamen Urlaub, aber nicht in die Berge, obwohl es Winter ist, obwohl es schneit, obwohl es die richtige Zeit zum Skifahren wäre. Aber ich wollte nicht. Konnte nicht. Ich habe ein Ferienhäuschen auf Hiddensee, einer kleinen Insel in der Ostsee, gebucht, über siebenhundert Kilometer von München und hoffentlich noch weiter von dem Gedanken an Skiurlaub entfernt.

Es ist kurz nach Weihnachten, Claus' Geständnis auf meiner Couch liegt zwölf Tage zurück. Es ist die Zeit zwischen den Jahren; jedes Jahr wieder eine seltsame Phase, in der die Welt stillzustehen scheint, erschöpft von der Weihnachtshektik, dem Geschenke-, Fress- und Besuchsmarathon. Für mich steht die Zeit aus anderen Gründen still. Der Mann an meiner Seite ist ein Mörder – wieder und wieder schießt mir dieser Satz durch den Kopf. Ich vergesse es immer mal für wenige Sekunden oder Minuten, und dann kommt der Gedanke zurück und explodiert in meinem Kopf. Fünf Mal wurde mir in den letzten Tagen schwummerig und schwarz vor Augen, mitten in der Stadt beim Einkaufen, an der Bushaltestelle, auf dem Weg ins Fitnessstudio. Meine Knie gaben plötzlich nach, ich musste mich an eine Wand lehnen oder auf einen

Mauervorsprung setzen. Passanten fragten, ob sie mir helfen könnten, ob alles okay sei. »Ja, danke«, sagte ich, »es geht schon. Es ist nichts.« Was für eine Lüge – in Wirklichkeit ist nichts mehr, wie es war.

Claus hatte gesagt, ich solle mir Zeit nehmen, um über alles nachzudenken; er gebe mir alle Zeit der Welt, um herauszufinden, ob ich damit leben kann, ob ich einen Weg finde, damit umzugehen.

Aber ich denke nicht nach. Ich habe auch niemandem davon erzählt. Wollte noch nicht. Konnte noch nicht. Nur Hannah hätte ich es gern gesagt. Eigentlich wollte ich es ihr sofort erzählen, noch am selben Abend, nachdem ich davon erfahren hatte. Aber Hannah – die einzige meiner echten, engen Freundinnen, die hier in München lebt – war auf Geschäftsreise irgendwo in Südchina. Ich hatte versucht, sie telefonisch zu erreichen, aber in dem Moment, in dem das Telefon tutete, fiel mir ein, dass in China gerade tiefste Nacht herrschte, darum hatte ich schnell wieder aufgelegt und mich danach nicht mehr aufraffen können, es noch mal zu probieren. In einem verrauschten Interkontinentalgespräch zu sagen, *Du, stell dir vor, Claus hat seine Exfreundin umgebracht,* erschien mir falsch. Als sie endlich zurückkam, stand Weihnachten vor der Tür, und ich überlegte hin und her, ob ich ihr die Feiertage mit so einer Geschichte verderben wollte. Nein, überlegte ich, ich warte noch. Doch dann platzte es aus mir heraus, als sie mir mein Weihnachtsgeschenk vorbeibrachte – einen türkisfarbenen Bademantel, ein Entspannungsölbad, eine Duftkerze, eine Antistress-Gesichtsmaske und einen Krimi über einen Serienmörder; sie wusste, dass ich verrückt nach Kriminalromanen war, je mehr Morde und Blut, desto besser. Was sie nicht wissen konnte, war, dass sich das von einer Sekunde auf die andere geändert hatte. Als ich sie umarmte, um mich zu bedanken, brach ich in Tränen aus. »Na, na!«, sagte sie. »Sooo doll sind die Geschenke nun auch wieder nicht.«

Ich konnte ihr Erstaunen hören.

»Nein«, sagte ich. »Ich meine – doch, doch, doch, natürlich sind sie toll, vor allem der Bademantel. Es ist nur …«

Sie löste sich aus der Umarmung und guckte mich an.

»Was ist denn los, Süße?«, fragte sie.

Ich erzählte es ihr.

Sie war ganz still, schüttelte nur manchmal ein kleines bisschen den Kopf.

Dann, nach einer langen Pause: »Nein«, sagte sie. »Nein, nein, nein, das kann nicht sein.«

»Doch«, sagte ich.

»Aber er ist so nett, so sympathisch, so gut aussehend, so durch und durch …«

Ich blickte auf den Boden, eine Träne tropfte auf meinen Schuh.

»Entschuldige, bitte entschuldige. Das war total bescheuert. Natürlich sieht man das nicht, ich …«

Sie verstummte, schüttelte aber weiter den Kopf.

»Und jetzt?«, fragte sie.

Ich sah sie an.

»Ich weiß es nicht. Ich weiß es einfach nicht.«

»Was soll ich denn jetzt machen?«, fragte Hannah. »Ich kann dich doch jetzt nicht allein lassen. Ich kann doch jetzt nicht wegfahren!«

Ich bekam sofort ein schlechtes Gewissen. Hannah war eigentlich schon auf dem Weg nach Köln zur alljährlichen Großfamilienweihnachtsfeier. Ihr Freund Jan saß zu Hause zwischen gepackten Koffern und mannshohen Geschenkstapeln und wartete auf sie.

»Fahr los, bitte. Du kannst mir später helfen. Das Problem wird sich nicht in Luft auflösen und ganz bestimmt nicht kleiner werden, wenn man darüber schläft.«

Ich versuchte, meine Mundwinkel Richtung Ohrläppchen zu schieben.

»Oh, Süße, wie soll ich … Ich fasse es nicht …«

Sie packte mich an der Schulter.

»Und Hiddensee, die Ostsee, das Ferienhaus, meine ich? Wirst du mit ihm hinfahren?«

»Ja«, sagte ich langsam. »Ich glaube schon.«

Hannahs Handy klingelte oder vielmehr bellte. Ihr Klingelton war das Bellen ihres Mischlingshundes Bolero, den sie letztes Jahr aus Spanien mitgebracht hatte. Sie ignorierte es.

»Das ist Jan.« Sie klang schuldbewusst.

»Hannah, bitte geh. Feiere Weihnachten, lass dich bekochen und beschenken. Streite mit deinen Schwestern. Und vor allem: Mach dir keine Sorgen. Er wird mir nichts antun. Ist doch Weihnachten.«

Ich grinste und war mir unsicher, ob das passend war.

»Das ist nicht lustig, nicht lustig, nein«, sagte Hannah, die sonst über jeden noch so schlechten Witz lacht. Ihr schräger Humor ist einer der Gründe, warum ich sie liebe.

Wir schwiegen, schon wieder.

Ich wusste, dass sie unter Schock stand. So wie ich. Nicht so schlimm wie nach einem schweren Autounfall, aber auf jeden Fall: unter Schock.

Das Geständnis hatte sie, wie mich, sprachlos und hilflos gemacht.

Jetzt knurrte ihr Handy wie Bolero – bestimmt eine SMS von Jan.

»Hör zu«, sagte sie schnell. »Ruf mich an, wenn ihr im Ferienhaus seid. Jeden Tag. Morgens, mittags, abends, nachts. Regelmäßig. Oft. Öfter. Bitte, versprich mir das.«

»Ich werde es versuchen«, sagte ich.

Dann ging sie, kopfschüttelnd, als würde dadurch die Geschichte aus ihrem Kopf verschwinden.

»Sag Jan noch nichts, bitte!«, rief ich ihr hinterher.

Sie drehte den Kopf zu mir und machte vor ihren Lippen eine Bewegung, als würde sie einen Reißverschluss zuziehen. Sie warf mir den unsichtbaren Schlüssel zu. Ich tat so, als würde ich etwas auffangen.

»Danke«, rief ich und musste ein Schluchzen unterdrücken.

Dann kam Weihnachten, das sogenannte Fest der Liebe.

Wie immer überstand ich Heiligabend zähneknirschend, verschloss meine Ohren vor den giftigen Bemerkungen meiner Mutter über meinen »unweiblichen Kurzhaarschnitt« und den peinlichen Altherrenwitzen meines Vaters. Ich tat so, als würde mir der Katzenkinderkalender gefallen und als hätte ich vor, den historischen Roman bald zu lesen, den meine Mutter mir überreichte – sie dachte tatsächlich, dass Mittelalter-Romane über »Wanderhuren« perfekt zu meinem Geschichtsstudium passten. Ihre Fragen zu meinem Liebesleben und wann ich denn endlich Enkel liefern würde, beantwortete ich mit einem verkniffenen Lächeln. O Gott, meine Eltern!

Ich würde es ihnen nicht einmal erzählen, wenn mir der perfekte Märchenprinz einen Heiratsantrag gemacht hätte und ich im zwanzigsten Monat schwanger wäre.

Als ich mich in meinem ehemaligen Kinderzimmer auszog und die Kleider über den eingestaubten Hometrainer meines Vaters legte, spürte ich, wie sehr ich mich nach Claus sehnte. Ich freute mich, ihn wiederzusehen und mit ihm ein paar Tage wegzufahren.

»Vielleicht kann man lernen, damit umzugehen«, dachte ich, bevor ich einschlief.

Ich träumte von einer hellblonden Frau, die auf einem kleinen Balkon in der Sonne saß und *Die Wanderhure* las. Hinter ihr konnte man eine große Küche mit einem alten, bauchigen Holzherd erkennen. Sie hob den Kopf und blickte mich an, ohne zu lächeln.

An diesen Traum muss ich jetzt denken, hier auf der Autobahn auf der Höhe von Göttingen und damit noch endlos weit von unserem Ziel Hiddensee entfernt. Ich werfe einen Blick zu Claus auf dem Fahrersitz. Er massiert mit der rechten Hand seinen Nacken und verzieht das Gesicht. Ich habe ein schlechtes Gewissen, dass ich ihm nicht anbiete, ihn beim Fahren abzulösen, aber ich traue mich nicht, denn es liegt Schnee. In den Verkehrsnachrichten jagt eine Glätte- und Unfallmeldung die nächste, und ich bin eine typische Schönwetterfahrerin. Ich überlege, wie lange wir schon schweigen – etwa seit Kassel. Ich blicke noch mal zu ihm und lege meine Hand auf seinen Oberschenkel.

»Lass mal«, sagt er, »ich muss mich konzentrieren.«

»Ich hatte nicht vor, dich unsittlich zu berühren«, sage ich und versuche ein Lachen.

Claus lacht nicht, sondern blickt starr geradeaus durch die Windschutzscheibe.

Ich dagegen gucke aus dem Seitenfenster auf eine Schneelandschaft vor grauem Himmel und summe *Back to Black* von Amy Winehouse mit, das gerade im Autoradio läuft – mehr aus Verlegenheit als aus Begeisterung für diesen Song.

Warum sagt er nichts?, frage ich mich. Warum reagiert er so halbherzig auf meine Gesprächsversuche? Warum meidet er jede Berührung? Wo ist der charmante Witzbold geblieben, der kaum die Finger von mir lassen kann? Was ist eigentlich los?

Und dann stelle ich die dümmste aller Fragen, die – wie ich selbst immer verkündet habe – eine verbotene Frage in Beziehungen ist. In einer Liga mit *Was denkst du gerade?*

Ich frage also mit dünner Stimme diese dümmste aller Fragen: »Ist irgendwas?«

Diese Frage ist deshalb so doof, weil hinter *Ist irgendwas?* eine ganz andere Frage steckt, meist sogar ein ganzer Fragenkatalog, wie zum Beispiel:

Bist du sauer?; Denkst du an eine andere?; Hast du keine Lust auf diesen Urlaub?; Fühlst du dich mit mir unwohl?; Was verbirgst du vor mir?; Hast du etwa festgestellt, dass du doch nicht so verliebt bist, wie du dachtest?; Ja, glaubst du denn, mir macht diese Fahrerei Spaß?; Gehe ich dir jetzt schon auf die Nerven?; Was empfindest du für mich? und so weiter und so fort. Man kann sicher sein, dass man mit der Antwort auf *Ist irgendwas?* nie zufrieden sein wird, im Gegenteil.

Das ist der Normalfall. Bei mir steckte hinter *Ist irgend-*

was? jedoch noch unendlich viel mehr. Denn ich sitze gerade mit einem verurteilten Mörder im Auto. Wir fahren an die Ostsee, auf die Insel Hiddensee – wenn man aus dem Süden Deutschlands stammt, sagt einem das möglicherweise so wenig wie mir, bevor ich im Internet nach einem romantischen Ort für einen Weihnachtskurzurlaub suchte. Hiddensee ist laut der Beschreibungen, die ich dort fand, eine »vollkommen autofreie Insel, die den Besucher zu jeder Jahreszeit mit einer wildromantischen Landschaft inspiriert und bezaubert. Sie beherbergt eine der wenigen noch erhalten gebliebenen Naturlandschaften Mitteleuropas.« Autofrei, abgelegen, einsam und wahrscheinlich deutschlandweit die einzige Gegend, in der man praktisch keinen Handyempfang hat. »Bei uns wirklich null Komma null«, wie unser Ferienhausvermieter auf seiner Homepage warnte. Bei der Buchung fand ich gerade das besonders reizvoll: ein einsames Hexenhäuschen am Waldrand, in Gehnähe zum weißen Sandstrand mit wilder Brandung, ohne Telefon, Computer und Handyempfang. Ein Ort zum Abschalten, eine Oase der Ruhe, wo Claus und ich ganz für uns sind, Zeit für lange Gespräche und unser »Spezialproblem« haben, wie ich es inzwischen für mich nenne.

Das war mir natürlich auch klar, als Hannah mich gebeten hatte, sie so oft wie möglich anzurufen, aber da war mir das noch nicht so wichtig erschienen. Irgendwo im mecklenburg-vorpommerischen Funkloch würde ich schon mal ein Eck mit Empfang finden, hatte ich mir gedacht. Jetzt flattert mein Herz bei dem Gedanken daran, dass ich niemanden anrufen kann, wenn ich will. Niemanden zu Hilfe rufen.

Die *BILD* wird titeln: *Erst im Urlaub zeigte er sein wahres Gesicht,* schießt es mir durch den Kopf. Darunter ein schlechtes Foto von mir, mit einem schwarzen Balken vor den Augen. Bildunterschrift: *Das Opfer: Kristin G. (41), Redakteurin bei einem bekannten deutschen Frauenmagazin. Ihren Glauben an die große Liebe hat sie mit dem Leben bezahlt.* Ich schüttle mich. O Gott, o Gott! Worauf habe ich mich da bloß eingelassen?

»Nö«, reißt mich Claus aus meinen Gedanken. »Was soll sein?« Und starrt weiter auf die Straße.

Da war sie, die erwartbare Antwort auf die dümmste aller Fragen.

Das kann doch alles nicht wahr sein, denke ich. Das klingt wie das Drehbuch für einen schlechten Film: Die nicht mehr ganz junge Hauptdarstellerin lernt einen scheinbar geläuterten Mörder im Internet kennen. Lässt sich von seinem Charme blenden, verliebt sich. Fährt mit ihm ausgerechnet an den abgelegensten Ort Deutschlands, und dann, auf der Fahrt dorthin, wird er plötzlich ganz seltsam und wortkarg. Verändert nach und nach sein Verhalten. Entpuppt sich als eiskalter Killer, und sie muss im Hexenhäuschen ohne Handyempfang tagelang um ihr Leben kämpfen.

Liefe dieser Film im Fernsehen, würde ich umschalten. Ein Klischee jagt das nächste, würde ich wohl denken. Aber das ist kein Fernsehen, das ist die Realität. Meine Realität. Auch wenn ich mich im Moment fühle, als würde ich träumen. Ich stehe neben mir, mir ist leicht schwindelig. Szenen aus *Shining* huschen durch meinen Kopf – einer der besten Horrorfilme aller Zeiten und bis vor Kurzem einer meiner Lieblingsfilme. Eigentlich eine ganz ähnliche Grundgeschichte: Jack Nicholson mutiert in der Einsamkeit eines riesigen, verlassenen Hotels vom netten Ehemann und Vater zu einem Beil schwingenden Irren. Es fängt mit ganz kleinen Wesensveränderungen an und …

Nur um nicht mehr an diesen Film denken zu müssen, stelle ich die zweitdümmste aller Fragen: »Wirklich nicht? Du bist so komisch.«

»Komisch? Ich bin nicht komisch. Das hier ist alles andere als komisch. Ich fahre hier seit sechs Stunden bei schwierigsten Straßenverhältnissen. Es sind nur unfähige Idioten und Sonntagsfahrer unterwegs. Mein Rücken tut weh. Kein Ende in Sicht …«

»Tut mir leid. Aber du wusstest doch …«

»Muss dir nicht leidtun. Und ja, ich wusste es, verdammt noch mal. Aber es nervt trotzdem.«

»Ja, klar, das verstehe ich, tut mir wirklich leid …«

»Herrgott, nun sag doch nicht dauernd, dass es dir leidtut!«

»Ich wollte nicht, tut mir … Äh.«

Ich beiße mir auf die Unterlippe und schweige, doch in mir tobt ein Gefühlssturm.

Einerseits komme ich mir albern vor mit meinen Gedanken und Ängsten; im selben Moment frage ich mich, ob ich mit meinen unguten Gefühlen vielleicht doch recht habe; zugleich bin ich sauer auf Claus, stinksauer – warum versteht er nicht, was in mir vorgeht? Liegt das nicht auf der Hand? Müsste er nicht viel verständnisvoller sein, trotz der schwierigen Straßenverhältnisse und der endlosen Fahrerei? Hatte er nicht versprochen, mir mit allen Mitteln und Möglichkeiten zu helfen? Soll ich ihm jetzt etwa sagen: *Ich habe plötzlich Angst. Ich mache mir Sorgen, weil wir an den einsamsten Ort fahren, den ich finden konnte? Außerdem muss ich dauernd an Jack Nicholson in* Shining *denken?* Wie stellt er sich das überhaupt vor? Erwartet er nach zwölf Tagen etwa Normalzustand? Nach so einem Schock? Und nach all den großartigen Versprechungen, die er mir gegeben hat? Ich spüre, wie es in mir brodelt. Es fühlt sich an, als würde eine Art Wutsuppe in mir hochkochen. Ich erschrecke vor mir selbst, über diese heftige Reaktion. Ja, ich bin ein emotionaler Mensch, werde bei einem Streit schon mal laut und knalle mit Türen. Und ja, ich gebe es zu: Ich habe meinem langjährigen Exfreund Thomas während einer Auseinandersetzung mal eine Pfanne voller Spiegeleier hinterhergeworfen, was ihn damals weniger entsetzt als belustigt hat und heute eine gern erzählte Weißt-du-noch-Geschichte ist. Diese Anekdote zeigt aber auch, dass ich zu Wutausbrüchen neige – allerdings nicht am Anfang einer Beziehung und nicht aufgrund von … Tja, ich weiß noch nicht mal, wie ich es nennen soll. Aufgrund von schlechter Stimmung, gepaart mit Hirngespinsten? Weil der Kerl neben mir verständlicherweise gerade genervt ist? Eigentlich braucht es sehr viel mehr, um bei mir einen Wutanfall auszulösen.

Ich versuche, die Wutsuppe herunterzuschlucken, mir nichts anmerken zu lassen und ganz normal zu wirken. Was soll ich auch sonst machen, hier mitten auf der Autobahn?

Doch es köchelt weiter in mir. Nach zwölfeinhalb Stunden Autofahrt habe ich das Gefühl, dass mir Dampf aus Nase und Ohren tritt, wie bei einer wütenden Comicfigur.

In diese Wut mischt sich Angst vor Claus und der erschreckenden Einsamkeit, die uns auf Hiddensee erwartet. Nicht zu vergessen Verzweiflung: So sollte man sich nicht auf dem Weg in den ersten gemeinsamen Urlaub fühlen. Alles läuft falsch. Ich würde am liebsten losheulen. Stattdessen schweige ich, überhöre Claus' Schimpftiraden über unfähige Autofahrer, gucke aus dem Fenster – im Hintergrund Verkehrsmeldungen und Radiogedudel, in meinem Kopf ein sich immer schneller drehendes Gedankenkarussell.

Bei der Ankunft in Stralsund bin ich froh, aus dem Auto zu kommen und Distanz zwischen mich und Claus zu bringen. Ich reiße die Tür auf, springe hinaus, nehme Claus meinen Koffer aus der Hand und laufe zum Wassertaxi vor, ein Schnellboot, das uns auf die autofreie Insel bringen wird. Die Tickets habe ich zusammen mit dem Ferienhaus online gebucht.

Auf dem Boot sage ich zu Claus, dass ich gleich nachkomme, dass er ruhig schon mal nach drinnen ins Warme gehen solle. Ich klammere mich an die Reling, lege meinen Kopf in den Nacken, bewundere den für Stadtmenschen ungewohnten Blick auf die Milchstraße über mir, sauge die eiskalte Luft in meine Lungen und bilde mir ein, das Meer nicht nur zu riechen, sondern auch zu schmecken. Die Erleichterung über die Ankunft und der phänomenale Sternenhimmel lenken mich ab – die Angst vor Claus ist erst einmal verschwunden. Eine Stunde später sind wir dann endlich im Ferienhaus. Es ist perfekt, die Einrichtung passt zur Landschaft: viel Naturholz, viel Leinen, viele Herbstfarben, warme Beleuchtung. Claus freut sich vor allem darüber, dass es so geräumig ist. Er läuft die kleine Treppe hoch und ruft: »Guck doch mal, zwei Schlafzimmer! Wahnsinn!« Ich muss lächeln und bin plötzlich gerührt, denn mir fällt ein, dass Claus ja in einem winzigen Einzimmerapartment haust. Als ich ihn zum ersten Mal besucht habe, zuckte ich kurz zusammen, denn ich kam mir vor wie in der Wohnung eines Studenten Anfang zwanzig, nicht wie in der eines konservativen Gutverdieners mit Krawatten-Job. Ich hatte bei seiner Einrichtung die üblichen Verdächtigen erwartet, die man häufig in Single-Karrieremänner-Wohnungen findet: die unvermeidliche Corbusier-Liege, ein paar italienische *Artemide*-Lampen, einen *Vitra*-Schreibtischstuhl, zu viel schwarzes Leder, an den Wänden Picasso-Drucke, Segelbilder oder ein paar vergrößerte Urlaubsfotos von den Seychellen. Stattdessen war da nur *Ikea,* so weit das Auge reichte, und viel zu viel Nippes. Es gab sogar zwei gerahmte Matisse-Poster aus der Ikea-Bilderabteilung – ich hatte mich immer gefragt, wer um alles in der Welt die denn kauft. Am schlimmsten aber war der Teppichboden, beigebraun meliert – ich konnte es kaum fassen. All das auf höchstens zwanzig Quadratmetern. Für mich als Design-, Möbel- und Einrichtungsfetischistin war das ein richtiger Schock. Zugleich gefiel es mir aber auch irgendwie: Claus war eben keiner dieser typischen Karrierehengste, die ich in den letzten Jahren kennengelernt hatte. Er brauchte keine Statussymbole und Designermöbel, um zu beeindrucken. Ich empfand es auch als schön, in Claus jemanden gefunden zu haben, dem Äußerlichkeiten nicht so wichtig sind. In der Redaktion der Frauenzeitschrift, wo ich seit Jahren arbeite, herrscht eine Art

Geschmacksterrorismus im Kollegenkreis, dem man sich zwangsläufig nach und nach anpasst. Es gibt in dieser Frauenzeitschriftenwelt unzählige Dos and Don'ts: bei Handtaschen, Haarschnitten, Hobbys, Uhren, Unterwäsche, Urlaubszielen, Schönheitsoperationen, Schuhen, Schmuck – und natürlich auch bei Möbeln. Ich stellte mir die Gesichter meiner kritischen Kolleginnen vor, wenn sie Claus' Einrichtung sehen würden, und musste bei dieser Vorstellung grinsen.

Aus Claus' Wohnung sprach für mich damals vor allem eines: Bescheidenheit, bewusstes Understatement, gepaart mit Selbstbewusstsein. »Es gibt Wichtigeres«, schien mir diese Wohnung zuzuflüstern. Etwas, das ich nach meinen Erfahrungen mit den Männern der letzten Jahre wunderbar fand, auch wenn ich mir sofort vornahm, ihm keinerlei Mitspracherechte bei der Einrichtung zu gewähren, sollten wir je zusammenziehen.

Nachdem mir Claus von dem Mord erzählt hatte, interpretierte ich seine Wohnung jedoch noch ein wenig anders. Mir kam es so vor, als wolle er sich mit seinem Einzimmerapartment nachträglich noch einmal selbst bestrafen. Als habe er keinen Anspruch darauf, sich mehr zu gönnen. Als sei es unpassend, vom Knast in eine lichtdurchflutete Loftwohnung voller schöner Möbel zu ziehen – auch wenn er sich das hätte leisten können. Das Einzige, was er sich zugesteht, ist die große Terrasse vor seinem Miniapartment mit Blick in einen grünen Hinterhof. Von seinem Bett aus blickt man auf Himmel und Bäume. Er zieht nie den Vorhang zu, nicht einmal, wenn ich ihn darum bitte, weil ich mich abends beobachtet fühle und außerdem schlecht schlafe, wenn ein Zimmer nachts nicht abgedunkelt ist. »Ich muss das Gefühl haben, jederzeit nach draußen schauen zu können. Ich brauche unverstellten Weitblick, Natur vor dem Fenster«, hatte er immer gesagt. Verstanden habe ich das erst, als ich erfuhr, dass er jahrelang eingesperrt im Gefängnis gesessen hatte.

»Wirklich sehr schön«, sagt Claus gerade, während er die Treppe in unserem einsamen Ferienhaus wieder heruntersteigt. Er streckt die Arme in die Luft, macht ein Hohlkreuz und lächelt mich an. »Aber mein Rücken bringt mich noch um. Die Fahrt hierher war echt eine Quälerei.«

Mein Magen krampft sich bei den Worten »Bringt mich noch um« kurz zusammen, und ich frage mich, ob das so bleiben wird. Ob jedes Wort eine andere Bedeutung bekommt, ob mich immerzu alles Mögliche an die Tat erinnern oder ob es sich irgendwann normaler anfühlen wird.

Claus merkt nicht, was gerade in mir vorgeht, ebenso wenig wie vorher auf der Fahrt.

Egal, ich bin erleichtert, dass ihm das Häuschen gefällt, dass er lächelt, dass meine Ängste unbegründet scheinen, dass es sich so anfühlt, als würde sich die Lage entspannen. Ich beginne sogar, Pläne zu schmieden. Stelle mir vor, wie ich auf der Couch die sechs Bücher lese, die ich im Gepäck habe; wie ich in der Küche ein paar neue Rezepte ausprobiere, während Claus am weißen Sandstrand sein Lauftraining absolviert; wie wir dann mit einer Flasche Rotwein auf der Couch kuscheln … und alles wieder so wird wie – vorher.

Doch das passiert nicht, nicht heute Abend, nicht an den Tagen danach. Claus bleibt angespannt und gereizt, und ich habe keine Ahnung, warum. Er meidet Berührungen, dreht sich abends im Bett von mir weg, scheint von allen Themen, die ich anspreche, gelangweilt zu sein. Er ist so ganz anders als der Mann, mit dem ich am Isarstrand im roten Spitzen-BH Weißwein aus echten Gläsern getrunken habe.

Immer mal wieder flackert kurz Angst in mir auf, zu den absurdesten Anlässen, Bilder, die ich aus Horrorfilmen kenne und abgespeichert habe – wenn vor den Fenstern des Hexenhäuschens dicker Abendnebel wabert, wenn das Auto nicht anspringen will, wenn Claus in der Küche plötzlich hinter mir steht und ich ihn nicht kommen hörte –, obwohl ich Hannah am Festnetztelefon unseres Vermieters versichere, alles sei wunderbar und traumhaft; wirklich reden ist nicht möglich, denn die Frau des Vermieters lauert mit großen Ohren im Hintergrund. Außerdem komme ich mir reichlich doof vor mit meinen kleinen Panikattacken und will Hannah nicht unnötig erschrecken.

Und als wäre das nicht genug, streiten Claus und ich plötzlich wie ein altes Ehepaar: Ich nörgle, weil er schon morgens den Fernseher anschaltet, um irgendwelche Sportübertragungen anzusehen; weil er im Stehen pinkelt; weil er die Toilettentür nicht hinter sich schließt, sodass ich mit ansehen muss, wie er im Stehen pinkelt.

Er hat an mir noch viel mehr auszusetzen. Um genau zu sein, kommentiert und kritisiert er alles, was ich mache – zumindest kommt es mir so vor. *Igitt, warum ist das Handtuch so nass?; Leg dein Schminkzeug doch nicht ausgerechnet ins Waschbecken; Wieso sind die Saftflaschen nicht im Kühlschrank?; Merkst du nicht, dass dein Koffer hier im Weg steht?; Wie kann man nur so lange schlafen?; Die Hitze hier drin ist unerträglich, das hält doch kein normaler Mensch aus!; War ja klar, dass du vergisst, den Weißwein ins Kühlfach zu stellen; Leg deinen Pullover nicht auf mein Hemd, du fusselst mir ja alles voll; Wie, du hast deine Mütze vergessen – wieso schreibst du dir nicht eine Liste, bevor du deinen Koffer packst?*

Wie kann das nur sein?, frage ich mich. Habe ich mich derart in ihm, in uns getäuscht?

Wo ist bloß die Harmonie geblieben? Hängen diese unnötigen Streitereien mit seinem Geständnis zusammen? Sehe ich ihn jetzt plötzlich mit anderen Augen? Mir fällt zum Beispiel auf einmal unangenehm auf, dass Claus vor jedem Strandspaziergang die Landkarte studiert und den Weg so plant, dass wir bei einer Gehgeschwindigkeit von sechs Komma fünf Stundenkilometern genau dann am romantischen Aussichtspunkt ankommen, wenn die Sonne untergeht. Selbstverständlich hat er auch die Himmelsrichtung bedacht, sodass wir während des Spaziergangs genügend Sonne von vorn abbekommen. Sein geliebtes Wetterradar im Smartphone – eine ultrapräzise Wettervorhersage für alle Regionen der Welt – vermisst er schmerzlich, versucht aber jedes Mal, es abzurufen, wenn wir irgendwo sind, wo es die Chance auf einen Handyempfang geben könnte. Wenn ich mich irgendwo am Strand einen Moment hinsetzen möchte, kann ich sicher sein, dass er meine Platzwahl mit Kopfschütteln, hochgezogenen Augenbrauen und einem spöttischen »Ist nicht dein Ernst!« kommentiert. Dann habe ich wieder mal eine Stelle ausgesucht, die weder die optimale Windrichtung noch Sonneneinstrahlung bietet.

Natürlich hat Claus auch seine Fernsehzeitschrift in den Koffer gepackt; bevor er sich für einen Film entscheidet, liest er sämtliche Kritiken, so wie ich es höchstens bei einem Kinofilm mache. Er würde nie, wie ich, ziellos, wahllos und planlos durch die TV-Programme zappen. Er ist überhaupt der einzige Mensch in meinem Umfeld, der eine Fernsehzeitschrift abonniert hat.

Bis vor Kurzem habe ich all das noch nicht bemerkt, fand es niedlich oder habe nachsichtig darüber gelächelt. Ich war sogar überzeugt davon, dass Claus' Charaktereigenschaften positive Auswirkungen auf mich haben würden: Tut dir ganz gut, wenn da mal jemand ist, der ein bisschen strukturierter ist als du und einen Plan vom Leben hat, hatte ich mir gesagt.

Zwanghaft und Kontrollfreak, schießt es mir dagegen jetzt durch den Kopf. Und irgendwann spreche ich es auch aus. Nicht nur das, ich schreie es heraus.

Ich habe das Gefühl, es nicht mehr auszuhalten.

Claus ist entsetzt und verletzt. Kein Wunder – aus seiner Sicht flippe ich komplett aus, nur weil wir uns über den Weg bei einem Strandspaziergang nicht einig werden konnten. Alles platzt aus mir heraus. Es dauert Stunden, ihm zu erklären, was in mir vorgeht, was sich da in mir zusammengebraut hat. Am härtesten trifft ihn, dass ich Angst vor ihm habe, auch wenn es nur manchmal ein kurzes Aufflackern, ein flüchtiger Gedanke ist.

»Aber du hast doch gesagt, dass du keine Angst hast. Das hast du gesagt«, wiederholt er immer wieder. Stimmt, das waren meine Worte direkt nach seinem Geständnis. Da saß ich Arm in Arm mit ihm auf meiner Wohnzimmercouch, eingehüllt in meine Kuscheldecke, und fand die Frage absurd. Ich war in diesem Moment natürlich schockiert, entsetzt, sicher auch überfordert gewesen – aber Angst? Vor ihm? Meinem charmanten, kinderlieben Cowboy? Lächerlich!

»Ja, das habe ich gesagt«, antworte ich und zögere einen Moment. »Aber das war zu Hause. Auf der Fahrt hierher warst du so komisch, so ganz anders, und ich wusste nicht, warum. Und Hiddensee ist so weit weg von München und so einsam und …« Ich fühle, dass mir Tränen aus den Augen quellen, und schäme mich dafür. »Und dann streiten wir dauernd wegen Kleinscheiß, und alles ist doof.«

Jetzt läuft auch noch meine Nase, und ich bin mir bewusst, dass ich mich wie eine Vierjährige anhöre.

Er sieht mich an und nimmt meine Hand. »Bitte nicht weinen, Kristin. Das ist alles ein großes Missverständnis. Ich fand diese Urlaubsidee einfach nicht so gut. Zweihundert, ach was, hundert Kilometer von München entfernt sind die tollsten Skigebiete. Seit Wochen hat's dort Traumwetter und Pulverschnee, aber wir quälen uns mit dem Auto fast tausend Kilometer an ein graues Meer mit grauem Himmel irgendwo in der Pampa. An einen Strand, der so voller Treibholz ist, dass ich noch nicht mal Laufen gehen kann. Das hat mir einfach ein bisschen die Stimmung verhagelt.« Er klingt schuldbewusst.

»Ja, aber warum sagst du denn nichts? Ich hab dich doch gefragt, ob dir die Gegend gefällt, das Ferienhaus und alles!«

»Du warst so begeistert. Ich wollte dir einfach nicht den Spaß verderben, aber …«

»… als es dann so weit war, hattest du doch keine Lust mehr«, vollende ich seinen Satz.

»Doch, natürlich wollte ich mit dir wegfahren, aber nicht gerade hierher. Diese wahnsinnig lange Fahrt, und dann hat mir ein Freund vor ein paar Tagen so tolle Fotos vom Skifahren im Stubaital gesimst …«

»Mensch, Claus, so was musst du mir doch sagen, anstatt alles in dich reinzufressen und dann schlechte Stimmung zu verbreiten.«

Er senkt den Kopf, spielt mit dem Korken der Rotweinflasche, die wir gestern vor dem Fernseher geleert hatten.

»Hast ja recht, aber ich hatte dir doch gerade erst von dem – von meiner Vergangenheit erzählt, und da wollte ich nicht …«

»Keine Diskussionen oder Auseinandersetzungen wegen so etwas Unwichtigem wie einem Urlaubsziel?«

»Mhm. Ich hatte dir doch eh schon so viel zugemutet.«

Ich pruste in ein Taschentuch.

»… und dann hat's mich halt doch genervt, und darum war ich wohl auch manchmal ganz schön schlecht drauf. So bin ich eben manchmal«, beendet Claus gerade einen Satz, dessen Anfang ich wegen des Schnäuzens nicht gehört habe.

Alles ganz einfach, alles ganz normale Paarprobleme. Oder doch nicht?

Ist es nicht eher der lange Schatten, den Claus' Vergangenheit über uns wirft? Immer und überall, und nicht abzuschütteln? Ist dieser Schatten nicht der Grund für meine Angst im Auto; den Horrorfilm, der in meinem Kopf ablief, nur weil der Kerl mal schlechte Laune hatte; meinen Magenkrampf, weil er unbedacht und arglos ein Wort wie »umbringen« benutzte; meine erschreckende

Wut, weil mich all die Gedanken und Empfindungen überfordern; sein Zögern, offen mit mir über den Urlaub zu reden; meinen neuen Blick auf alles, was er sagt und tut? Kein Wunder, dass wir uns dauernd streiten.

Ich lege meinen Arm um ihn, reibe meinen Kopf an seiner Schulter und denke: Ich weiß nicht, ob ich das schaffen kann. Ich weiß nicht, wie ich das schaffen soll. Ich weiß nicht, ob meine Kraft dafür reicht. Aber ich spreche es nicht laut aus. Ich habe Angst, den Teufel an die Wand zu malen.

Silvester. Wir haben einen Tisch in einem der wenigen Restaurants auf der Insel reserviert, verdrücken eine riesige Hiddensee-Silvester-Fischplatte für zwei und trinken jede Menge Weißwein. Um Mitternacht spazieren wir Arm in Arm und leicht beschwipst an einem dunklen Strand entlang. In der Ferne sehen wir Feuerwerk, vielleicht ist das Rügen, vielleicht das Festland. Claus wüsste es natürlich, aber ich frage nicht, aus Angst, die Harmonie zu zerstören, wenn er eine spöttische Bemerkung über meinen mangelnden Orientierungssinn macht. Das Feuerwerk – nicht mehr als kleine, bunte Lichtpunkte am Horizont – zeigt mir, wie weit weg wir von anderen Menschen sind, wie einsam es hier ist. Claus hat ähnliche Gedanken.

»Hast du jetzt auch Angst?«, fragt er mich leise. Ich höre ihn kaum durch das Meeresrauschen.

»Nein, nein, überhaupt nicht«, beeile ich mich zu antworten. Und es stimmt. Die Angst ist wie weggeblasen.

»Schon komisch. Mitten auf der Autobahn hattest du Angst, und jetzt hier, am einsamen Strand im Dunkeln hast du keine …«

»So ist das halt mit Ängsten. Sie kommen in den seltsamsten Momenten und folgen keiner Logik.«

»Ja, so ist das wohl.«

Claus holt einen Piccolo Prosecco aus seiner Jackentasche. Aus den Innentaschen zaubert er zwei Sektgläser aus dem Ferienhäuschen, eingewickelt in Servietten. Echte Gläser, wie damals an der Isar. Die Erinnerung daran bringt mich zum Lächeln.

Ich habe Sterndlwerfer dabei – so heißen bei uns in Bayern Wunderkerzen. Der Wind macht es mir nicht leicht, sie anzuzünden, doch Claus gibt mir mit seinem Körper Schutz.

Ich sehe den Sternchen zu, die vor mir auf den Sand fallen, nippe an meinem Prosecco, kuschle mich an Claus und fühle mich geborgen.

»Ich wünsche dir ein wunderbares neues Jahr«, sagt Claus und gibt mir einen Kuss.

»Ich dir auch.«

In diesem Moment bin ich sicher, dass dieser Wunsch wahr werden kann.

Die Trennung

Wie haben Claus und Elke gelebt? Ich weiß nur wenig, Claus redet nicht sehr viel darüber. Eigentlich ist das völlig normal – wer erzählt schon dauernd von vergangenen Beziehungen? Und welcher neue Partner möchte davon hören? Was vor mir war, interessiert mich nicht, das war meine Einstellung, zumindest bis jetzt.

In diesem Fall ist es bei mir ein wenig anders: Ich würde gern verstehen, was passiert ist, wie es passieren konnte. Nein, das ist falsch ausgedrückt: Ich muss es wissen und versuchen, zu verstehen, nur dann wird es mir möglich sein, mit dem Grübeln aufzuhören und Claus nicht dauernd durch diese unsichtbare Brille anzustarren, die ich neuerdings auf der Nase trage, ohne sie abnehmen zu können. So ähnlich wie eine rosarote Brille, die die Welt schöner, heller, bunter und lustiger wirken lässt, als sie ist. Nur dass meine Brille genau das Gegenteil bewirkt: Es ist die Mörder-Brille, und sie verändert und verdüstert meinen Blick auf Claus.

Und dann entdecke ich am Flughafen kurz vor dem Abflug nach Hamburg zu einem Interview mit einem Schlafmediziner für einen Artikel, an dem ich gerade arbeite, ganz zufällig dieses Buch. Es heißt *Unheil*. Die rote Unterzeile *Warum jeder zum Mörder werden kann* ist im Gegensatz zum gruseligen Titel relativ klein geschrieben, fast hätte ich sie übersehen. Aber genau sie bringt meinen Puls zum Rasen: Dieses Buch verspricht Erklärungen, nach denen ich förmlich lechze. Ich drängle mich mit einer genuschelten Entschuldigung an einem Mann im grauen Wollmantel vorbei und grapsche nach dem Buch. Es eilt, das Boarding läuft schon, und eigentlich habe ich keine Zeit mehr. Doch ich muss dieses Buch haben. Sofort.

Geschrieben hat es Josef Wilfling, ein Münchner Mordermittler, der zweiundvierzig Jahre lang »im Polizeidienst tätig war«, wie ich auf dem Weg zur Kasse im Klappentext lese. Der ältere Mann mit schräg gekämmtem Resthaar auf dem Schwarz-Weiß-Foto sieht ein bisschen aus wie mein verstorbener Opa. Er lächelt mich freundlich an, als wolle er mir Mut machen.

Ich zahle und lasse mir für das Buch eine undurchsichtige Tüte geben – niemand soll sehen, was ich gekauft habe.

Ich hetze zum Terminal und steige durchgeschwitzt als Vorletzte ins Flugzeug. Ich möchte so schnell wie möglich einen Blick in dieses Buch werfen. Vielleicht hat dieser Wilfling sogar an der Aufklärung von Elkes Ermordung mitgearbeitet? Als Münchner Ermittler? Aber nein, das kann nicht sein. Oder doch?

Kaum habe ich mich auf meinen Platz geschlängelt und mich angeschnallt, hole ich das Buch aus der Tüte und reiße die Zellophanhülle auf. Meine Hände zittern. Mein Sitznachbar versucht, unauffällig einen Blick auf den Titel zu werfen. Ich drehe mich zur Seite. Das geht dich nichts an!, würde ich gern rufen. Schau weg! Lass mich in Ruhe!

Ich versuche, ruhiger zu atmen. Irgendwie muss es mir gelingen, diese Gefühlsausbrüche bei absurdesten Anlässen in den Griff zu bekommen. So kann es nicht weitergehen. Ich öffne das Buch und stoße noch vor dem Abheben der Maschine in der Einleitung auf folgenden Absatz: »… sogenannte anständige Bürger (haben) mehr Menschen umgebracht, bringen (sie) um und werden (sie) umbringen als alle Berufsverbrecher zusammen. Täglich werden Menschen zu Mördern, von denen niemand geglaubt hätte, dass sie jemals zu solchen Taten fähig sein könnten – am allerwenigsten sie selbst. Das mag unfassbar klingen, doch für mich war es der Normalfall. Ich hatte ständig mit Menschen zu tun, die Ungeheuerliches getan haben. Die Begegnungen mit diesen Tätern und den Verbrechen, die sie begingen, lässt letztlich nur einen Schluss zu: Jeder kann zum Mörder werden. (…) Jeder kann – spontan oder im Verlauf eines längeren Prozesses – in eine Lage geraten, aus der heraus sich bewusst und gewollt der Wille zu töten entwickelt.«

Es kommt mir vor, als würde er von Claus sprechen. Er und Elke waren – soweit ich weiß – der Inbegriff der »anständigen Bürger«. Die beiden entschieden sich, nach Claus' Studium in Würzburg und Hamburg gemeinsam nach München zu gehen. Er hatte einen Job bei einer angesehenen Unternehmensberatung an Land gezogen, sie hatte die Aussicht auf eine leitende Position in einer Steuerkanzlei – nach der Banklehre hatte sie noch eine Ausbildung zur Steuerberaterin angehängt. »Ich hätte mir auch eine andere Stadt vorstellen können – Berlin, Köln oder Hamburg –, aber die Idee, nach München zu ziehen, gefiel mir am besten. Vor allem, weil da die Berge nicht allzu weit weg sind, und du weißt ja, wie gern ich in den Bergen bin und wie sehr ich Skifahren liebe. Und meine Mutter kann ich so auch regelmäßig besuchen. In einer Stunde bin ich bei ihr, wenn kein Stau auf der Autobahn ist«, sagte Claus, als wir uns gegenseitig erzählten, warum wir in München hängen geblieben waren. »Und später hätten wir dann mit dieser Berufserfahrung überall hingehen können.«

Gute Jobs mit Aufstiegschancen für beide, das passende Freizeitangebot, die Nähe zur Mutter im Allgäu, Pläne für später – Claus hatte wie immer an alles gedacht. Warum war ich eigentlich noch hier, anstatt nach Berlin zu gehen, wie ich es mir immer vorgenommen hatte? Ein mittelmäßig bezahlter Job, bei dem ich ein bisschen in der Welt herumkomme, ein großer Bekanntenkreis, eine für München ungewöhnlich preiswerte Wohnung – der Rest sind Zufall und Bequemlichkeit. Im Gegensatz zu Claus und Elke fehlt bei mir ein Lebensplan. Nicht nur jetzt, sondern schon immer.

Die beiden fanden eine bezahlbare Dreizimmeraltbauwohnung in Schwabing, sogar mit einem kleinen Westbalkon – damals war die Mietsituation in München noch nicht ganz so angespannt wie heute. Ich weiß ziemlich genau, wie diese Wohnung im zweiten Stock aussieht, ohne sie je betreten zu haben, denn sie gehört zu dem u-förmigen Wohnblock, in dem ich lebe. Mein Apartment liegt schräg gegenüber, und ich habe vor allem abends freie Sicht in Claus' und Elkes altes Wohnzimmer und in ihre Küche – Vorhänge sind ja heutzutage völlig aus der Mode gekommen.

Wenn ich darüber nachdenke, empfinde ich auch dieses

kleine Detail als absolut unglaublich: Zufälligerweise lebe ich schräg gegenüber der alten Wohnung meines neuen Freundes, der ein verurteilter Mörder ist und mit dem Mordopfer genau diese Räume bewohnte, bis sich die beiden trennten und Elke in die vorübergehend leer stehende Zweizimmerwohnung einer Freundin zog – wo sie dann sterben musste.

Dieser Zufall ereignet sich nicht etwa auf dem Dorf, sondern in einer Millionenstadt, mit Tausenden von Straßen, Abertausenden von Wohnblocks und Wohnungen. Wäre es ein Film, würde man wohl auch an dieser Stelle zu Recht einwenden: »O Gott, was für ein konstruierter, unglaubwürdiger Schwachsinn.« Und wieder muss ich mir sagen: »Das ist kein Film, Kristin. Es passiert wirklich. Und zwar dir selbst.«

Ich weiß nicht, ob ich weiter hier bleiben könnte, wenn der Mord in jener Wohnung schräg gegenüber geschehen wäre – ich bin sehr froh darüber, dass dem nicht so ist. Manchmal stehe ich nachts in meiner dunklen Küche und blicke nach drüben. Die neuen Mieter wissen sicher nicht, dass einmal ein Mörder und sein Opfer in ihrer Wohnung gelebt haben, dafür ist es zu lange her, und der Vermieter wird es ihnen kaum auf die Nase gebunden haben. Sie haben einen für meinen Geschmack deutlich zu großen Flachbildschirm im Wohnzimmer, viele Pflanzen und sehr teures Laminat auf dem Boden. Der Belag sieht ziemlich neu aus und war wahrscheinlich noch nicht in der Wohnung, als Claus und Elke dort lebten. Das Einzige, was vor elf Jahren sicher schon da war, ist der alte Küchenherd aus Gusseisen, den man mit Holz befeuern muss. Meine Uroma hatte so einen ähnlichen in ihrer

Bauernhofküche, ich erinnere mich daran, dass dort immer ein Feuer brannte, auch im Sommer, und dass immer irgendetwas vor sich hin köchelte: Apfelkompott, Eintopf, Fleischbrühe und manchmal sogar die Kochwäsche. In den Sechziger- und Siebzigerjahren verschwanden diese alten Herde aus den Küchen und wurden durch Elektro- oder Gasherde ersetzt. Die wenigen, die es heute noch gibt, sind Raritäten, werden aber von den stolzen Besitzern nicht zum Kochen, sondern eher als Abstellfläche genutzt. Ich habe diesen bauchigen weißen Herd jedenfalls von der ersten Minute an bewundert und war immer ein bisschen neidisch, wenn ich abends mit einem Glas Rotwein aus meinem Küchenfenster sah – lange bevor ich wusste, wer früher in dieser Wohnung gelebt, geliebt und irgendwann gemordet hatte.

Jetzt ist dieser Herd wie eine Verbindung zu Elke. Beim abendlichen Blick nach drüben denke ich an sie. Bestimmt war sie auch begeistert, als sie diesen Herd zum ersten Mal sah. Bestimmt hat sie ihn beim Einzug geputzt und poliert, bis er blitzblank war. Es würde zu der kleinen Anekdote passen, die mir Claus über sie erzählt hat – eines der wenigen Puzzleteilchen, aus denen ich mir ein Bild zurechtbastle: »Eines Abends habe ich gesehen, dass Elke allen Ernstes ihre Unterwäsche gebügelt hat. Ich musste sehr lachen und habe sie danach oft damit aufgezogen. Ich bügle ja auch regelmäßig, aber nur meine Hemden. Also, Unterwäsche zu bügeln, das finde ich schon ziemlich verrückt.«

Ich auch. Ich kenne nur einen einzigen Menschen, der Slips und Unterhemden bügelt: die Mutter meines langjährigen Freundes Thomas, lange Jahre meine Beinahe-

Schwiegermutter. Eine perfekte und perfektionistische Hausfrau aus Niederbayern, die auch täglich die Blätter der Zimmerpflanzen poliert und Teppichfransen kämmt.

Doch bei allem Spott – ich muss zugeben, dass ein Teil von mir es bewundert, wenn jemand so ordentlich und genau ist. Unterwäsche zu bügeln ist kein Zeichen für Oberflächlichkeit. Niemand – mit Ausnahme des Partners oder des Geliebten – wird später sehen, dass man seine Seiden- oder Baumwollslips hübsch glatt gebügelt und dafür zweieinhalb Minuten pro Stück investiert hat. Man macht das nicht für andere, sondern für sich selbst. Frisch gebügelte Wäsche riecht gut, fühlt sich gut auf der Haut an und lässt sich im Schrank besonders akkurat stapeln. Vielleicht hatte sich Elke auch zum ersten Mal in ihrem Leben edle und teure Unterwäsche geleistet und hatte Spaß daran, den zarten Stoff beim Bügeln durch die Finger gleiten zu lassen. Vielleicht fand sie, dass so etwas Schönes, Zartes und Teures es einfach verdient, gebügelt zu werden, auch wenn es niemandem außer ihr selbst auffallen würde – schon gar nicht Claus.

Ich stelle mir vor, wie Elke von ihrer Steuerkanzlei nach Hause kam, die Einkaufstüten auf dem Küchentisch oder dem alten Herd abstellte, ihre hochhackigen Schuhe abstreifte, sie ordentlich draußen in den Flur in eine Reihe mit Claus' Unternehmensberater- und Laufschuhen stellte. (In Claus' jetzigem Apartment stehen seine blank geputzten Schuhe wie kleine Soldaten in einer Reihe – bestimmt war er auch damals schon so.) Ich dagegen pfeffere meine Schuhe in einen großen, knallgelben, superteuren Schuhschrank. Der hat Hochglanztüren, die das Chaos dahinter verstecken sollen. Elke war bestimmt nicht so unordentlich wie ich – niemals. Wieder einmal frage ich mich, warum sich Claus ausgerechnet für mich entschieden hat. Weil ich eine Art Gegenmodell zu Elke bin, ihn kein bisschen an sie erinnere? Keine schöne Vorstellung.

In meinem Kopf stellte Elke dann Nudelwasser auf den Herd, denn Claus braucht nach einem harten Arbeitstag mit anschließendem Training eine riesige Portion Nudeln. (So riesig, dass ich vorsichtshalber immer eineinhalb Packungen ins Wasser werfe – man kann bei ihm nie wissen.)

Bis das Wasser kochte, hat sie vielleicht ihr Bügelbrett vor dem Fernseher aufgebaut. Und angefangen, ihre frisch gewaschenen Blusen zu bügeln. Danach ihre neue, sündteure Unterwäsche. Und sich darüber gefreut, wie schön sich das anfühlte. An dieser Stelle habe ich bei meinen Gedankenspielen immer einen Kloß im Hals. Ich weiß nicht, warum mich dieses Detail, das Unterwäschebügeln, so berührt. Wahrscheinlich, weil es zwar nur eine winzige Kleinigkeit ist und doch so viel über Elke verrät.

Das Zusammenleben von Claus und Elke in der Wohnung mit dem alten Nostalgie-Herd scheint lange Zeit sehr harmonisch gewesen zu sein. Ich schließe das aus kleinen, zufälligen Bemerkungen von Claus, der Rest ist Raten und Interpretation. Aber ich vermute, dass ich ziemlich richtig liege.

Elke, so erzählte er mir einmal, habe gern mit ihm zusammen Fußballspiele im Fernsehen geguckt – generell habe sie sich für Fußball begeistert. Und nicht nur das: »Sie kannte sich sogar richtig gut aus!«

Das rutschte ihm heraus, als ich irgendwann sehr deutlich erklärte, dass mich Fußball nicht im Geringsten interessiert, höchstens mal vorübergehend während einer Weltmeisterschaft. Und dass ich seinen Spielanalysen beim Sonntagsfrühstück oder -spaziergang beim besten Willen nicht folgen kann oder will. Und dass er das mal lieber mit seinen Kumpels durchhecheln sollte anstatt mit mir, seiner Freundin. Und dass sich meines Wissens die wenigsten Frauen gern über Fußball unterhalten. Als ich all das von mir gab, war ich leicht genervt, auch wenn ich versuchte, es wie einen Witz und lockeren Spruch klingen zu lassen. Denn mir war zu diesem Zeitpunkt gerade wieder einmal bewusst geworden, wie unterschiedlich unsere Interessen doch sind. Das Wahlkampftheater in den USA, die unterirdische bayerische Asylpolitik, die bevorstehende Lange Nacht der Münchner Museen, die neue CD von Leonard Cohen, das aktuelle Kinoprogramm, der vorgestrige Seite-drei-Artikel in der *Süddeutschen Zeitung*, die weltbesten Gulaschrezepte, die Partyeinladung nächste Woche, die Heirat von Prinz William und Kate, meinetwegen auch der Popo von Pippa – alles, wirklich alles hätte mich deutlich mehr interessiert als ausgerechnet Fußball. Claus schien das erst zu merken, als ich es so klar sagte. Er sah mich enttäuscht an – sein Blick drückte genau das aus, was ich selbst fühlte. Und dann erzählte er von Elke. Wie immer nur ganz kurz. Er nannte sie als Gegenbeispiel, das beweisen sollte, dass es sehr wohl Frauen gibt, die sich für Fußball interessieren, und zwar nicht nur während der Weltmeisterschaft. Die Bemerkung gab mir einen Stich ins Herz, da sie mir mal wieder vor Augen führte, wie gut die beiden offenbar zusammengepasst hatten – im Gegensatz zu uns. Ich bin mir sicher, dass Elke ihr Schminkzeug nicht ins Waschbecken gelegt, das Handtuch beim Händewaschen nicht komplett durchnässt, die Saftflaschen stets gut verschlossen in den Kühlschrank gestellt und sich vor Reisen eine Liste geschrieben hat, was alles in den Koffer musste; den Koffer hätte sie im Ferienhaus garantiert so platziert, dass er Claus nicht im Weg gestanden hätte. Es hatte sie bestimmt nicht gestört, dass Claus im Stehen pinkelte – und sie hatte sich für Fußball begeistert, kannte sich sogar »richtig gut« aus.

Das meiste ist nur eine Mutmaßung, aber es würde zu Elke passen, weil sie eben anders ist als ich. Und weil Claus mit ihr offenbar nie in diesem Pärchen-Kleinkrieg kämpfte, den wir mit schöner Regelmäßigkeit führen. Wir haben nach dem Urlaub im Hexenhäuschen auf Hiddensee nicht wirklich damit aufgehört – wir bekommen es einfach nicht hin.

Doch auch das harmonische Leben von Claus und Elke muss irgendwann feine Risse bekommen haben. So fein, dass Claus davon nichts mitbekam oder böse Ahnungen einfach beiseiteschob.

Das ist keine Seltenheit – viele Männer merken erst, dass in ihrer Beziehung etwas nicht stimmt, wenn es schon zu spät ist. Sie übersehen Anzeichen, überhören Andeutungen, und nicht nur das: Sie blocken Gesprächsversuche ab und ignorieren über lange Zeit, dass es Probleme gibt. Das ist keine von mir erfundene Küchenpsychologieweisheit, das kann man in jedem Beziehungsratgeber nachschlagen und sich in jeder Paartherapie anhören. Oder mit schöner Regelmäßigkeit in bunten Blättchen lesen, wie etwa in der Frauenzeitschrift, für die ich arbeite. Ich selbst habe schon ein paar Texte zu diesem Thema verfasst, für die bei den Leserinnen sehr beliebte Rubrik *Liebe, Lust und Leben*. Dabei hatte ich es genau mit dem Diplom-Psychologen zu tun, der mir nun auch auf dem späten Rückflug von Hamburg nach München unterkommt, und zwar in der *BILD*. Normalerweise hätte ich das Interview mit Michael Thiel einfach überblättert, doch ich bleibe an der Überschrift hängen: »Zehn Alarmzeichen – ist meine Beziehung noch zu retten?« Kein gutes Zeichen, dass mir solche Themen ins Auge stechen. Vielleicht ist es aber unter diesen Umständen auch normal, wenn ich die Beziehung zu Claus immer mal wieder infrage stelle? Ich weiß es nicht und will gerade nicht darüber nachdenken.

In dem *BILD*-Interview antwortet Thiel auf die Frage »Es kriselt – was ist der typische Männerfehler?« so, wie ich es erwartet habe: »Frauen sind Beziehungsarbeiterinnen – sie kämpfen und ringen sehr lange um eine kriselnde Partnerschaft. Sie drohen dem Partner dabei immer wieder direkt oder indirekt, ihn zu verlassen, wenn er zu keiner Änderung bereit ist. Männer beschwichtigen die Frauen gern in diesem Stadium und geloben Besserung, um tags darauf in ihr altes Verhaltensmuster zurückzufallen. Sie reagieren sogar dann noch mit Verwunderung, wenn ihre Partnerin nach der 21. Drohung dann doch den endgültigen Schlussstrich zieht.«

Normalerweise würde ich nicht gerade *BILD* als Ratgeber in Liebesdingen heranziehen. Aber ich kenne diesen Psychologen von seinen Fernsehauftritten, habe einige seiner Publikationen gelesen und schätze ihn als ziemlich fähig ein.

Bei mir selbst lief es ganz ähnlich ab, bevor ich mich

schließlich nach knapp elf Jahren von Thomas trennte. »Klar habe ich gemerkt, dass irgendwas im Busch ist. Aber ich habe das alles irgendwie nicht so ernst genommen«, sagte Thomas zu mir am Telefon, nachdem ich aus unserer gemeinsamen Wohnung ausgezogen war – übrigens genau wie Elke in das vorübergehend leer stehende Apartment einer Freundin. »Ich dachte, ich kümmere mich jetzt mal ein paar Jahre um meinen Job und die Karriere und danach wieder um dich und uns, und regle das irgendwie.« Doch da war es zu spät, unsere Beziehung war nicht mehr zu retten gewesen, ich hatte mich in einen anderen verliebt.

So wie Thomas und ich fingen auch Claus und Elke an, sich auseinanderzuleben. Claus bastelte an seiner Karriere, nahm im Sommer an zehn bis zwölf Wochenenden an irgendwelchen Triathlon-Veranstaltungen teil und trainierte während der Woche im Schwimmbad, im Spinning-Raum seines Fitnessstudios oder joggte im Englischen Garten – oder wo immer er gerade war. Triathlon-Training ist eine aufwendige Angelegenheit, es erfordert viel Zeit und Disziplin, das Training der drei Sportarten Laufen, Schwimmen und Radfahren unter einen Hut zu bekommen. Und dann gab es ja noch seinen Job: Wie bei Unternehmensberatern üblich, wurde er häufig zu Kunden in andere Städte geschickt, war also meist von Montag bis Freitag nicht in München. Die Arbeitszeiten in dieser Branche sind extrem, eine Sechzig- oder sogar Siebzig-Stunden-Woche gilt als normal, vor allem bei den Global Playern, den international agierenden Großunternehmen. Wer wie Claus in einem solchen angesehenen Unternehmen aufsteigen will, weiß schon bei der Bewerbung, dass es für Privatleben und Freizeit wenig Platz geben wird.

Die gemeinsame Zeit von Claus und Elke war also knapp, die Gespräche wurden immer kürzer, ein echter Austausch zwischen den beiden fand kaum noch statt. Sport und natürlich der Job standen für Claus im Mittelpunkt.

Genau wie für Thomas gehörte das für ihn einfach dazu: Als Berufseinsteiger muss man in den ersten Jahren eben ranklotzen, wenn man auf der Karriereleiter nach oben will. Und das wollte er genauso wie vordere Plätze bei Triathlon-Wettbewerben. Selbstverständlich wünschte er sich auch Kinder mit Elke – Nachwuchs gehört in seiner Vorstellung zu einem erfüllten Leben –, aber er wollte sie irgendwann später, bitte nicht ausgerechnet jetzt, in diesen ersten, harten Aufsteigerjahren im Job.

Claus hatte natürlich einen Zeitplan. Ich würde mich nicht wundern, wenn er ihn sogar irgendwo schriftlich als Excel-Tabelle abgelegt hätte: zwei oder drei Jahre in seinem Unternehmen schuften und sich eine gute Position erarbeiten; dann ein oder eineinhalb Jahre aussteigen für den Ph. D., das ist der angloamerikanische Doktorgrad. Dieser Titel hätte ihm bei dem amerikanischen Unternehmen, bei dem er in München arbeitete, den Aufstieg nach ganz oben, in den Vorstand einer Firma, erleichtert. Parallel zum Ph. D. dann auch noch Training für den Ironman, so heißt der berühmte Triathlon-Langstreckenwettbewerb auf Hawaii, das Traumziel aller Triathleten.

Als Dr. Ironman hätte er sich dann um einen Job beworben, der ihm nach einer gewissen Bewährungsfrist mehr Zeit für Frau und Familie gelassen hätte. Und genau dann wäre aus seiner Sicht der perfekte Zeitpunkt für Kinder gewesen.

Ein ehrgeiziger Plan, sehr ehrgeizig sogar, das wusste Claus, aber er traute sich zu, das hinzubekommen. Er hatte das Gefühl, alles unter Kontrolle zu haben. Sich, seinen Körper, seine Karriereplanung, sein Leben, alles. Kontrolle war für ihn das, was zählte. Doch er hatte keine Kontrolle über Elke. Und die Liebe.

»Vielleicht, wenn wir damals schon früher gesprochen hätten …«, hatte mein Ex Thomas bei einem Treffen Jahre nach der Trennung einmal zu mir gesagt, ohne diesen Satz zu beenden. Aber das war auch nicht nötig – ich wusste auch so, was er hatte sagen wollen: »… vielleicht wäre dann alles anders gekommen, vielleicht wären wir dann immer noch ein Paar.«

Claus sagte vor Kurzem so etwas Ähnliches zu mir, als er ausnahmsweise mit mir einen Samstagvormittag im Bett verbrachte – natürlich nur, weil es zu kalt und zu regnerisch für Lauf- oder Radtraining war: »Vielleicht muss man öfter mal am Wochenende mit seiner Freundin im Bett bleiben, anstatt früh aufzustehen und zum Sport abzuhauen. Vielleicht hätte man das tun müssen …« Eigentlich sagte er das nicht zu mir, sondern zu sich selbst.

Die Mutter

Ein Besuch bei Claus' Mutter steht an. Wir sind auf dem Weg zu ihr, fahren durch ein tief verschneites Winterwunderland. Sie lebt allein in einer kleinen Stadt im Allgäu, etwa achtzig Kilometer von dem Ort entfernt, wo ich aufgewachsen bin. Claus möchte, dass ich sie kennenlerne, solange wir beide noch Weihnachtsurlaub haben; vor allem aber möchte sie mich kennenlernen. Außerdem ist Claus mit mir am ersten Weihnachtsfeiertag Richtung Hiddensee abgedüst – er hat ein schlechtes Gewissen, weil er seine Mutter ausgerechnet über die Feiertage allein gelassen hat. Wobei – wirklich allein war sie wohl nicht; sie hat die Tage mit einer ihrer Freundinnen verbracht. Aber ich kann Claus' Gewissensbisse trotzdem verstehen. Unter normalen Umständen hätte ich mich wohl auch darüber gefreut, dass er mich schon jetzt, nach nur fünf Monaten, seiner Mutter vorstellen will. »Ein Zeichen, dass es ihm ernst ist«, sagt meine Freundin Hannah dazu.

Aber die Umstände sind eben nicht normal, darum fühlt es sich für mich an, als wäre es zu früh. Ich stimme trotzdem zu, möchte niemanden verletzen oder den Eindruck erwecken, mir wäre es nicht ernst.

Das erste Treffen mit den Eltern oder einem Elternteil des neuen Partners ist immer eine schwierige Angelegenheit. Thomas' Mutter beispielsweise empfing mich erst nach zwei Jahren – und das Wort »empfangen« beschreibt diesen Besuch ziemlich genau. Sie erwartete mich zusammen mit seinem Vater in ihrem übernatürlich ordentlichen Wohnzimmer mit gekämmten Teppichfransen und polierten Zimmerpflanzen, lächelte schmallippig und bot mir eine Tasse Tee an. Alles an ihr – der Gesichtsausdruck, ihre Körperhaltung, ihre Wortwahl – zeigte, dass sie eifersüchtig war und mich als Konkurrentin betrachtete, die ihr den einzigen Sohn, ihren kleinen Prinzen, wegnehmen wollte. Dem Vater war das sichtlich peinlich, aber er sagte nichts dazu. Weil mir nichts anderes einfiel, lächelte ich ununterbrochen gegen diese Eifersucht an und hatte dabei furchtbare Angst, etwas von dem Tee auf der glänzenden Glasplatte zu verschütten. Es dauerte viele weitere Monate und durchlächelte Besuche, bis Thomas' Mutter auftaute. Die Lösung, die sie irgendwann für sich fand, war sehr einfach: Sie behandelte mich, als wäre ich Thomas' kleine Schwester und somit einfach ein weiteres Kind, das es zu bekochen, beschenken, beraten und bemuttern galt. Sex passte nicht in dieses Bild, darum mussten wir bei längeren Elternbesuchen in getrennten Zimmern schlafen – mit Mitte zwanzig. Ich bekam Thomas' altes Teenagerbett zugewiesen; an der Wand über dem Kopfteil hing ein etwa sechzig Zentimeter hohes Kruzifix mit einem sehr leidend dreinblickenden Jesus, der bei mir regelmäßig Albträume verursachte. Man könnte also sagen, ich bin, was »Schwiegerelternbesuche« betrifft, Kummer gewöhnt, doch diesen Besuch kann man nicht mit früheren Erfahrungen vergleichen. Mit keiner. Wieder einmal stelle ich fest, dass ich zwar über vierzig bin, mich aber so hilflos fühle, als wäre ich zwanzig. Als wäre es mein erstes Mal, der allererste Schwiegerelternbesuch. Nein, es ist noch schlimmer. Mit nichts zu vergleichen, was ich bisher erlebt habe. Wir fahren zur Mutter eines Mörders. Was wird mich dort erwarten? Wie viel Schuld trägt sie an dieser Tat?

Ich merke, wie sehr ich daran gewöhnt bin, in Kindheit und Jugend nach Ursachen und vielleicht sogar mildernden Umständen zu suchen, wenn es um Verbrechen geht. Heute erscheint uns das als völlig normal. In jedem Mordprozess werden Kindheit und Jugend durchleuchtet, eine schwere Kindheit bei der Urteilsfindung berücksichtigt. Doch früher war das anders, ja man kannte den Begriff »Kindheit« überhaupt nicht. Mir fällt ein Seminar während meines Geschichtsstudiums ein, das von der *Entdeckung der Kindheit* handelte, und das Referat, das ich damals gehalten habe:

»Im Mittelalter unterschied man noch nicht zwischen Kinder- und Erwachsenenwelt, Kinder waren einfach ›kleine‹ Erwachsene. Sobald sie kräftig genug waren, mussten sie ihren Eltern auf den Feldern, in den Ställen, Werkstätten oder Wirtshäusern helfen. Mit sieben Jahren galten sie dann als ›erwachsen‹ und wurden verlobt. Im fünfzehnten Jahrhundert wurde es noch schlimmer: Man hielt Kinder und Jugendliche für dumm und schwächlich. Nur mithilfe strenger Zucht und Erziehung könne man aus diesen unvollkommenen Wesen nützliche Mitglieder der Gesellschaft formen, lautete die herrschende Meinung. Erst der französische Philosoph Jean-Jacques Rousseau erklärte die Kindheit 1759 in seinem Roman

Emile zu einer schützenswerten Lebensphase – danach veränderte sich die Sichtweise auf Kinder.«

Doch die Erkenntnis, dass eine schwere Kindheit eine der Ursachen für ein Verbrechen sein und dies die Schuldfähigkeit eines Angeklagten beeinflussen kann, ist weitaus jünger. Noch Anfang des zwanzigsten Jahrhunderts ging man in Gerichtsprozessen eher davon aus, dass der Apfel nicht weit vom Stamm falle und es somit kein Wunder sei, wenn Alkoholiker, Prostituierte, Obdachlose, Taschendiebe oder andere sogenannte liederliche Personen verbrecherischen Nachwuchs zeugten. Strafminderung, womöglich so etwas wie Verständnis für ein Verbrechen oder zumindest Interesse an dem Warum, konnte der Beschuldigte nicht erwarten.

Das ist heute anders – so anders, dass ich mir ganz automatisch die Frage stelle, ob Claus' Kindheit und Jugend irgendwelche Erklärungen für den Mord an Elke liefern. Und jetzt werde ich also gleich seine Mutter kennenlernen.

Ich habe von ihr bisher nur ein paar Bilder auf Claus' Schreibtisch gesehen. Eines zeigt ihn als vielleicht Neunjährigen mit Schlagjeans und hellblonden Locken neben einer fast genauso blonden, hübschen, jungen Frau, viel jünger, als ich es heute bin – sie ist auf diesem Foto fast noch ein Mädchen. Wahnsinn, wie früh unsere Mütter uns damals bekamen, bei meiner Mutter war es nicht anders. Und dann diese blonden Haare – kommt daher seine Vorliebe für Blondinen?, fragte ich mich.

Von Claus weiß ich, dass sich seine Eltern scheiden ließen, als er noch ein Baby war – die beiden haben wohl ziemlich bald gemerkt, dass es nicht passt. Der Vater, damals ein junger Referendar, heute ein graubärtiger Studienrat, der Deutsch und Biologie am Gymnasium lehrt, hat dann relativ schnell wieder geheiratet und eine neue Familie gegründet und sich wenig um Claus gekümmert – zwei- oder dreimal durfte Claus in den Ferien mit in den Familienurlaub nach Rimini, zusammen mit den zwei Halbgeschwistern, das war's. Nicht mal Geburtstags- und Weihnachtspflichtbesuche scheint es gegeben zu haben. Was damals allerdings keine Seltenheit war. Von Scheidungsvätern, die in Selbsthilfegruppen mit allen Mitteln verzweifelt um Besuchsrecht kämpfen oder einen unterbezahlten Teilzeitjob annehmen, um sich die Kindererziehung mit ihrer geschiedenen Frau gerecht aufzuteilen, wie ich das aus meinem Bekanntenkreis kenne, war man noch meilenweit entfernt. Claus' Mutter arbeitete Vollzeit als Grundschullehrerin, um sie beide durchzubringen; dabei war sie auf die Hilfe ihrer Mutter angewiesen, Claus' geliebter Oma Marie, die ihn mit aufzog. Sie war für ihn eine Art Mutterersatz – genau wie meine Oma für mich. Irgendwann kam dann ein Stiefpapa in Claus' Leben, mit dem er sich sehr gut verstand. Doch auch diese Beziehung scheiterte nach einigen Jahren. Es gab wohl viele Streitereien und Wortgefechte zwischen der Mutter und dem Stiefvater, die Claus ziemlich auf die Nerven gingen – damals war er schon ein Teenager.

In dieser Zeit hatte er ein sehr schlechtes Verhältnis zu seiner Mutter. Er scheint sich völlig vor ihr zurückgezogen zu haben, war nur genervt von ihr und ihren vorsichtigen Annäherungsversuchen.

Nein, es war keine unbeschwerte Kindheit ohne Probleme. Aber das war meine auch nicht, ganz im Gegenteil.

Dass man sich in der Pubertät von seinen Eltern distanziert und häufig mit ihnen aneinandergerät, halte ich für völlig normal.

In meinem Bekanntenkreis gibt es noch viel schlimmere Beispiele, besser gesagt: wirklich schlimme. Mit alkoholkranken Vätern, Schlägen und sogar sexueller Gewalt. Keiner dieser Bekannten ist dadurch auf die schiefe Bahn geraten, wie es so schön heißt. Einen Mord erklärt diese Kindheit nicht – oder werde ich das anders sehen, sobald ich Claus' Mutter persönlich kennengelernt habe?

Wie wird sie sein? Eine gebrochene, unglückliche, zu früh gealterte Frau, die mit ihrem Leben hadert? Eine kalte Egoistin, die ihren Sohn vernachlässigt hat? Eine dominante Furie, die ihn unterdrückt hat? Eine Mutter, die keine Liebe zu ihrem Kind empfinden konnte – so wie meine eigene? Wird sie mir gegenüber misstrauisch sein und sich fragen, ob ich es ernst meine mit ihrem Sohn? Oder hat sie Angst, dass wieder etwas passiert, dass Claus noch einmal die Beherrschung verliert? Hat sie die Vergangenheit vielleicht völlig verdrängt und belügt sich selbst? Wird sie über die Tat und die für sie sicher sehr schwere Zeit sprechen oder sie gar nicht erwähnen? Und wie, um alles in der Welt, soll ich mich bloß verhalten gegenüber einer Frau, deren Sohn ein Mörder ist?

Wir sind angekommen, halten in einer gepflegten Wohnstraße mit relativ neuen Ein- und Mehrfamilienhäusern. An einigen Fassaden kleben die in den letzten Jahren so beliebt gewordenen Kletter-Nikolausfiguren, die aussehen, als hätte sich Spiderman im Weihnachtsmannkostüm in die Provinz verirrt. Leuchtende Lichterketten an Balkonen und schneebedeckte Christbäume in den Gärten erinnern daran, dass Weihnachten noch nicht lange zurückliegt. Meine Stiefel knirschen im Schnee, zu jedem anderen Zeitpunkt hätte ich mich darüber gefreut – ich liebe knirschenden Schnee unter den Schuhen. Jetzt bin ich zu angespannt, um länger darüber nachzudenken. Claus gibt mir den Blumenstrauß, den er gekauft hat. Auch er wirkt nervös, lächelt mich an, seine Mundwinkel zucken. Ich wickle das hellgrüne Seidenpapier ab, werfe es auf meinen Autositz und schließe die Tür.

»Na, alles klar?«

»Ja, alles wunderbar«, lüge ich und strahle ihn mit einem Lächeln an, das, wie ich hoffe, ermutigend wirkt. Er drückt mir einen kalten Kuss auf die Wange, nimmt meine Hand und zieht mich über die Straße. Claus' Mutter bewohnt eine Eigentumswohnung im obersten Stockwerk eines modern wirkenden, im Moment komplett schneebedeckten Mehrfamilienhauses. Claus selbst hat nie hier gelebt. Irgendwie beruhigt mich der Gedanke, nicht in ein altes Haus voller jahrzehntealter Erinnerungen zu kommen.

Sie erwartet uns an der Wohnungstür. Lächelt mich an. Und umarmt mich.

Ich bin völlig perplex von dieser herzlichen Begrüßung – so werde ich normalerweise nur von Menschen begrüßt, die mich schon lange kennen und sich wirklich über meinen Besuch freuen. Ich beobachte sie heimlich, während sie auch Claus umarmt, meinen Mantel an der Garderobe aufhängt und aus der Küche eine Vase für die Blumen holt. Schlank, blond, apart sind die ersten Worte, die mir einfallen. Sie trägt Jeans, einen zart rosafarbenen

Kaschmirpullover – zumindest sieht es nach Kaschmir aus –, einen passenden Lippenstift und flache Slipper.

So möchte ich in dem Alter auch mal aussehen, schießt es mir durch den Kopf.

Ich vergleiche sie mit meiner eigenen, blassen, teigig-dicklichen Mutter, die sich mit Vorliebe in Lodengrün und Wiener-Schnitzel-Braun kleidet. Ich kann mich nicht erinnern, dass sie mich je zur Begrüßung umarmt hat.

»Ist es okay, wenn ich Kristin sage?«, fragt mich Claus' Mutter gerade. »Ich bin übrigens Leni.«

Ich nicke, schon wieder völlig überrumpelt. Leni also. Thomas' Eltern haben mir erst nach vier Jahren das Du angeboten, im Rahmen einer feierlichen Ansprache zu Weihnachten. Ich fand es sehr schwer, mich nach all den Jahren daran zu gewöhnen, verplapperte mich noch Wochen später und erntete dafür strenge Blicke unter hochgezogenen Augenbrauen von Herrn und Frau Hintereder, die nun plötzlich Elfriede und Joachim sein wollten.

»Kommt rein, kommt rein und wärmt euch ein bisschen auf. Unglaublich, wie kalt es ist! Und habt ihr gesehen, wie viel Schnee wir dieses Jahr haben? Wir sind ja hier einiges gewöhnt, aber so viel …«

Keine Frage, auch Leni ist nervös.

Das Wohnzimmer passt zu ihr. Es ist geschmackvoll eingerichtet und durch und durch pastellfarben. Egal, in welche Richtung man blickt, man sieht nur helle Farben. Es wirkt optimistisch, nicht verzweifelt oder depressiv, denke ich und schüttle gleich darauf den Kopf über meine Küchenpsychologie-Analyse und darüber, dass ich nichts und niemanden mehr unvoreingenommen betrachten kann.

Ich habe Angst, den wollweißen Teppichboden mit meinen Stiefeln schmutzig zu machen.

»Soll ich meine Schuhe ausziehen?«, frage ich, aber Leni und Claus winken ab.

Ich lasse mich in die weichen, weißen Polster der Leinencouch fallen, gucke Claus zu, wie er Leni und mir Kaffee einschenkt, sich selbst wie immer gleich zwei Sahnetortenstücke auf seinen Kuchenteller lädt, und merke, wie ich ruhiger werde. Ich fühle mich wohl hier und staune darüber. Das habe ich nun wirklich nicht erwartet.

Die Gespräche verlaufen entspannt. Leni wirkt interessiert, ich fühle mich aber nicht ausgefragt. Wir sprechen über die Frauenzeitschrift, für die ich arbeite.

»Ich lese sie manchmal beim Arzt oder beim Friseur, habe sie mir aber noch nie gekauft. Ich hoffe, du bist nicht böse«, sagt sie.

Bin ich natürlich nicht und verspreche, ihr ein paar Ausgaben mit Artikeln von mir zu schicken. Leni fragt mich, ob es mir etwas ausmacht, wenn sie draußen kurz eine raucht, was Claus zu einem kleinen Vortrag über Geruchsbelästigung durch Zigarettenqualm im Allgemeinen und Lungenkrebs im Besonderen veranlasst. Leni lacht, hustet demonstrativ und zwinkert mir zu, bevor sie durch die Terrassentür in den kleinen, verschneiten Garten verschwindet. Ich bin erklärte Nichtraucherin, aber es gefällt mir, dass Leni raucht. Hier im Allgäu, bei einer Frau dieser Generation, ist das ein kleiner rebellischer Akt. Wieder etwas, das ich nicht erwartet habe, nicht hier in der Provinz, wo die Welt angeblich noch in Ordnung ist – zumindest, wenn man nicht allzu genau hinsieht.

Claus holt den Laptop, den er seiner Mutter zu Weihnachten geschenkt hat, aus dem Nebenzimmer, um ihr darauf ein paar Fotos von unserem Urlaub auf Hiddensee zu zeigen, die er auf einem Stick mitgebracht hat. Dabei gibt er ihr auch gleich eine kleine Einführung in ihren neuen Computer – es ist ihr erster. Sie ist begeistert davon und will unbedingt so schnell wie möglich alles wissen, um selbst auch Fotos hochladen, verschicken und bearbeiten zu können. Meine eigene Mutter weiß nicht einmal, wie man einen Computer einschaltet, und ich bezweifle, dass sie das geringste Interesse daran hätte, es zu lernen. Ich lehne mich zurück, nippe an meiner dritten Tasse Kaffee und lasse meine Gedanken schweifen.

Wenn ich mir das Wenige, das ich über Claus' Mutter bisher weiß, vor Augen führe, empfinde ich vor allem Respekt und auch Verwunderung. Sich in den Siebzigerjahren scheiden zu lassen, wie sie es getan hat, war ein Skandal, vor allem hier – sexuelle Befreiung und die Emanzipationsbewegung gab es vielleicht in den Großstädten, aber auf dem Land schüttelte man darüber nur den Kopf, im Allgäu ebenso wie in Oberbayern. Sich scheiden zu lassen – so etwas machte man einfach nicht. Man hatte als Frau bei seinem Ehegatten zu bleiben, hatte die Fassade aufrechtzuerhalten, selbst wenn er gewalttätig war oder laufend fremdging. Wenn sich die Frau trennte, war sie Stadt- bzw. Dorfgespräch, wurde verachtet und von vielen geschnitten. Leni hat also einen sehr mutigen Schritt gewagt und sich dann als (fast) alleinerziehende Mutter durchgeschlagen. Das ist heute kein Zuckerschlecken und war es damals bestimmt noch viel weniger.

»Sie hatte es bestimmt nicht leicht, auch nicht mit mir«, gab Claus zu, als er mir über seine Mutter erzählte. Damals noch viel mehr als heute war Sport für ihn das Wichtigste im Leben. Museumsbesuche, Konzerte, Spaziergänge oder Ausflüge lehnte er schon als kleiner Junge ab, erst recht als Teenager, und wenn sie ihn dazu zwang, strafte er sie mit demonstrativem Desinteresse und schlechter Laune. Nicht außergewöhnlich, aber so ganz anders als ich: Schon als kleines Mädchen liebte ich es, durch Museen zu streifen, saß still und andächtig bei Mozart-Konzerten, las mich durch die Kinderabteilung der Stadtbücherei und empfand einen Ausflug nach München, zu den Schimpansen im Zoo Hellabrunn, als Höhepunkt der Sommerferien. Sport kam in meinem Leben auch damals nur am Rande vor. Claus dagegen war am glücklichsten, wenn er beim Leichtathletik-Training war, Fußball oder Eishockey spielen konnte. Dort hatte er seine Freunde und seine Erfolgserlebnisse.

Er und seine Mutter waren und blieben sich in dieser Zeit ziemlich fremd. Ich denke darüber nach, wie ich mich fühlen würde, wenn sich mein Kind ausgerechnet zu einer kleinen Sportskanone entwickeln würde und sich für nichts begeistern könnte, was mir wichtig ist: Kunst, Bücher, Geschichte, Filme, Tiere, fremde Länder. Traurig würde mich das machen, überlege ich. Auch wenn so etwas natürlich häufig vorkommt.

Wir sprechen bei diesem ersten Besuch über die Vergangenheit, aber nur über lustige und schöne Erinnerungen. Leni erzählt, was Mütter eben so über ihre Söhne berichten, wenn die neue Freundin zu Besuch ist.

»So hat er ausgesehen«, sagt sie und deutet auf ein

Kreideporträt von Claus an der Wand hinter ihr. »Blonde Löckchen hatte er, das kann man sich heute gar nicht mehr vorstellen, wenn man ihn so sieht …«

»Ist Claus eine Blondine? Färbt er sich etwa die Haare?«, frage ich, und wir beide kichern.

»Also, Kristin«, sagt Claus und tut empört. »Was denkst du denn von mir? Aber wenn schon: Männer färben nicht, Männer tunen …« Den letzten Satz hat er sich nicht selbst ausgedacht – es ist der alberne Werbespruch einer Haarpflegeserie für Männer.

Einmal lässt Leni aber doch eine Bemerkung fallen, ganz nebenbei, als sie Claus erzählt, dass sie einen früheren Schulkameraden von ihm in der Stadt getroffen hat, der sie fragte, wie es ihr und ihm gehe. Bei jedem anderen wäre das eine ganz normale Frage, nichts weiter als eine Floskel, eine Art Einleitung zu Small Talk. Wenn man die Mutter eines Mörders so etwas fragt, hat das eine ganz andere Bedeutung. Darum konnte Leni darauf auch nicht mit einem einfachen »Wunderbar. Und Ihnen?« antworten.

Sie erzählt uns, dass sie gesagt hat: »Nun ja, es geht, es muss ja weitergehen. Aber das, was passiert ist, wird immer da sein, wird immer nachwirken.«

Claus blickt zur Seite, räuspert sich, knetet seine Hände.

»Ich meine, so ist es doch. Was hätte ich sagen sollen?«

Sie sieht mich an.

Ich nicke, bleibe aber stumm.

Claus steht auf, um Geschirr in die Küche zu bringen, und Leni wechselt das Thema, spricht wieder über Frauenzeitschriften. Sie wirkt völlig ruhig und gelassen.

Ich bin mir sicher, dass sie dieses Erlebnis meinetwegen erzählt hat. Es war eine kleine Botschaft für mich, mit der sie mir mitteilen wollte, dass sie nichts verdrängt oder schönredet, dass sie sich nach wie vor mit Claus' Vergangenheit auseinandersetzt. Und dass sie weiß, wie schwierig es auch für mich ist, damit klarzukommen.

Vielleicht interpretiere ich zu viel in diese kleine Bemerkung hinein, aber ich fühle mich irgendwie von Lenis Worten getröstet.

Wie mag sie sich gefühlt haben, als sie von dem Mord erfuhr? Sie und Elke hatten ein »sehr gutes« Verhältnis, wie mir Claus einmal erzählte. Für sie war Elke wahrscheinlich die Schwiegertochter und zukünftige Mutter ihrer Enkel, so wie ich es für Thomas' Eltern irgendwann gewesen war. Ich kann es mir nicht einmal ansatzweise vorstellen, was in ihr vorging, als sie erfahren hatte, dass ihr eigener Sohn seine Freundin umgebracht hat. Ich weiß, wie schockiert ich selbst war, aber Claus ist nicht mein Sohn, und ich habe Elke nicht gekannt. Ich musste nicht um sie trauern, nicht über den Verlust hinwegkommen und mich nicht fragen, ob ich selbst dazu beigetragen habe, dass so etwas passieren konnte – durch meine Erziehung, durch Unaufmerksamkeit oder Desinteresse, als sich die beiden getrennt hatten und für Claus die Welt zusammenbrach, ohne dass es jemand gemerkt hat. Die Frage *Hätte ich es verhindern können, wenn …?* habe ich mir zum Glück nie stellen müssen.

Abends, zurück in München, blättere ich vor dem Einschlafen in dem Buch von Mordermittler Josef Wilfling, wie immer in letzter Zeit. Irgendwo steht doch etwas dazu, gleich über dem Absatz, der beschreibt, dass es sich seiner Erfahrung nach bei Mördern meist um sogenannte »anständige Bürger« handelt.

»Während die Motivlagen bei Berufsverbrechern meist klar auf der Hand liegen und keine großen Rätsel aufgeben, ist man regelmäßig ratlos, wenn es sich bei den Täterinnen oder Tätern um bislang unbescholtene, anständige Menschen handelt, denen man eine so schreckliche Tat niemals zugetraut hätte. Für Angehörige ist die Suche nach Antworten oft verbunden mit der quälenden Frage, ob sie die verhängnisvolle Entwicklung hätten erkennen oder sogar stoppen können. Nicht selten kommt es zu heftigen Vorwürfen oder Selbstvorwürfen.«

Kurz vor dem Abschied heute, als Claus nicht im Zimmer war, weil er ein neues Regal für sie anbrachte, sagte Leni etwas zu mir, was genau dies belegt. Es waren nur zwei kurze Sätze, die doch alles ausdrückten: »Vielleicht habe ich mich nicht genug um ihn gekümmert. Vielleicht habe ich ihm zu wenig zugehört.«

Sie macht sich Vorwürfe – wie so viele andere berufstätige Mütter –, sich zu wenig Zeit für ihren Sohn genommen zu haben, nicht aufmerksam genug gewesen zu sein. Es würde nichts helfen, ihr zu versichern, dass sie sich nichts vorzuwerfen habe. Alles, was ich dazu sagen könnte, klingt hohl und leer, darum schwieg ich zu diesem Satz. Diese Zweifel und Selbstvorwürfe lassen sich nicht mit ein paar Worten aus der Welt räumen, vermutlich muss man lernen, mit ihnen zu leben.

Vielleicht traue ich mich eines Tages, wenn wir uns besser kennen und sie mit ihrem Computer umgehen kann, ihr den Satz zu mailen, den ich in Wilflings Buch direkt nach dem ersten Besuch bei ihr gefunden habe:

»(…) ausgerechnet das schwerste aller Verbrechen (hat) in den wenigsten Fällen mit dem zu tun, was man als Wurzel allen Übels ansieht, nämlich frühkindliche Gewalterfahrungen, Aufwachsen in ärmlichen Verhältnissen oder der soziale Status. Diese Faktoren mögen zwar die Entwicklung krimineller Energie begünstigen, aber wenn es um das Böseste alles Bösen geht, spielen sie eine eher untergeordnete Rolle …«

Herkunft und Erziehung spielen nach seinen Erfahrungen keine oder höchstens eine untergeordnete Rolle bei solchen Verbrechen, schreibt Wilfling.

Nachdem ich das gelesen hatte, legte ich das Buch auf den Nachttisch, schaltete die kleine Lampe aus, kuschelte mich ins Kopfkissen und schämte mich. Dafür, dass ich nur eine Minute lang darüber nachgedacht hatte, ob Leni eine Mitschuld an dem tragen könnte, was passiert ist.

Mir wird klar, dass auch ich lernen muss, mit einer schweren Last zu leben; der Erkenntnis nämlich, dass Claus – mein charmanter Cowboy – ganz allein verantwortlich ist und dass es keine Entschuldigungen oder Erklärungen geben wird, um ihn ein wenig von der Schuld reinzuwaschen, die er auf sich geladen hat. Ich werde lernen müssen, damit umzugehen: Claus ist mein geliebter Mörder.

Die Krise

»Wir müssen reden«, sagte sie beim Sonntagsfrühstück vor elf Jahren in ihrer gemeinsamen Küche.

»Ja, gleich, ich möchte noch schnell den Artikel zu Ende lesen«, erwiderte Claus, über die Sonntagszeitung gebeugt.

»Nein, jetzt. Sofort.« Ihre Stimme klang anders als sonst.

Claus hob den Kopf und legte die Zeitung beiseite.

Wir müssen reden – dieser Satz ist immer der Anfang von einem Ende. Bei mir und Claus war es der Anfang vom Ende einer bis dahin unbeschwerten Beziehung.

Bei Elke und Claus war es der Anfang vom Ende ihrer Liebe.

Elke eröffnete ihm an diesem sonnigen Septembertag, dass sie ihn nach elf gemeinsamen Jahren verlassen möchte und ausziehen wird. Sie hatte zu diesem Zeitpunkt bereits seit Längerem eine Affäre mit einem anderen, einem Kollegen in der Steuerkanzlei. Aber das verschwieg sie, und als er sie fragte, ob es einen anderen gäbe, stritt sie es ab. Nicht aus Angst vor ihm – die hatte sie mit Sicherheit nicht, warum auch? Claus wird bei Streitereien nicht mal laut, er bezeichnet sich selbst als »eher bockig, stur und manchmal ein bisschen gemein«.

Das sind auch meine Erfahrungen mit ihm. Gewalttätig? Claus? Das war für Elke mit Sicherheit damals genauso unvorstellbar wie inzwischen auch für mich.

Wahrscheinlich sagte sie ihm nichts von dem anderen, um ihn nicht noch mehr zu verletzen und zu schockieren, sondern ihn erst nach und nach mit den Tatsachen zu konfrontieren. Vielleicht hatte sie auch Angst vor ihrer eigenen Courage und wollte mit diesem Geständnis abwarten, sich ein Hintertürchen offen lassen, das es ihr ermöglicht hätte, alles schnell wieder rückgängig zu machen, so als hätte sie nie etwas gesagt – was viel schwerer und manchmal gänzlich unmöglich wird, wenn man dem Partner gestanden hat, dass man ihn nicht nur belogen, sondern auch betrogen hat. Vielleicht zweifelte sie auch an ihrem Entschluss zu gehen oder an der neuen Liebe. Wahrscheinlich traf alles ein bisschen zu. Es kostet Kraft und Mut, einen endgültigen Schlussstrich unter eine so lange Beziehung und damit auch unter ein Leben zu ziehen, wie ich aus eigener Erfahrung weiß.

Ich habe mich von Thomas nach elf Jahren an einem sonnigen Oktobersonntag getrennt. Nach eineinhalb Jahren Kampf um unsere Beziehung und unzähligen Versuchen, Thomas für mich und meine Probleme zu interessieren, hatte ich mich in einen anderen, einen fünf Jahre jüngeren Anzeigenredakteur unseres Verlags namens Oliver, verliebt. Als es begann, hielt ich es nur für eine Affäre – trotz aller Schwierigkeiten konnte ich mir nicht vorstellen, mich jemals von Thomas zu trennen. Wir kannten uns so lange, hatten so viel miteinander erlebt und durchgestanden, so viele wichtige erste Male miteinander geteilt: das erste Mal in eine Großstadt ziehen, das erste

Mal weg von den Eltern, das erste Mal mit einem Partner zusammenwohnen, das erste Mal eine Küche einrichten, die erste Fernreise durch Indonesien, der erste echte Job, das erste selbst verdiente Geld auf dem Konto. Thomas war Teil meiner Jugendzeit, Teil meines Lebens. Doch die Liebelei mit Oliver entwickelte sich zu einer großen Liebe – der großen Liebe, wie ich damals dachte –, und dafür alles über den Haufen warf. Im Gegensatz zu Elke habe ich Thomas an diesem goldenen Oktobersonntag auch von Oliver erzählt. Stundenlang haben wir geredet, beide tränenüberströmt. Doch ähnlich wie Elke habe ich nicht die ganze Wahrheit gesagt, habe noch nicht gestanden, dass die Affäre schon über ein halbes Jahr andauerte, und auch nicht, wie wichtig mir dieser neue Mann geworden war. Ich verschob es auf später und kam mir feige vor – was es ja auch war. Danach habe ich Unterwäsche, einen Schlafanzug und meinen Kulturbeutel in mein schwarzes Ziehköfferchen geworfen, bin gegangen und später nur noch einmal zurückgekommen, um meine Sachen abzuholen und die Wohnung aufzulösen. Ich zog wie Elke in das vorübergehend leer stehende Apartment einer Freundin und nicht etwa direkt zu Oliver. Der war für ein Jahr nach Barcelona gegangen, und ich wollte mir darüber klar werden, wie es nun weitergehen sollte. Letztendlich verließ ich Thomas und begann eine mehrere Jahre dauernde Beziehung mit Oliver.

Bei Claus und Elke muss es ganz ähnlich abgelaufen sein. Vielleicht hielt Elke den neuen Mann nicht für die große Liebe wie ich Oliver. Vielleicht war er nur eine Art Sprungbrett, um die Trennung von Claus zu schaffen und sich damit in ein neues Leben zu katapultieren. Ziemlich sicher ist, dass sie sich von Claus innerlich schon kilometerweit entfernt hatte – so wie ich mich von Thomas.

Claus hatte – anders als Thomas – nichts geahnt, Elkes Worte an diesem Sonntagmorgen trafen ihn wie ein plötzlicher Faustschlag in den Solarplexus.

Er hat mir mehrmals von dieser Situation am Frühstückstisch erzählt, und dass es ihn so unvorbereitet, so »eiskalt erwischt« hat, wie er sagt, ist ihm immer noch anzuhören und anzusehen.

Ich bin sicher, dass er sie nicht gehen lassen wollte, dass es stundenlange Gespräche in der Küche neben dem alten Herd gab, in denen er alle Gefühle durchlebte und durchlitt, die zu einem solchen Ereignis gehören: Verzweiflung, Fassungslosigkeit, Wut, Hass, Liebe, Schmerz, Angst, ja sogar Panik. Irgendwann hat er wahrscheinlich begriffen, dass Elke es ernst meint. Dass sie nicht sauer auf ihn ist oder kurz mal ausflippt, sondern dass sich da seit Langem etwas zusammengebraut hat, was jetzt wie ein Tsunami über ihn hereinbricht und sich mit Worten nicht mehr eindämmen oder aufhalten lässt. Dass es anders ist als die kurzen Trennungsphasen nach irgendwelchen Streitereien am Anfang ihrer Beziehung. Dass er sie wirklich verloren hat.

In diesem Moment hat Claus auch die Kontrolle über seine geordnete Welt verloren, aber noch nicht die Kontrolle über sich selbst. Das würde erst ein paar Monate später passieren.

Erst einmal blieb er allein in der gemeinsamen Wohnung zurück und versuchte zu begreifen, was passiert war, versuchte, Gründe zu finden. Ein Ereignis ein paar Monate vor der Trennung fiel ihm ein und verfolgt ihn bis heute, auch davon hat er mir schon mehrmals berichtet.

Er und Elke saßen mit gemeinsamen Freunden zusammen. Eine Freundin sprach angeregt mit Elke über ihre bevorstehende Hochzeit: über Kleideranproben, Hochsteckfrisuren, Einladungskarten, Gästeliste, Locationsuche, Menüplanung, Tischdekoration, DJ, Polterabend, Junggesellinnenabschied und alles, was heutzutage sonst noch zu einer traditionellen Trauung gehört. Claus hörte den Mädchengesprächen zu, schüttelte den Kopf über das Riesenvorbereitungstamtam und machte einen dummen Spruch. Als er mir davon erzählte, wusste er nicht mehr genau, was er damals zu Elkes Freundin gesagt hatte. Wahrscheinlich so etwas wie: »Heiraten wird doch gnadenlos überschätzt« oder »Heiraten ist nur was für Warmduscher und Schattenparker« und dann noch »So viel Aufwand und Geld dafür, dass man sich mit fünfundfünfzigprozentiger Wahrscheinlichkeit doch wieder scheiden lässt …« Claus ist meistens wirklich sehr witzig, aber ich weiß aus eigener Erfahrung, dass er ab und zu mit seinen Sprüchen und Späßen danebengreift, und nicht nur das: Manchmal ist es ziemlich verletzend, was er da, ohne viel nachzudenken, so von sich gibt, auch wenn er das nicht beabsichtigt hat. In diesem Fall stieß er nicht nur Elkes Freundin, die zukünftige Braut, in ihrer Begeisterung vor den Kopf, sondern auch Elke. Die träumte nämlich offenbar von genau so einer Hochzeitsfeier, wie ihre Freundin sie gerade plante, und fand wahrscheinlich, dass es langsam mal Zeit für Claus würde, ihr endlich einen Antrag zu machen. Sie war »im richtigen Alter«, wie Claus es später mir gegenüber nannte, und eine

Hochzeit gehörte zu ihrer Lebensplanung. Ich war eigentlich davon ausgegangen, dass sie damit genau auf Claus' Linie lag, aber damit lag ich falsch.

Stattdessen fügte er seinen dummen Sprüchen noch einen fatalen Satz hinzu: »Also für mich kommt Heiraten nicht infrage, so viel steht fest.« Elke hatte kein Wort dazu gesagt, aber an ihren Gesichtsausdruck erinnert sich Claus noch genau: entsetzt und verletzt. Damals hatte er das nicht allzu ernst genommen, hatte es schnell wieder vergessen. Doch nachdem Elke ihn verlassen hatte, fiel es ihm wieder ein und schien eine Erklärung zu bieten.

Das Ereignis begann ihn damals zu quälen, immer wieder spielte er es im Kopf durch und fragte sich, was passiert wäre, wenn er geschwiegen, sich nicht übers Heiraten lustig gemacht oder Elke später darauf angesprochen und sich mit ihr über ihre Zukunftsträume unterhalten hätte. Sich Zeit genommen und ihr zugehört hätte.

Ihm ist heute natürlich klar, dass dies höchstens ein Auslöser gewesen sein kann, nicht die Ursache für Elkes Entscheidung. Hinter der Trennung nach einer so langen gemeinsamen Zeit steht ein Prozess, eine längere Entwicklung, kein einzelnes Ereignis oder ein paar dumme Sprüche.

Doch damals stieg Claus mit Grübeleien über diese Erinnerung in ein verhängnisvolles Gedankenkarussell ein, das nicht mehr anhielt, bis es zu spät war. Er hatte Zeit dafür, denn er hatte sich – wie geplant – von seinem Job beurlauben lassen, um seine Dissertation zu schreiben. Er musste morgens nicht im Büro erscheinen und nicht zu Kunden in andere Städte reisen. Claus hatte sich sehr auf diese Zeit gefreut: endlich mal kein Terminkorsett;

freie Zeiteinteilung, ein ganzes langes Jahr, um sich in ein Thema zu vertiefen, das ihn interessierte. Er hatte sich ausgemalt, wie er sich an sonnigen Tagen mit seinem Laptop und den Büchern in einen ruhigen Teil des Englischen Gartens verziehen und jeden Abend Sport treiben würde. »Klar, so was kann auch stressig werden, aber ich wollte diese Monate genießen.«

Stattdessen lag nun sein exakt geplantes Leben als Scherbenhaufen vor ihm – ein Leben, das er bisher für durch und durch kontrollierbar und steuerbar gehalten hatte. Nach außen hin reagierte er darauf relativ normal: Er ließ sich von seinen Kumpels trösten, ging mit ihnen abends aus, ließ sich sogar zu einem spontanen Kurzurlaub auf Kreta überreden, obwohl er dort auch schon mal mit Elke gewesen war, ihn also auf Schritt und Tritt Erinnerungen verfolgten. »Ich war wie ferngesteuert, bin einfach mitgeflogen und hab dann dort auch nur rumgeheult.«

Seine Freunde verhielten sich so, wie Männer es eben tun, wenn ein Kumpel verlassen wird: Sie hauten Claus auf die Schulter, spendierten ein paar Runden Bier, deuteten in Bars oder am Strand auf hübsche Blondinen, lästerten ein wenig über Elke, rieten zu Ablenkung, zum Beispiel in Form eines tabulosen One-Night-Stands mit der sexy Club-Animateurin auf Kreta, und sagten Sätze wie: »Andere Mütter haben auch schöne Töchter« oder »Die hat dich doch gar nicht verdient« oder »Besser, es passiert jetzt als später mit Haus und Kindern« oder »An Liebeskummer stirbt man nicht«. Keiner von ihnen ahnte, wie sehr sie sich mit diesem letzten, gedankenlos dahingesagten Satz getäuscht hatten.

Das Verständnis für Liebeskummer hat eine bestimmte Halbwertszeit, selbst bei sehr guten Freunden. Irgendwann hat keiner mehr die Kraft für stundenlange Gespräche, die sich immer nur im Kreis und um ein Thema drehen. Irgendwann ist auch der Vorrat an tröstenden Worten erschöpft, und man hat alle Ratschläge gegeben und alle Ablenkungsversuche vorgeschlagen, die es gibt. Der Frustpegel steigt, wenn man merkt, dass nichts zu helfen scheint und dass sich der Liebeskranke keinen Millimeter nach vorn bewegt. Hinzu kommt das Männerbild in unserer Gesellschaft – trotz aller Emanzipation und Gleichberechtigung sollen Männer Stärke zeigen und auch bei großem Kummer echte Kerle bleiben. Seien wir ehrlich: Männer machen sich lächerlich, wenn sie wegen einer Frauengeschichte weinen und monate- oder gar jahrelang für alle sichtbar trauern.

Daher versuchte Claus natürlich, sich zusammenzureißen, doch es gelang ihm nicht. Seine Verzweiflung wurde nicht kleiner, sie wuchs immer mehr an, unbemerkt von allen anderen, seinen Freunden, seiner Mutter – und auch von Elke. Zurück vom Kurzurlaub, vernachlässigte er seine Promotion, seinen Sport, sich selbst und begann zu trinken.

»Schon vormittags Bier, manchmal Wein, nachmittags Whisky, nachts alles, was ich in die Finger kriegen konnte. Ich hatte das Gefühl, es nur so ertragen zu können.«

Die ganze Zeit grübelte er und dachte darüber nach, wie er Elke zurückgewinnen könnte, nichts anderes schien mehr wichtig.

»Es gab in meinem Kopf nur noch Elke, Elke, Elke. Sie

war die tollste Frau auf Erden. Es konnte keinen Ersatz für sie geben, da war ich ganz sicher.«

Als er mir davon erzählte, fiel mir sofort der psychologische Fachbegriff dafür ein: »Protestphase«. Bei Liebeskummer durchläuft man im Normalfall verschiedene Phasen, genau wie bei der Trauer nach einem Todesfall – die sogenannte Protestphase ist die erste. Warum ich das so genau weiß? Für Frauenzeitschriften ist Liebeskummer ein Klassiker, der mit schöner Regelmäßigkeit immer wieder abgehandelt wird. Mal sind es Tipps, wie man damit fertig wird, mal ein Bericht über neue wissenschaftliche Erkenntnisse der Hirnforschung. Ich hatte ein ganzes Sonderheft zu diesem Thema betreut. Und auch wenn viele die Texte in Frauenzeitschriften nicht ernst nehmen: Ich lese ziemlich viele Bücher und spreche mit ziemlich vielen Experten, bevor ich mich an einen Artikel setze oder ein Dossier entwerfe. Daher wusste ich sehr genau, dass Claus' Verhalten und seine Gefühle zu diesem Zeitpunkt keineswegs sonderbar, sondern vielmehr typisch waren. Je mehr sich der Partner in diesem Zeitraum von uns abwendet, desto intensiver werden unsere Gefühle für ihn. Der oder die Ex werden zum Mittelpunkt allen Denkens und Handelns. Mit verantwortlich dafür ist übrigens der Botenstoff Dopamin in unserem Körper, der in dieser ersten Phase auf Hochtouren arbeitet und bewirkt, dass Verlassene mit Gefühlen für den anderen geradezu überflutet werden; später sinkt der Dopamin-Wert dann allerdings in den Keller, was Depressionen zur Folge haben kann. Ich erinnere mich noch gut daran, dass einer der befragten Experten in meinem Liebeskummer-Sonderheft warnte: »Liebeskummer sollte man nicht unterschätzen. Ein gebrochenes Herz kann geistig und körperlich krank machen. Und fünfundvierzig Prozent der Betroffenen werden von ernst zu nehmenden Selbstmordgedanken gequält.«

Einige Psychologen behaupten sogar, ein Mensch mit Liebeskummer sei wie ein Drogensüchtiger auf Entzug – im Gehirn lassen sich die gleichen Aktivitätsmuster nachweisen. Das Wort »liebeskrank« trifft den Zustand also ziemlich genau. Daher helfen bei Liebeskummer ähnliche Maßnahmen wie bei Drogensucht – zumindest langfristig: Alle Bindungen zum früheren Partner müssen konsequent abgebrochen werden, denn der Expartner ist ja sozusagen die Droge, von der man loskommen möchte. Bilder und Geschenke wegpacken, Orte meiden, die Erinnerungen wecken, rausgehen, Ablenkung – so lauten die nicht gerade originellen, aber offenbar sinnvollen Psychologen-Ratschläge.

Claus versuchte das, doch eher halbherzig und zwar auch deshalb, weil Elke ihm immer wieder Hoffnungen machte oder sich zumindest aus seiner Sicht so verhielt, als gäbe es noch eine Chance für ihn und für sie beide als Paar. Die beiden begannen sogar mit einer Paartherapie, obwohl Elke schon ausgezogen und mit dem neuen Mann zusammen war, was sie aber auch in der Therapie verschwieg.

Elkes unentschlossenes Verhalten, das Hin und Her würde sich später sogar aufs Urteil auswirken. Doch ich kann ihr daraus keinen Vorwurf machen – ich kenne das von vielen Freundinnen und auch von mir selbst: Man zögert die endgültige Entscheidung bei einer Trennung bewusst oder unbewusst hinaus, schreckt vor der Endgültigkeit zurück und auch davor, den Expartner derart zu verletzen. Und, wie ich ehrlicherweise zugeben muss, genießt es auch ein wenig, so umschwärmt, gebraucht und geradezu angebetet zu werden.

»Wir haben uns alle drei, vier Tage gesehen, sind spazieren gegangen, haben geredet und uns ziemlich gut verstanden; manchmal haben wir sogar Händchen gehalten. Egal, was meine Freunde auch sagten, für mich war da noch nicht alles verloren. Das redete ich mir pausenlos ein.«

Claus lebte für diese kurzen Treffen mit Elke, dazwischen verkroch er sich in der Wohnung, die er früher mit ihr geteilt hatte, betrank sich, grübelte und litt. Allein zu Hause, überfielen ihn immer wieder Zweifel: Täuschte er sich und machte sich falsche Hoffnungen? Hatten seine Freunde doch recht mit ihrer Einschätzung, dass es keinen Sinn mehr habe, sich an diese Beziehung zu klammern?

Auf Anraten seiner inzwischen ziemlich hilflosen und sicher auch ziemlich genervten Freunde versuchte Claus sogar, sich Hilfe bei einer Therapeutin zu holen – nie hätte er sich bis dahin vorstellen können, so etwas zu tun. Für ihn war das wie für viele Männer »Psychokacke für Weicheier«. Doch er wusste sich nicht mehr anders zu helfen und war bereit, alles auszuprobieren.

»Die Therapeutin guckte mich an und sagte: ›Na, also, Sie sehen doch ganz gut aus – was wollen Sie denn?‹«, erzählte er mir.

Noch heute ist er empört über die mangelnde Menschenkenntnis dieser Psychologin:

»Ich war zu diesem Zeitpunkt, am Ende des Sommers, braun gebrannt – du weißt ja, wie schnell ich braun werde, vor allem beim Laufen geht das fix. Und außerdem kam ich ja gerade von Kreta zurück. Aber unter diese Bräune war ich komplett am Ende! Ich meine, die kann mich doch nicht nach nur einem Blick und ein paar Sätzen einfach so einschätzen und in eine Schublade stecken. Das ist doch verantwortungslos!«

Anders als jetzt, nach jahrelangen Therapiesitzungen hinter Gittern, war Claus damals völlig unerfahren, was Therapien und Therapeuten betrifft. Er ging ein paar Mal hin, fühlte sich unverstanden und nicht ernst genommen, kam aber nicht auf die Idee, die Praxis zu wechseln, sondern warf enttäuscht das Handtuch. Er sollte erst sehr viel später lernen, dass es häufig vorkommt, dass die Chemie zwischen Therapeut und Therapiertem nicht stimmt, und man dann besser schnell das Weite suchen und sich nach einem anderen Psychologen umsehen sollte. Wahrscheinlich fehlte ihm auch die Energie dafür, die wurde ja komplett vom Liebeskummer aufgefressen.

Inzwischen war zudem Misstrauen bei ihm gewachsen. Er fing damit an, Elkes alte Handyrechnungen durchzugehen, die er zu Hause fand. Auch die neuen konnte er kontrollieren, da sie immer noch an Elkes alte Adresse, also zu ihm, geschickt wurden. Er telefonierte nach und nach alle Nummern durch, die er in den Einzelverbindungsnachweisen fand und stieß so irgendwann auf die Nummer seines Nebenbuhlers, die Elke natürlich besonders häufig gewählt und für SMS genutzt hatte.

Diese Entdeckung machte Claus nicht etwa wütend oder rasend vor Eifersucht – sie ließ ihn noch mehr verzweifeln, vor allem, als Elke bei einem ihrer Treffen zugeben musste, dass es stimmte und sie ihn schon betrogen hatte, als für Claus die Welt noch in Ordnung zu sein schien.

Schon seit Längerem schrieb er eine Art Tagebuch auf seinem Computer. Er hatte damit angefangen, als er versucht hatte, die Literaturliste für seine Doktorarbeit anzulegen, und irgendwann entnervt aufgeben musste, weil er sich nicht konzentrieren konnte. Ich weiß nicht, ob Claus mir dieses Tagebuch zeigen würde, wenn ich ihn darum bäte. Aber selbst wenn er es wollte – er hat es nicht mehr; sein Computer wurde nach dem Mord von der Kripo beschlagnahmt. Seine schriftlich festgehaltenen Gedanken würden später eine große Rolle beim Prozess und der Urteilsfindung spielen, als es darum ging, ob es sich um Mord oder Totschlag handelt. Denn Claus äußerte nicht nur Selbstmordabsichten in diesem Tagebuch. Er schrieb, dass er nicht allein in den Tod gehen wolle. Sondern mit Elke.

Die Freunde

Wir sind inzwischen von unserem Weihnachtsurlaub auf Hiddensee zurück, wo wir auch Silvester gefeiert haben. Ich habe das Buch eines Mordermittlers gefunden, in dem steht, dass jeder Normalo unter bestimmten Umständen zum Mörder werden kann. Ich habe Claus' unglaublich bezaubernde Mutter kennengelernt. Und wir finden ständig neue Gründe, um uns zu streiten. Darüber, ob meine Designerhandtasche in seinem Miniapartment im Weg steht; ob der Kauf von Bio-Lebensmitteln sinnvoll oder rausgeschmissenes Geld ist; ob es »bodenlos leichtsinnig« ist, die Reißverschlüsse meiner Taschen nie zu schließen; ob in Nordkorea jemals eine Leichtathletik-Weltmeisterschaft stattgefunden hat (»In Nordkorea? Natürlich nicht. Absurd, lächerlich«, schnaube ich und google sofort im Smartphone, um es ihm zu beweisen); oder ob es im Zimmer warm genug ist. (Seinen Standpunkt belegt er stets mit dem Verweis auf sein Thermometer.) Über Claus' Vergangenheit sprechen wir dagegen nicht so häufig. Oder vielmehr: Wir sprechen nur über bestimmte Teile, nämlich die Zeit im Gefängnis und danach.

Vielleicht sind die ganzen Streitereien um nichts und wieder nichts eine Art Ausweichmanöver – ich bin mir nicht sicher. Auch über meine Gefühle für ihn bin ich mir nicht mehr sicher – sie wechseln von Stunde zu Stunde. Mal möchte ich ihn in den Arm nehmen und küssen, mal von mir wegstoßen; dann wieder will ich ihm sagen, dass wir das »schon schaffen«, um direkt danach in Tränen auszubrechen und Bauchschmerzen vor Angst zu bekommen.

Schon in dem Moment, als mir Claus eröffnete, dass er ein Mörder ist, war mir sofort klar, dass dieses Geständnis mein gesamtes Leben beeinflussen und ändern würde. Ich misstraute daher meinem allerersten, reflexhaften Gedanken: *Damit kann ich umgehen, das bekommen wir hin, an meinen Gefühlen für ihn ändert das nichts.*

Tief in meinem Inneren wusste ich jedoch, dass das Geständnis Auswirkungen haben würde, von denen ich jetzt noch nicht einmal ansatzweise etwas ahnte, die wie Nebel durch Ritzen in meinen Alltag dringen und sich über alles legen würden. Ich konnte nur hoffen, irgendwie damit fertigzuwerden. Wie genau? Keine Ahnung.

Claus hatte den Zeitpunkt für die Aussprache ganz bewusst gewählt: Er war sich nach vier Monaten sicher, dass er mit mir zusammenbleiben wollte, und er hatte inzwischen genügend Vertrauen, um mir davon zu erzählen: »Selbst wenn du gesagt hättest, dass du dich unter diesen Umständen von mir trennen willst, wäre ich mir sicher gewesen, dass du, nun ja, richtig damit umgehen würdest. Das wusste ich einfach.«

Als vertrauensbildende Maßnahme hatte er mich vor seinem Geständnis auch ganz bewusst zu dem Abendessen bei seinen Freunden mitgenommen und mich als seine Neue vorgestellt.

»Du solltest sehen, dass es Menschen gibt, die mich mögen und akzeptieren. Und zwar tolle Menschen, die mir sehr viel bedeuten. Ich wollte auch, dass du erkennst, dass sie ganz normal sind. Und nicht irgendwie asozial oder so.«

Außerdem stand mein Geburtstag vor der Tür. Er ist Mitte Dezember, also ausgerechnet in der Zeit der Weihnachtsfeiern und des allgemeinen vorweihnachtlichen Wahnsinns. Trotzdem veranstalte ich jedes Jahr in meiner Wohnung einen kleinen Glühwein-mit-Plätzchen-Umtrunk und lade dazu wahllos Freunde, Nachbarn und Kollegen ein. Anders als ich hatte Claus meine Freunde und Bekannten noch nicht kennengelernt, es würde also das erste Mal sein, dass wir offiziell als Paar auftreten wollten.

»Ehrlich gesagt habe ich das Gespräch immer wieder hinausgeschoben«, sagte er mir an diesem denkwürdigen Sonntag. »Aber mir war wichtig, dass du vor deinem Fest von meiner Vergangenheit erfährst und entscheiden kannst, ob du mich da überhaupt als deinen neuen Freund dabeihaben und allen vorstellen willst oder ob ich lieber wegbleibe, ohne überhaupt jemals in Erscheinung getreten zu sein.«

Ich war wieder einmal gerührt von so viel Rücksichtnahme. Es würde nicht das letzte Mal sein, dass Claus sich so verhielt. Jedes Mal, wenn wir Freunde von mir besuchen, die er noch nicht kennengelernt hat, oder wir auf eine Party eingeladen sind, fragt er mich vorher, ob die Gastgeber »es« wissen, ob ich ihnen »davon« erzählt habe. Und dann, ob sie »wirklich damit einverstanden sind«, dass er mitkäme. So, als habe er das nicht verdient, als würde er mit seiner Anwesenheit die Wohnung, die Atmosphäre, die Stimmung beschmutzen. Als habe jemand, der sich eine solche Schuld aufgeladen hat wie er, nicht das Recht, einfach überall mit dabei zu sein. Im ersten Moment schüttelte ich über sein Verhalten nur den Kopf, doch irgendwie verstehe ich inzwischen, was in ihm vorgeht. Zudem passierte es wohl mehr als einmal, dass frühere Freunde und Bekannte bei Einladungen zu Partys oder sogar zu Hochzeiten ihre Zusage von der Bedingung abhängig machten, dass Claus garantiert nicht dabei sein würde. Erst war ich empört, als ich davon hörte, schließlich hatte Claus seine Haftstrafe abgesessen, war trotzdem immer noch voller Reuegefühle, und er hatte meiner Ansicht nach eine zweite Chance verdient.

Doch dann dachte ich darüber nach, wie ich mich fühlen würde, wenn eine meiner Freundinnen ermordet worden wäre und ich ihrem Mörder nur ein paar Jahre später auf einem Fest in die Augen sehen müsste. Zusehen müsste, wie er trinkt, feiert, tanzt und Spaß hat, während Hannah, Sonja oder Christiane nie wieder auf eine Party gehen würde. Hätte ich wirklich die Kraft, das zu ertragen? Könnte ich den Hass und die Rachegefühle bezwingen? Ich weiß es wirklich nicht. Ich bin zwar auch eine Betroffene seiner Tat, doch auf völlig andere Art und Weise.

»Das ist doch völlig verständlich«, sagte Claus einmal zu mir, als wir uns darüber unterhielten. »Das ist eine der Folgen meiner Tat, und damit muss ich leben. Das muss ich akzeptieren.« Und damit hatte er wohl recht.

Bei mir stellte sich ziemlich bald nach seinem Geständnis die Frage: Wem erzähle ich davon? Und wann?

Und wie? Nein, das waren nicht die allerersten Fragen, auf die ich Antworten finden musste, aber sie wurden mit der Zeit sehr bestimmend, nachdem der erste Schock nachgelassen hatte.

Das wurde mir schon bei meinem vorweihnachtlichen Geburtstagsumtrunk klar, nur zwei Tage nachdem Claus mich über seine Vergangenheit aufgeklärt hatte. Da stand ich mit meinem langjährigen Kollegen und guten Freund Olaf zusammen, ein wahnsinnig gut aussehender, aber leider schwuler Fotograf, den ich vor gefühlten fünfundzwanzig Jahren kennengelernt hatte, als wir bei einer Reisereportage über Thailand eine Woche lang zusammengearbeitet und uns dabei jeden Abend in einer Strandbar mit Pina Colada betrunken hatten.

»Weißt du, Kristin«, sagte er zu mir mit einem Glas Glühwein in der linken und einem von mir selbst gebackenen Vanillekipferl in der rechten Hand, »ich bin ausnahmsweise mal wirklich stolz auf dich.«

»Ach, echt?«

»Ja, echt. Ich meine, sein Outfit ist ein bisschen spießig für meinen Geschmack …«

»Olaf, du fiese Schwulette …«

»Na, das musste mal gesagt werden, aber …«

»Ja, ich höre? Spießiges Outfit. Aber?«

Er beugte sich zu mir herunter und flüsterte in mein Ohr:

»Aber du hast dir mit Cläuschen-Mäuschen endlich mal ’nen ganz normalen, richtig netten Typen geangelt …«

Ich spürte, wie mein Gesicht heiß wurde und meine Hände zu zittern begannen. Glühwein tropfte auf den Boden, doch Olaf schien nichts davon zu bemerken.

»Nach den letzten beiden Psychos, diesem hypereifersüchtigen Narzissten und diesem Schnösel, der zum Lachen in den Keller oder sonst wohin ging, ist der Kerl echt mal Balsam für die Seele.«

»Ach, Olaf«, sagte ich und dachte bei mir: Wenn du wüsstest …

Er hatte ja recht damit, dass meine letzten beiden Beziehungsversuche nach Oliver eine mittlere Katastrophe gewesen waren, aber auch dieses Mal war »der Typ« alles andere als »normal« und »nett«.

Olaf redete einfach weiter: »Und wie lieb der zu dir ist, also der trägt dich ja quasi auf Händen. Und dann noch dieser Body unter diesem Spießer-Poloshirt, also ich kann nur sagen: gut gemacht, meine Süße! Und die Polohemden gewöhnen wir ihm schon noch ab.«

Er sah mir ins Gesicht.

»Du hast aber eine gesunde Gesichtsfarbe. Ich sag's ja: Der Junge tut dir gut.« Damit gab er mir ein Küsschen auf die Wange, ging in die Küche, um sein Glühweinglas nachzufüllen, und ließ mich mit klopfendem Herzen und roten Wangen zurück. Wenn es nicht so traurig wäre, hätte ich jetzt laut angefangen zu lachen.

»Endlich mal ein ganz normaler Typ« – Olaf hätte kaum falscher liegen können.

Er musste es erfahren, gar keine Frage. Aber nicht heute, nicht in den nächsten Tagen, irgendwann später, beschloss ich. Ich brauchte erst noch Zeit für mich zum Nachdenken.

Dem Impuls, es Hannah, meiner besten Freundin aus München, sofort nach Claus' Geständnis von Angesicht zu Angesicht zu sagen, hatte ich leider nicht nachgeben können. Sie war damals auf Geschäftsreise, irgendwo in Südchina. So musste ich also noch warten – bis nach Weihnachten, hatte ich mir vorgenommen. Das schaffte ich dann aber doch nicht, ich platzte damit heraus, als sie mir kurz vor meiner Reise nach Hiddensee mein Weihnachtsgeschenk brachte.

Während meiner Geburtstagsfeier überlegte ich, wem ich es noch anvertrauen wollte: Sonja in Hamburg, natürlich. Sie ist eine Exkollegin, mit der ich schon seit Jahren eng befreundet bin. Und natürlich Christiane in Wien – mit ihr verbindet mich eine dreißigjährige Freundschaft, ich kenne sie noch aus Schulzeiten. Ihr süßer Sohn Leon ist mein Patenkind.

Keine von beiden war zu meiner kleinen Geburtstagsfeier gekommen; es wäre auch ein bisschen viel verlangt, ausgerechnet in der stressigen Vorweihnachtszeit für diesen kleinen, unspektakulären Glühwein-Umtrunk zu einem unrunden Geburtstag extra aus Hamburg oder Wien anzureisen. Ich wusste aber auch, dass ich bis Anfang nächsten Jahres warten musste, bis ich eine Chance bekäme, sie persönlich zu treffen. Und selbst das war optimistisch geschätzt.

Gab es andere Möglichkeiten, es ihnen zu sagen? Mit Sonja chatte ich fast täglich, und mit Christiane führe ich alle sechs bis acht Wochen ein stundenlanges Telefonat. Sollte ich sie auf diesem Weg informieren? Via Telefon und Chat?

Ich versuchte, mir so einen Chat vorzustellen.

»Sonja, es ist was passiert.«

»Was Lustiges? Schieß los! ☺«

»Nein, nicht lustig, eher das Gegenteil.«

»Oh nein! Ärger in der Redaktion? ☹«

»Nein.«

»Oje, Muttern mal wieder? Oder Claus? Habt ihr euch etwa gestritten? ☹☹«

»Ja, schon, aber darum geht's nicht. Also schon irgendwie …«

»???«

»Also: Es geht um Claus, aber es fällt mir schwer, das jetzt einfach so hinzuschreiben.«

»Spann mich nicht auf die Folter! Was ist denn???«

»Claus hat mir vor drei Tagen erzählt, dass er …«

Nein, beschloss ich, das ist nicht der richtige Weg. Ich würde es auf später verschieben, wenn ich mich nicht mehr fühlte, als würde ich auf und durch Watte gehen; wenn ich nicht mehr drei Mal am Tag mit kurzen Anfällen von Herzrasen und unkontrollierbarem Zittern zu kämpfen hätte.

Sicher bin ich mir mittlerweile nur, dass ich »es« nun erzählen und loswerden will. Ich platze förmlich vor Mitteilungsbedürfnis, sehne mich nach Einschätzungen und Meinungen der Menschen, denen ich am nächsten stehe, nach Ratschlägen und Hilfe.

Claus hat mir freigestellt, wem ich davon berichte.

»Mach, wie du meinst«, hat er gesagt. »Ich weiß, dass du das Richtige tun wirst.«

»Das ist lieb, dass du das sagst, aber willst du gar nicht wissen, wen ich einweihen will?«

»Doch, natürlich. Und ich würde dich auch darum bitten, eines im Hinterkopf zu behalten.«

»Was denn?«

»Wenn du es einer deiner Freundinnen erzählst, weiß

es kurz danach auch ihr Partner. Der wiederum hat einen besten Kumpel, dem er es erzählt. Und der wieder seiner Freundin …«

»Nein, meine Freundinnen würden nie …«

»Ach komm, Kristin. Würdest du so eine Geschichte für dich behalten und es nicht einmal mir erzählen – unter dem Siegel der Verschwiegenheit, versteht sich?«

Ich zögerte. Schluckte.

»Doch, du hast recht, das würde ich.«

»Und deinen besten Freundinnen?«

Wieder zögerte ich, länger als beim ersten Mal.

»Ja, würde ich wahrscheinlich«, musste ich wieder zugeben.

Claus nickte und lächelte traurig.

»Siehst du. Das zieht ganz schnell ganz große Kreise.«

Das darf nicht passieren. In Claus' Firma weiß niemand von seiner Vergangenheit, und so soll es auch bleiben. Das heißt nicht, dass er nicht versucht hätte, bei Bewerbungen die Wahrheit zu sagen, aber er hatte schnell feststellen müssen, dass man in diesem Fall mit Ehrlichkeit nicht besonders weit kommt: Er bewarb sich nämlich schon bei verschiedenen Unternehmen, als er noch inhaftiert war. Claus war zu diesem Zeitpunkt »Freigänger«, hatte also die Erlaubnis, tagsüber die Haftanstalt zu verlassen, etwa um nach Arbeit zu suchen. Ihm war eine vorgezogene Entlassung in Aussicht gestellt worden wegen guter Führung, aber auch wegen einer »günstigen Sozialprognose«. Übersetzt heißt dieses Behördendeutsch, dass man bei ihm keinen Rückfall erwartete und ihn so schnell wie möglich loswerden wollte – Strafgefangene kosten den Staat eine Menge Geld, und je länger sie hinter Gittern bleiben, desto schwerer wird es für sie, in der Welt draußen wieder zurechtzukommen und für sich selbst zu sorgen. Eine vorgezogene Entlassung ist selbst bei guter Führung allerdings nur dann möglich, wenn der Strafgefangene eine Wohnung und einen Job vorweisen kann – für die meisten kaum zu schaffen, denn wer vermietet schon an frisch entlassene Straftäter oder gibt ihnen einen Job? Viele Häftlinge lassen sich deshalb von Freunden und Verwandten einen Untermietvertrag geben oder sich in deren Betrieben einstellen, doch Claus begann mit einem ganz normalen Bewerbungsmarathon, wie er ihn von früher kannte, als er noch darauf hoffen konnte, die Karriereleiter rasend schnell nach ganz oben zu klettern. Jetzt bewarb er sich für Jobs, über die er früher die Nase gerümpft hätte, für die er eigentlich überqualifiziert war. Aber es handelte sich immer noch um Führungspositionen mit Personalverantwortung. Und, er konnte es kaum fassen, ein Unternehmen gab ihm trotz allem eine Chance.

»Ich war beim Vorstellungsgespräch relativ offen, also ich meine, ich habe nicht alles gesagt, aber doch die wesentlichen Punkte. Und trotzdem stellten sie mich ein.«

Leider nur für ein paar Monate, noch in der Probezeit erhielt Claus die Kündigung – obwohl es dafür keinen Grund zu geben schien: Er hatte seinen Job hervorragend gemacht und sich mit allen gut verstanden.

»Ich schätze, es wurde ihnen dann doch unheimlich«, meinte Claus, als er mir davon erzählte. »Man kann es ihnen nicht verdenken.«

Die Kündigung war zu diesem Zeitpunkt für Claus aber kein Weltuntergang.

»Auch damit habe ich rechnen müssen. Auch mit so etwas muss ich leben.«

Zudem hatte der Job die vorgezogene Haftentlassung bereits ermöglicht, Claus war wieder draußen und machte sich von Neuem auf Jobsuche. Bei der nächsten Bewerbungsrunde verschwieg Claus seine Vergangenheit, auch auf Anraten seiner Gefängnistherapeuten und seines Bewährungshelfers. Rein rechtlich gesehen ist nämlich kein Straftäter dazu verpflichtet, die Verurteilung und Haftstrafe in der schriftlichen Bewerbung oder dem Vorstellungsgespräch zu erwähnen – es sei denn, er wird direkt danach gefragt. Er muss nur eine gute Erklärung für die lange Lücke im Lebenslauf parat haben. Das war für Claus kein Problem, denn er hatte während seiner Haftzeit noch mal studiert und hatte jetzt zusätzlich zu seinem BWL-Diplom einen Abschluss in Wirtschaftsinformatik von einer Fernuni.

»Natürlich keine Promotion, aber besser als nichts. Ich habe immer behauptet, ich hätte den Ph. D. nicht gepackt, eine Art Burn-out bekommen und danach dieses Zweitstudium drangehängt. Das klingt halbwegs glaubhaft.«

Mit »Burn-out« und »Doktorarbeit hinschmeißen« macht man zwar keinen guten Eindruck und empfiehlt sich nicht gerade für hoch bezahlte Spitzenposten, bei denen extrem hohe Belastbarkeit gefragt ist, aber es klingt immer noch besser als »Ich war im Knast«.

Es klappte – Claus fand einen einigermaßen gut bezahlten Job im Umland von München und war dankbar für die Chance, die er bekam. Trotzdem lebt er seitdem stets mit der Angst aufzufliegen.

»Am zweiten Arbeitstag bekam ich einen Anruf aus der Rechtsabteilung unserer Firma – ich sah es schon auf dem Display, bevor ich abhob. Ich erschrak fürchterlich und dachte mir: So, das war's jetzt wieder. Doch es war nur ein Kollege, der sich vorstellen und mit mir ein erstes Meeting vereinbaren wollte, eine Art Begrüßungstreffen. Aber meine Güte, das war vielleicht ein Schreckmoment.«

Claus hat inzwischen eine Art Notfallplan für sich entwickelt, wie er vorginge, wenn seine Firma jemanden einstellen würde, der ihn von früher kennt und daher auch von seiner Vergangenheit weiß.

»Ich werde sofort zu dem- oder derjenigen gehen und ganz offen sein. Ich werde fragen, ob er oder sie ein Problem hat, mit mir zusammenzuarbeiten, und wenn die Antwortet Ja lautet, werde ich wohl umgehend den Hut nehmen müssen. Wenn derjenige kein Problem damit hat, werde ich die Person um Verschwiegenheit bitten und darauf hoffen, dass sie sich daran hält. Eine andere Lösung gibt es in so einem Fall nicht.«

Als er mir davon erzählte, musste ich daran denken, wie wir vor Kurzem beim Samstags-Frühstücksbrötchenkauf einem seiner Exkollegen über den Weg gelaufen waren, aus der Zeit, als er noch mit Elke zusammen war. Hätte ich Claus' Vergangenheit nicht gekannt, wäre mir die Begegnung völlig normal vorgekommen. Es war ein typisches Und-was-machst-du-jetzt-so-Gespräch. Der Exkollege hatte inzwischen in etwa die Position in einer großen, bekannten Firma, die auch Claus hätte erreichen können, wenn alles nach Plan gelaufen wäre. Kein Wort zur Tat oder zur Haft rutschte dem Exkollegen heraus, nicht die kleinste Bemerkung. Nur die vielen schnellen Blicke in meine Richtung verrieten seine wahren Gedanken: Weiß sie es, oder weiß sie es nicht? Was darf ich sagen und was nicht? Ich war nahe daran, ihn darauf anzusprechen, aber ich habe mich nicht getraut.

Geheimniskrämerei ist inzwischen Teil meines Lebens geworden, und sie strengt mich extrem an. Sie erschöpft mich manchmal so sehr, dass ich mich von allen und allem zurückziehe und am liebsten allein zu Hause bleibe. Ich fühle mich jedes Mal geradezu erleichtert, wenn ich mit Menschen zusammen sein kann, die Claus' Vorgeschichte kennen und die ich daher nicht belügen muss, wenn sie mich fragen, wie es mir geht, wie es mit uns läuft und ob wir denn langsam auch mal übers Zusammenziehen nachdenken; Menschen, die verstehen, wenn ich sage, dass mich die Situation sehr beschäftigt und belastet, mich immer wieder an der Beziehung zweifeln und mich auch zögern lässt, mich beispielsweise voller Elan in die Wohnungssuche oder in die Berechnung meiner fruchtbaren Tage zu stürzen, auch wenn sich Claus das so sehr wünscht. Denen ich ganz offen und ehrlich sagen kann, dass ich gerade bedrückt und traurig bin, ohne irgendwelche Ausreden erfinden zu müssen.

Doch sosehr ich mich danach sehne, meine Freunde einzuweihen, habe ich jetzt, da ich mich entschieden habe, es zu tun, auch ein wenig Angst vor ihrer Reaktion. Was, wenn sie alle entsetzt reagieren, mir von der Beziehung abraten, Claus ablehnen und davor zurückschrecken, mit ihm Kontakt zu haben? Was, wenn beispielsweise Christiane nicht möchte, dass ihr vierjähriger Sohn

Leon, mein geliebtes Patenkind, mit einem Mörder zusammentrifft? Wie soll ich in so einem Fall reagieren?

Natürlich wünsche ich mir ehrliche Meinungen, aber gleichzeitig habe ich Angst, sie zu hören. Denn eigentlich sehne ich mich nach Zuspruch, nach Verständnis, nach Sätzen wie *Gib ihm eine Chance, er hat's verdient* oder *Gemeinsam schafft ihr das* – ich hatte mich ja längst entschieden, es mit Claus zu probieren. Doch eigentlich rechne ich mit dem Gegenteil, vielleicht auch aus Zweckpessimismus.

Umso erstaunter bin ich über die Reaktionen.

Hannah

Hannah weiß es ja schon länger – seit sie mir kurz vor Weihnachten das Geschenk überreichte und ich mit der Neuigkeit herausplatzte. Anders als meine restlichen Freunde und Freundinnen hatte sie also etwas Zeit, sich alles durch den Kopf gehen zu lassen.

»Ich habe nachgedacht, und ich bin sicher, dass ich auch zur Mörderin werden könnte. Vielleicht nicht wegen einer Trennung, aber ich kann mir Situationen vorstellen …«, sagt sie bei unserem ersten Treffen danach.

»Welche?«, frage ich. »Sind das nicht eher Notwehrszenarien, die du da im Hinterkopf hast? Also: kein Mord?«

»Ja, auch Notwehr, aber nicht nur. Ich bin sicher, ich könnte auch aus Rache morden. Wenn ich mir vorstelle, jemand würde Jan etwas antun oder meine kleine Schwester entführen und vergewaltigen. Oder auch mich selbst …

Oder ein besoffener Autofahrer würde jemanden, den ich liebe, in den Rollstuhl bringen …«

»Dann würdest du denjenigen umbringen, um dich zu rächen? Selbstjustiz?«

»Ich könnte es zumindest nicht ausschließen. Nehmen wir an, der Täter würde erwischt und dann nur zu einer lächerlichen Haftstrafe verurteilt werden, zu ein paar Jährchen, die man auf einer Arschbacke absitzt …«

»So wie Claus. Er war nach nur sieben Jahren wieder draußen.«

Hannah zögert, sagt dann: »Ich sage ja nicht, dass es logisch ist, was ich denke und fühle. Aber wenn ich direkt betroffen wäre, könnte ich für mich nicht ausschließen, aus Rache zu morden.«

»Und weil du dir das vorstellen kannst, wirst du mir nicht abraten, es mit Claus zu versuchen? Aber du würdest ihn ermorden, wenn du selbst betroffen wärst?«, frage ich und schäme mich, dass ich so schnippisch klinge.

»Kristin, das ist jetzt unfair …«

»Ja, stimmt, tut mir leid.«

Ich senke den Kopf und unterdrücke Tränen.

»Solche Gedankenspiele sind doch irgendwie normal, wenn man mit so einer Geschichte konfrontiert wird«, fährt Hannah fort. »Hast du etwa nicht darüber nachgedacht?«

»Ob ich zu einem Mord fähig wäre?«

»Ja, was sonst?«

»Doch, klar habe ich das, und genau wie du musste ich mir eingestehen, dass ich unter bestimmten Umständen wahrscheinlich dazu in der Lage wäre.«

»Na also, sag ich doch.«

»Nur deshalb bin ich doch überhaupt noch mit ihm zusammen …«

»Siehst du, dann denkst du doch genauso wie ich: Weil du es dir vorstellen kannst oder es für dich zumindest nicht ausschließen kannst oder dich sogar irgendwie, zumindest teilweise, hineinversetzen kannst, hältst du Claus nicht plötzlich für ein Monster. Oder einen verabscheuungswürdigen Menschen.«

»Nein.«

»Und deshalb hast du beschlossen, ihm eine Chance zu geben.«

»Ja.«

»Und ich finde, das ist die richtige Entscheidung. Du bist förmlich aufgeblüht, seit du Claus kennst …«

»Na ja, in letzter Zeit welke ich eher vor mich hin.«

»Jetzt übertreib mal nicht – du siehst genauso aus wie immer. Blendend. Schon klar, dass das keine leichte Situation ist und dass es für eure Beziehung eine echte Bewährungsprobe darstellt …«

»Aber?«

»Aber ich kenne ihn jetzt schon ein paar Monate und habe einfach ein gutes Gefühl bei ihm, er ist 'n guter Typ. Er hat für seine Tat bezahlt und wird daran auch bis an sein Lebensende zu tragen haben. Doch das heißt nicht, dass er kein Recht mehr auf ein halbwegs normales Leben und eine Beziehung hat, oder?«

»Du findest also, Claus hat das Recht auf ein normales Leben. Aber wenn du selbst betroffen wärst, wenn er deine kleine Schwester ermordet oder vergewaltigt hätte, könntest du dir vorstellen, ihn umzubringen? Hat er dann doch kein Recht auf Leben mehr?«

»Herrgott, Kristin! Nun reite doch nicht dauernd darauf herum. Genau deswegen fällen in einem Rechtsstaat nicht Opfer oder Angehörige des Opfers Urteile, sondern ein unabhängiges Gericht.«

»Entschuldige bitte. Ich wollte dich nicht angreifen. Ich will nur, dass du siehst, wie kompliziert die Sache wird, sobald man nur kurz darüber nachdenkt. Und nicht nur kompliziert, sondern auch widersprüchlich, unlogisch und total wirr.«

Sie legt ihre Hand auf meinen Unterarm.

»Ja, du hast recht. Darüber habe ich wirklich noch nicht nachgedacht.«

»Das sind alles wunderbare Themen für ein Ethik- oder Philosophie-Hauptseminar. All diese grundsätzlichen Fragen und unlösbaren Widersprüche. Aber ich lebe damit. Und irre seit Wochen durch endlose Gefühlslabyrinthe, fühle mal so, mal so, mal ganz anders …«

»Das habe ich auch nicht anders erwartet – du etwa? Aber all das hat ja an deinem Entschluss nichts ändern können.«

»Ich glaube nicht.«

»Du glaubst?«

»Nein, ich weiß, dass ich es mit ihm versuchen will.«

»Dann werde ich dich dabei unterstützen. Und dir in diesem Gefühlslabyrinth zur Seite stehen, soweit ich das als Freundin eben kann.«

»Unterstützt du mich nur, weil ich mir das jetzt in den Kopf gesetzt habe und du die beste Freundin der Welt bist? Oder findest du es gut, dass ich bei ihm bleiben will.«

»Nachdem ich den ersten Schock überwunden habe – ja.«

»Ja – was?«

»Ich finde es gut. Wirklich.«

»Und du hast keine Angst mehr, dass er mir etwas antun könnte? Wie vor unserer Reise nach Hiddensee?«

Sie antwortet nicht sofort, sieht auf den Boden.

»Eigentlich nicht. Nein. Ich kann mir einfach nicht vorstellen, dass dieser Mann noch mal gewalttätig wird.«

Dann hebt sie den Kopf und blickt mir direkt in die Augen.

»Und du selbst? Hast du Angst?«

»Sie wird kleiner. Aber manchmal ist sie noch da. Die Angst. Immer ganz kurz, wie ein Blitz zuckt sie durch mich hindurch.«

»Weiß Claus davon?«

Ich antworte nicht direkt auf ihre Frage.

»Letztes Wochenende … Also, da hat mich Leni angerufen.«

»Leni?«

»Claus' Mutter.«

»Ach so. Lustig, eine Tante von mir heißt auch Leni. Und warum hat sie angerufen?«

»Ich habe ihr ein paar Ausgaben unserer Frauenzeitschrift zugeschickt; sie hatte mich darum gebeten, hat behauptet, sie wolle mal ein paar Geschichten von mir lesen. Weiß natürlich nicht, ob das stimmt. Wahrscheinlich wollte sie vor allem höflich sein. Sie rief an, um sich für dieses Paket zu bedanken.«

»Das ist ja süß von ihr, aber ich verstehe nicht ganz, in welchem Zusammenhang das jetzt steht?«

»Sie hat mich nicht erreicht. Obwohl Wochenende war. Nicht auf dem Festnetz zu Hause, nicht auf dem Handy, nicht auf meinem Diensthandy. Ich war da gerade bei Claus, hatte das eine Handy ausgeschaltet, das andere war in meiner Manteltasche, ich hab's einfach nicht gehört. Also hat sie's bei Claus probiert. Der ging nicht sofort ans Telefon, wollte noch irgendein Fußballspiel oder Handballspiel oder was weiß ich zu Ende gucken und danach zurückrufen. Vielleicht war er auch gerade unter der Dusche. Ich erinnere mich nicht mehr genau.«

»Und dann?«

»Jeder andere hätte es einfach später noch mal versucht. Sie aber hat nicht lockergelassen. Hat wieder und wieder angerufen. Ich hab's erst später auf meinem Handy gesehen. Sie hat es sogar bei Claus im Büro probiert – an einem Sonntag …«

»Sie hatte Angst, dass etwas passiert ist.«

»Claus hat sie sofort zurückgerufen, als wir's gemerkt haben, und sich entschuldigt. Hat gesagt, dass sie sich keine Gedanken machen müsse, dass alles in Ordnung sei. Und dass ich eine alte Handy-Chaotin sei, die immerzu das Klingeln überhöre oder sämtliche Handys ausgestellt habe.«

»Stimmt doch gar nicht.«

»Na, egal. Es war jedenfalls keine große Sache, auch nicht für Leni, nur ein kleiner, kurzer Moment der – nun ja, der Irritation.«

»Ich verstehe schon.«

»Ich fragte Claus nach dem Telefonat, ob sie sich wirklich Sorgen gemacht habe. Er meinte nur: ›Ja, klar, was denkst du denn?‹«

»Hm.«

»Ich glaube, diese kurzen Angstmomente sind bei allen

da, die irgendwie davon betroffen sind. Nicht zuletzt auch deshalb, weil sich damals keiner in seinem Umfeld auch nur in seinen schlimmsten Albträumen hätte vorstellen können, dass so etwas passieren kann.«

»Dass Claus dazu in der Lage sein könnte, meinst du?«

»Ja. Es kam für alle völlig überraschend. Stell dir den Schock vor, das Trauma, das man danach entwickelt.«

Ich schließe die Augen und presse Daumen und Zeigefinger auf die Nasenwurzel – eine Entspannungsübung, die wir in meiner Frauenzeitschrift immer mal wieder empfehlen, weil es sich dabei angeblich um Akupunkturpunkte handelt, die bei sogenannter Aktivierung sofortigen Stressabbau bewirken. Bei mir im Moment leider nicht.

»Ich spreche mit Claus nicht darüber, weil ich mir irgendwie albern vorkomme mit diesen Ängsten. Sie sind auch so unberechenbar und folgen keiner Logik. Ich habe zum Beispiel keine Angst, wenn wir streiten, nicht mal, wenn es laut und heftig wird. Oder wenn wir einen Spaziergang in einem einsamen Wald machen.«

»Sondern?«

»Kürzlich haben wir mal spaßeshalber gerauft.«

»Gerauft? Was meinst du damit?«

»So eine typische, lustige Pärchenbalgerei auf der Wohnzimmercouch – na, du weißt schon. Und da habe ich gemerkt, also richtig gespürt, wie stark Claus ist. Und dass ich nicht die kleinste Chance gegen ihn hätte.«

»Was ja irgendwie logisch ist, bei einem derart durchtrainierten Kerl, der außerdem größer und schwerer ist als du.«

»So etwas theoretisch zu wissen ist eine Sache. Aber das am eigenen Leib zu spüren ist – eine andere. In diesem Moment hatte ich zum Beispiel kurz mal Angst. Ein paar Sekunden lang. Aber das sage ich Claus nicht; ich will ihn nicht verunsichern. Er soll sich nicht jedes Wort, jede Handlung, jede Berührung vorher überlegen müssen.«

Hannah überlegt. »Das ist alles so – verzwickt und schwierig. Habt ihr schon mal darüber nachgedacht, es mit einer Paartherapie zu versuchen?«

»Ja, das habe ich schon beim allerersten Gespräch vorgeschlagen, direkt, als er mir davon erzählte. Ich habe das Gefühl, das ist alles einfach zu groß und zu viel, um allein damit fertigzuwerden. Ich habe das Gefühl, wir brauchen eine Art Coach.«

»Und?«

»Er hat Ja gesagt.«

»Das finde ich super, spricht wieder mal für ihn.«

»Stimmt.«

»Vor allem, weil er nach all den Knasttherapien bestimmt die Schnauze voll hat.«

»Ja, hat er. Aber da muss er durch.«

Sonja

Sonja reagiert am Telefon ganz ähnlich wie Hannah vor Weihnachten. Auch sie wirkt fassungslos, und es verschlägt ihr kurz die Sprache, als ich ihr die Geschichte erzähle. Ein paar Sekunden höre ich nur ihr Atmen im Hörer.

»Ich habe nach deinem Es-geht-um-Claus-es-ist-was-Schlimmes-passiert mit allem Möglichen gerechnet«, sagt sie, als sie sich gefangen hat. »Dass er Sex mit 'ner Ex hatte. Oder dass er nicht aufgehört hat, im Netz nach Damenbekanntschaften zu suchen. Oder dass er dir eine fünfköpfige Kinderschar verschwiegen hat. Oder dass er hohe Schulden hat und sich Geld von dir pumpen will ...«

»Du dachtest an ganz normale Katastrophen.«

»Ja, so ähnlich. Aber das ...«

Wieder fehlen ihr die Worte, um weiterzusprechen – bei Sonja ziemlich ungewöhnlich.

»Und jetzt?«, fragt sie schließlich. »Was willst du machen?«

»Deine Meinung dazu hören.«

Wir müssen das Handy-Telefonat unterbrechen, denn Sonja ist noch im Büro, und ihr Festnetztelefon auf dem Schreibtisch klingelt. Sie verspricht, mich morgen anzurufen, da habe sie dann auch viel mehr Zeit. Ich bin ein bisschen enttäuscht – jetzt, da ich mich durchgerungen habe, es zu erzählen, will ich nicht warten. Ich will reden, will alles loswerden, und ich will Antworten. Aber das sage ich natürlich nicht – es wäre kindisch und egoistisch. Mir ist außerdem bewusst, dass ich mit der Geschichte und mit meiner Entscheidung, bei Claus zu bleiben, auch meinen Freunden eine Last aufbürde. Ich habe Sonja, wie zuvor auch Hannah, einen Schock versetzt. Hannah konnte, wie sie mir auch bei unserem Treffen erzählte, tagelang nur schlecht schlafen, hatte Albträume, dachte während der Weihnachtsfeiertage immer wieder daran und hatte Angst um mich, als ich mit Claus auf Hiddensee war. Besonders schwer war ihr gefallen, Jan nichts davon zu erzählen – anders als von Claus prophezeit, hatte sie ihr Versprechen wirklich eingehalten, von dem ich sie nun aber entbunden habe. Es ist einfach zu viel verlangt. Bei Sonja hatte ich keine Gelegenheit, sie darum zu bitten, es für sich zu behalten, wie mir genau in dem Moment einfällt, in dem ich auflege.

Darum schicke ich eine SMS hinterher. *Bitte erzähl niemandem davon – außer Hannes natürlich. Seine Meinung würde mich sehr interessieren. LGK*

Sie antwortet wie immer nur zehn Sekunden später – ich kenne niemanden, der so schnell SMS tippt wie Sonja. *Versteht sich von selbst! Bis morgen! LGS*

»Also, hier bin ich«, beginnt sie das Telefongespräch am nächsten Tag. Sie scheint sich inzwischen gefasst zu haben, klingt wie immer.

Ich habe vor dem laufenden Fernseher mit dem Handy in der Hand auf ihren Anruf gewartet. Ich presse das Telefon ans Ohr, stelle mit der anderen Hand den Ton leise, lege die Fernbedienung auf den Boden und greife nach dem heißen Kakao, den ich in letzter Zeit abends immer häufiger trinke, weil er mich an meine Kindheit erinnert und irgendwie beruhigt.

Sonja berichtet, dass sie mit Hannes gesprochen habe. Sie hat ihm die ganze Geschichte sofort erzählt, nachdem sie ihre Wohnung betreten hatte, noch im Mantel und mit Handschuhen.

»Er blieb ganz ruhig und gelassen.«

Ich muss lächeln – diese Reaktion passt zu Hannes.

»Anders als wir Hühner. Andererseits ist er ja auch nur sehr indirekt betroffen.«

Da hat sie natürlich recht. Trotzdem interessiert mich Hannes' Meinung ganz besonders, das weiß Sonja wahrscheinlich. Hannes ist ein außergewöhnlich kluger Vollblut-Journalist der alten Schule und arbeitet als Ressortleiter für ein großes deutsches Magazin. Für mich in diesem Fall wichtiger ist es jedoch, dass er davor lange als Gerichtsreporter tätig war. Er saß in Hunderten von Verhandlungen und hat sich jahrelang mit Verbrechen, Tätern und Tathintergründen beschäftigt. Auch Sonja arbeitete in den Anfängen ihrer Karriere als Gerichtsreporterin – dabei haben sich die beiden kennengelernt –, allerdings nicht so lange und so intensiv wie ihr Mann. Mich wundert daher nicht, dass sie sich sofort mit ihm ausgetauscht hat und erst mal seine Sichtweise schildert, bevor sie ihre eigene Meinung kundtut.

»Hannes hält es für völlig unwahrscheinlich, dass dein Claus gefährlich ist. Also, ich meine, dass er dir gefährlich werden könnte.«

Die wichtigste Info zuerst – typisch für Sonja. Wieder muss ich lächeln.

»Er denkt, nach allem, was er wisse und allen Statistiken, die er kenne, sei es wahrscheinlicher, dass einer von uns einen Mord begeht, als dass Claus noch mal jemanden umbringt.«

»Echt jetzt?«

»Ja, er meint, in solchen Fällen sei ein Rückfall eher unwahrscheinlich.«

»Eher unwahrscheinlich?«

»Ganz ausschließen kann man so was natürlich nicht. Aber so gut wie. Zu achtundneunzig Prozent.«

»Das ist – ist wirklich beruhigend.«

»Ja, finde ich auch. Und du weißt ja, Hannes würde so was nicht einfach so dahinsagen. Wenn, dann ist er sich seiner Sache sicher.«

»Sicher. Äh, ja klar, das weiß ich doch.«

Später am Abend werde ich googeln und versuchen, irgendwelche Studien zur Rückfallwahrscheinlichkeit bei Gewalttaten zu finden. Dabei stoße ich auf die Angabe null Komma drei Prozent: Zwar muss jeder vierte entlassene Strafgefangene wieder ins Gefängnis, aber selten wegen schwerer Straftaten. Unter entlassenen Mördern und Totschlägern hatten nur null Komma drei Prozent erneut getötet.

Hannes hatte also wie immer recht gehabt.

»Interessant finde ich auch, dass er sich überhaupt nicht darüber gewundert hat, dass jemand wie Claus eine solche Tat begeht. Er hat nicht mal mit der Wimper gezuckt«, fährt Sonja fort.

»Was meinst du mit ›jemand wie Claus‹?«

»Na ja, jemand … Also ein ganz normaler Mensch … So wie wir.«

»Du findest, wir sind ganz normal?«

Sonja lacht.

»Nein, sind wir definitiv nicht. Aber ich meine mit *normal* – ach, du weißt schon. Jemand aus der, nun ja, gehobenen Mittelschicht, weitab von Drogenmilieus oder irgendeiner Gang oder Mafia, jemand aus der Provinz, aus geordneten Verhältnissen, also …«

»Sonja, ich weiß schon, was du meinst. Jemand, der wie wir ein stinknormales Leben führt. Mal abgesehen von dieser Sportsucht …«

»Mensch, ist doch toll, dass er das macht; ich kann das nur bewundern, wirklich!«

»Du wirst ja auch nicht sonntags um halb acht geweckt, weil Herr Spitzensportler vor dem Frühstück kurz mal einen Halbmarathon oder die halbe Tour de France absolvieren will und beim Anziehen unglaublich viel Krach macht. Und das ist keine Ausnahme, sondern die Regel.«

»Sonntag, halb acht? Hm, das ist echt hart.«

»Hart ist gar kein Ausdruck.«

»Na ja, jedenfalls war Hannes kein bisschen überrascht. Bei den meisten seiner Verhandlungen, in denen es um Mord ging, saßen immer Typen auf der Anklagebank, denen man das nie zugetraut hätte, meint er. Durchschnittsbürger mit völlig durchschnittlichen Lebensläufen. Ganz anders als bei Raubüberfällen oder Drogendelikten und so. Da kamen die Täter meist aus einem kriminellen Milieu oder hatten eine entsprechende Biografie.«

»Hm. Das, was Hannes sagt, stimmt genau mit dem überein, was ich in diesem Buch gelesen habe.«

»Buch? Welches Buch?«

»*Unheil* heißt es, ganz neu, geschrieben von einem Münchner Mordermittler. Die Unterzeile lautet: *Warum jeder zum Mörder werden kann.*«

»Siehste. Ich habe das übrigens schon immer geglaubt, auch ohne dieses Buch, und bevor ich mit Hannes darüber gesprochen habe.«

»Was?«

»Dass in jedem von uns ein potenzieller Mörder steckt.«

»Ja?«

»Na, denk doch mal an die deutsche Vergangenheit.

Und daran, wie viele sogenannte Normalbürger quasi über Nacht zu Mördern, ja sogar Massenmördern wurden.«

»Der Vergleich hinkt etwas, finde ich.«

»Ja, er hinkt total, keine Frage. Da ging's um ideologische Verblendung und was weiß ich noch alles. Aber diese Zeit zeigte, wie dünn unsere sogenannte zivilisierte Hülle und wie wenig nötig ist, um aus Durchschnittsmenschen Mörder zu machen.«

»Hm.«

»Okay, vergiss die Nazi-Vergleiche. Damit greift man eh immer daneben. Aber genau wie dein Mordermittler denke ich …«

»Er ist nicht mein Mordermittler!«

»Ist ja gut. Also: Genau wie dieser Autor denke ich, dass jeder von uns unter bestimmten Umständen zum Mörder werden könnte.«

»Hannah sagte das neulich auch. Sie meint, sie könne sich vorstellen, aus Rache zu morden, wenn zum Beispiel ihre kleine Schwester vergewaltigt worden wäre und der Täter nur milde bestraft würde. Oder wenn jemand Jan etwas Schreckliches antun würde.«

»Na, aber hallo. Das kann ich sehr gut verstehen. Du etwa nicht?«

»Doch, sicher. Ich würde mir dann sogar wünschen, dass der Täter richtig leidet. So wie das Opfer. Sozusagen das Aug'-um-Auge-Zahn-um-Zahn-Prinzip. Also nicht besonders fortschrittlich oder ethisch hochstehend.«

»Nein, aber menschlich.«

»Genau an dieser Stelle war ich auch schon mit Hannah. Aber was bedeutet das jetzt für mich und Claus?«

»Wenn man für sich selbst nicht ausschließen kann,

dass man unter Umständen ähnlich oder genauso reagieren würde, gibt es keinen Grund, sich von diesem Menschen zu distanzieren. Oder anders ausgedrückt: Gib ihm 'ne Chance.«

»Ja, das hatte ich auch vor.«

»Am wichtigsten finde ich, dass es keinen Grund gibt, sich Sorgen um dich zu machen.«

»Du meinst wegen der Statistiken zum Thema ›Rückfallwahrscheinlichkeit‹?«

»Ja, genau. Aber auch wegen allem, was du so erzählst. Du sagst doch immer, dass er bei Auseinandersetzungen so ruhig und cool bleibt.«

»Ja, das macht mich noch mal wahnsinnig.«

»Mich beruhigt es eher. Ich würde mir Sorgen machen, wenn er bei jedem Streit das Mobiliar zertrümmern oder rumbrüllen würde.«

»So wie ich.«

»Na ja, du brüllst vielleicht ab und zu, aber das allein ist ja nicht besonders Furcht einflößend.«

»Du hast mich noch nie brüllen gehört.«

»Mag sein, aber wirklich beängstigend ist so ein Rumgebrülle ja nur, wenn man weiß, dass der Schreihals früher einmal jemanden ermordet hat. Weil man das Brüllen dann als mangelnde Selbstkontrolle interpretieren kann. Und dann natürlich gleich Angst hat, dass er ein weiteres Mal die Beherrschung verliert.«

»Stimmt. Aber auch ich bin ziemlich ausgetickt, nachdem sich Oliver von mir getrennt hatte. In gewisser Weise habe ich damals auch die Beherrschung verloren.«

»Ehrlich gesagt musste ich daran auch denken, als du mir Claus' Geschichte erzählt hast«, meint Sonja.

Ich kann es ihr nicht verdenken – sie, Hannah und Christiane waren damals monatelang Rettungsanker und Liebeskummerbeauftragte. Genau wie für Claus brach auch für mich eine Welt zusammen, als mir Oliver nach vier Jahren eröffnete, dass er sich trennen wolle, weil er sich »eingeengt« fühle und seine Gefühle für mich »verblasst« seien. Ich war am Boden zerstört, hatte das Gefühl, mein Leben sei zu Ende. Und ähnlich wie Elke für Claus wurde Oliver in meinem Kopf zu einer Art Superman, für den es keinen Ersatz geben konnte. Ich lief ihm wochenlang hinterher, machte mich dabei völlig zum Narren und klammerte mich an die Hoffnung, ihn zurückgewinnen zu können – eine Hoffnung, die von ihm genährt wurde, auf eine ganz ähnliche Weise, wie es Elke bei Claus gemacht hatte.

Oliver kam wenige Monate später reuevoll zu mir zurück, weil es mit seiner Neuen nicht geklappt hatte, nur um kurz darauf ein zweites Mal aus meinem Leben zu verschwinden. Ich hörte auf zu essen, schlief praktisch nicht mehr, arbeitete wie eine Verrückte und war kurz vor dem körperlichen und seelischen Zusammenbruch. Als dann meine Lieblingstante – die Schwester meiner Mutter – an Lungenkrebs starb und es wegen einer ungeklärten Erbschaftsfrage noch mehr Stress als gewöhnlich mit meinen Eltern gab, hatte ich ernsthaft Selbstmordgedanken. Ich suchte im Internet nach effektiven und schmerzlosen Methoden, entschied mich für den Einweggrill im hermetisch geschlossenen Raum (ohne Feuermelder) plus Schlaftabletten und war dabei, heimlich mein Testament und Abschiedsbriefe zu verfassen. Wie schlimm es um mich stand, bemerkte nicht einmal Hannah – Sonja dagegen wurde misstrauisch. Sie zwang mich mit sanfter Gewalt, Aufträge abzusagen – damals arbeitete ich als freie Journalistin für verschiedene Zeitschriften – und eine Therapie zu beginnen. Gleichzeitig war sie immer für mich da und beaufsichtigte mich abwechselnd mit Hannah mehr oder weniger durchgehend; die beiden nahmen dafür sogar Urlaub und blieben bei mir über Nacht, wenn es mir besonders schlecht ging. Sonja recherchierte, suchte nach Therapeuten, vereinbarte Termine, begleitete mich sogar zu den ersten Sitzungen. Nur dank ihres Engagements blieb mir dabei eine Erfahrung wie die von Claus erspart. Ich musste mir in der Therapie keine dummen Sprüche anhören, meine Trauer und Verzweiflung wurden ernst genommen, und ich erhielt eine Zeit lang Medikamente – Antidepressiva –, die mir durch die schwerste Zeit halfen und mich vor allem wieder schlafen ließen. Christiane reiste mit ihrem damaligen Freund und jetzigen Mann extra aus Wien an, um mir beim Umzug in eine neue Wohnung zu helfen und die Weihnachtsfeiertage dort irgendwie zu überstehen. All das bewirkte, dass ich mich etwas besser fühlte, auch wenn es noch Jahre dauern sollte, bis ich den Kummer endgültig überwunden hatte.

Im Nachhinein war ich über mich selbst entsetzt. Nie hätte ich gedacht, dass ich derart die Kontrolle über mich verlieren könnte. Ich hatte mich immer für stark und ausgeglichen gehalten und auf jeden Fall für fähig, mit allen Problemen und Schicksalsschlägen umzugehen. Selbstmord? Wegen Liebeskummer, eines Todesfalls und Stress mit den Eltern? Niemals. Ich bin nicht gläubig, halte es aber geradezu für eine Sünde, das eigene Leben wegzuwerfen.

Und dann war ich, ausgerechnet ich, nur eine Haaresbreite davon entfernt gewesen. Was wäre passiert, wenn ich nicht so gute Freunde gehabt hätte? Wäre ich jetzt noch am Leben?

»Weißt du, mir schoss der Gedanke durch den Kopf«, fährt Sonja fort, »dass es eigentlich ein ganz typisches Mann-Frau-Verhalten ist.«

»Du meinst, dass ich als Frau meinen Selbstmord plante, während Claus einen Mord beging?«

»Ja, genau. Eine Binsenweisheit. Männer verüben Morde, Frauen begehen Selbstmorde. Und das betrifft nicht nur Mord und Totschlag. Männer lassen auch Frust, Probleme und Druck an anderen aus; Frauen peinigen sich selbst. Werden magersüchtig oder fett wie ein Fass, fangen an, sich zu ritzen, Tabletten zu schlucken und so weiter. Männer dagegen prügeln und misshandeln andere.«

»Ja, habe ich schon mal gehört, obwohl ich nie Gerichtsreporterin war. So was lernt man auch, wenn man regelmäßig Krimis und Profiler-Geschichten liest. Allerdings plante Claus ja auch einen Selbstmord. Genau wie ich.«

»Manchmal finde ich all diese Parallelen bei euch geradezu gruselig.«

»Ja, oder ein Zeichen des Schicksals, dass wir zusammengehören.«

»O Gott, wirst du auf deine alten Tage etwa noch esoterisch?«

»Auf meine alten Tage? Ich glaub, es hackt. Nein, war nur Spaß. Wobei mich all diese unglaublichen Zufälle manchmal schon ins Grübeln bringen.«

»Aber hattest du nicht gesagt, Claus habe in seinem Tagebuch oder seinen Abschiedsbriefen geschrieben, er wolle ›Elke in den Tod mitnehmen‹? Ich erinnere mich gerade nicht genau.«

»Ja, so habe ich es verstanden. Das war einer der Gründe, warum die Tat als Mord und nicht als Totschlag gewertet wurde. Weil man ihm das als Planung auslegte …«

»Verstehe«, sinniert Sonja.

»Ich finde aber, es klingt eher nach erweitertem Selbstmord.«

»So wie bei Müttern, die ihre Kinder aus Liebe und dann sich selbst töten, weil sie glauben, ihre Kinder kämen ohne sie nicht zurecht und wären allein verloren?«

»Genau. Wenn die Mütter überleben, wird das ja dann vor Gericht nicht als Mord gewertet, sondern eben als erweiterter Suizid.«

»Ja, ich weiß, was du meinst, aber ich finde, das stellt sich bei Claus schon etwas anders dar.«

»Findest du? Warum?«

»Elke war kein hilfloses, schutzloses Baby oder Kleinkind, sie wäre auch allein, ohne Claus, gut durchs Leben gekommen, und das wusste er auch.«

»Du hast recht, bei ihm waren auch noch andere Motive im Spiel. Ich denke, er wollte sie für sich allein haben.«

»Es klingt sogar ein bisschen nach *Wenn ich sie nicht haben kann, soll sie keiner haben.*«

Es ist nicht so, dass ich das nicht selbst schon gedacht habe. Trotzdem trifft es mich, das aus Sonjas Mund zu hören. Kein erweiterter Selbstmord wie bei verzweifelten

Müttern, die aus falsch verstandener Liebe ihre Kinder retten wollen und sie deshalb mit in den Tod nehmen. Begriffe wie *Egoismus, Eifersucht, Besitzanspruch* und sogar *Rache* tauchen in meinem Kopf auf. Ich schüttle mich, als würden die Gedanken dadurch aus meinem Kopf fallen.

»Trotzdem kann ich irgendwie nachvollziehen, wie er sich gefühlt hat oder was in ihm vorging, zumindest bilde ich mir das ein. Ich glaube, das liegt daran, dass ich in dieser grauenvollen Zeit nach Olivers Trennung auch mal einen Blick in diesen Abgrund geworfen habe. Wenn auch – zum Glück – nur einen kurzen Blick.«

»Ja, das hast du«, stimmt mir Sonja zu. »Aber Claus hat nicht nur einen Blick hineingeworfen. Er ist hinabgestürzt.«

Olaf

Das Gespräch mit Olaf verläuft ganz anders als das mit Sonja. Viel weniger sachlich und vernünftig. Vielleicht liegt das daran, dass wir nicht am Telefon darüber sprechen, sondern uns in einer angesagten Münchner Schwulenbar treffen und dort bei der zweiten Flasche Rotwein angelangt sind, als ich mit der Geschichte zu Ende bin. Olaf hat Tränen in den Augen, steht auf und umarmt mich.

»Es tut mir so leid!«

Ich tätschle seinen Rücken und habe auch angefangen zu weinen.

»Danke, schon gut, ist ja gut«, murmle ich.

Olaf setzt sich wieder und schnieft.

»Ich habe mich so für dich gefreut, dass es nach all der Scheiße in den letzten Jahren endlich mal gut für dich läuft und du so einen – netten Kerl kennengelernt hast.«

»*Nett* und *normal* hast du ihn auf meinem Geburtstagsfest genannt. Was ja schon fast eine Beleidigung ist.«

»Ja, entschuldige. Nett ist der kleine Bruder von scheiße, und nett ist nix fürs Bett, ich weiß, ich weiß. Aber so habe ich das nicht gemeint. Ich finde ihn wirklich sympathisch und offen und witzig. Und er sieht auch noch gut aus, mit diesem – furchigen Gesicht. Wäre mal interessant, ihn zu fotografieren.«

»Interessant – bis auf die spießigen Polohemden.«

»Der Mörder im Polohemd. Klingt wie ein Krimi-Titel.«

»Olaf, das ist geschmacklos.«

»Besser eine geschmacklose Schwulette als ein Killer im Polohemd.«

Ich spüre, wie mir Tränen über die Wangen laufen.

»Kristin, entschuldige, das war nicht so gemeint.«

Olaf klingt erschrocken.

Ich ziehe die Nase hoch und wische mit meinem Handrücken die Tränen ab.

»Kein Problem; ich bin etwas dünnhäutig im Moment.«

»Sorry, sorry, sorry.«

Er schenkt mir Rotwein nach.

»Was willst du denn jetzt tun?«

»Was würdest du tun?«

»Liebst du ihn?«

»Lieben ist ein großes Wort …«

»Ja oder nein.«

Ich zögere ein paar Sekunden.

»Montags ja, dienstags jein und mittwochs wieder ja.«

»Das reicht im Moment völlig. Also gibt es nur eine Antwort darauf: *Stand by your man.*«

Die letzten Worte singt er, weil das Lied gerade im Hintergrund läuft.

»Du würdest es also mit ihm versuchen?«

Olaf wird wieder ernst.

»Wenn ich ihn lieben würde, wäre das für mich gar keine Frage. Vielleicht liegt es an meinem Job oder auch am Schwulsein oder an beidem – vielleicht macht das toleranter. Ich sortiere Menschen nicht in Schubladen oder verurteile sie vorschnell. Dafür kenne ich zu viele mit kaputten Biografien, und dafür bin ich zu vielen Verbrechern begegnet, die nie im Knast waren, aber in meinen Augen dorthin gehören. Ich finde, jeder hat eine zweite Chance verdient.«

Olaf beugt sich zu mir und klopft mir auf den Rücken. »Du musst Cläuschen ja nicht gleich heiraten oder mit ihm eine Eigentumswohnung kaufen oder eine Firma gründen …«

»Weißt du, was im Moment mein Hauptproblem ist?«

»Lass hören.«

»Ich betrachte ihn plötzlich mit anderen Augen. Vieles, was ich in der ersten Zeit toll an ihm fand, beurteile ich nun ganz anders.«

»Zum Beispiel?«

»Ich war anfangs so begeistert davon, wie gut man mit ihm reden kann. Es fühlte sich so an, als würde man mit einer Freundin sprechen, nicht mit einem Kerl …«

»Also bitte, keine Beleidigungen jetzt. Als ob man mit kernigen Kerlen keine guten Gespräche führen könnte, also echt …«

»Sorry, Olaf, du bist natürlich eine löbliche Ausnahme, aber meiner Erfahrung nach sind die meisten Heteromänner nicht besonders reflektiert, wenn es um Gefühle und Paarkommunikation und Beziehungen geht …«

»Ach so, wir sprechen hier von Mädchenquatsch-Gesprächen.«

»Jetzt sei doch mal ernst.«

»'tschuldigung.«

»Aber du hast recht. Ja, ich meine Mädchenquatsch-Gespräche.«

»Dieses Küchenpsychologie-Zeugs. So was wie *Er kann sich einfach nicht öffnen* oder *Er hat ein Nähe-Distanz-Problem* oder *Meine uneingeschränkte Emotionalität und Weiblichkeit machen ihm schreckliche Angst*. Brrr.«

Olaf schüttelt sich und kichert.

»Heteromänner können einem manchmal echt leidtun.«

»Mach dich nur lustig. Aber den meisten Typen, die ich kennengelernt habe, würde es nicht schaden, sich ab und zu mal mit ihren Nähe-Distanz-Problemen oder ihren Emotionen auseinanderzusetzen, anstatt ihre Gefühle nur bei Fußballspielen und Formel-1-Rennen zuzulassen.«

»Ist ja gut, ist ja gut. Du sagst also, mit Cläuschen-Mäuschen kann man ganz tolle Mädchenquatsch-Gespräche führen.«

»Ja, das fiel mir gleich am Anfang auf. Obwohl wir so unterschiedliche Interessen haben, fühlte ich mich so – verstanden. Er erschien mir so empathisch, so reflektiert.«

»Na, ist doch wunderbar!«

»Ja, aber inzwischen denke ich: Kein Wunder, nach jahrelanger Gruppen- und Einzeltherapie im Knast könnte wohl jeder so – psychologisch daherschwatzen.«

»Psychologisch daherschwatzen?«

»Du weißt schon, was ich meine.«

»Ja, aber selbst wenn das nur von den Knasttherapien kommt – was ich nicht glaube –, zeigt es doch, dass er etwas dazugelernt hat, was ihn ja offenbar von anderen Männern positiv unterscheidet. Dass er sich weiterentwickelt hat. Man könnte es auch bittere Lebenserfahrung nennen.«

Ich reibe meine Nase ähnlich wie Wickie in *Wickie und die starken Männer* – hilft tatsächlich beim Nachdenken.

»Hm. Ja, könnte man.«

»Aber?«

»Das ist nur ein Beispiel. Ein anderes ist, dass ich ihn so freundlich, höflich und respektvoll im Umgang mit anderen fand.«

»Welchen anderen?«

»Du weißt schon – Kellner, Rezeptionistinnen, Bäckereiverkäuferinnen, Fahrkartenkontrolleure, Tankwarte …«

»Du sprichst von Menschen, die im Dienstleistungssektor tätig sind? Ja, ich habe schon mal gehört, dass Frauen sehr darauf achten, wie der Mann an ihrer Seite mit dem Kellner umspringt – vor allem beim ersten Date.«

»Wen wundert's? Du müsstest manche Männer mal erleben, wie herablassend sie Kellner und Co behandeln, um den großen Macker raushängen zu lassen, der alle nach seiner Pfeife tanzen lassen kann. Das ist widerlich.«

»Aber Claus macht das nicht. Er ist ein Freund aller Kellner, wasserstoffblonden Bäckereiverkäuferinnen und Rezeptionistinnen.«

»Er ist höflich, freundlich und respektvoll. Ausgesucht höflich, freundlich und respektvoll. Selbst bei Brünetten. Und großzügig beim Trinkgeld.«

»Das ist doch wunderbar.«

»Ja, das dachte ich auch, als ich ihn kennenlernte. Doch dann erfuhr ich, dass er im Gefängnis lange in der Knastkantine die Vollzugsbeamten und anderen Mitarbeiter bedient hatte.«

»Und da dachtest du dir: Kein Wunder, nach so einer Erfahrung fühlt man sich nicht mehr wie der große Macker, der Dienstleister herumkommandieren und niedermachen will, sondern …«

»Man wird klein und bescheiden.«

»Ich sehe nicht, was an so einem Lernprozess schlecht sein soll. Und du weißt ja auch gar nicht, ob er davor nicht schon genauso höflich und freundlich war.«

»Hast ja recht, Olaf. Ich habe einfach – die Mörderbrille auf. Ich beurteile alles, was er macht, und alles, was bei uns passiert, immer mit dem Gedanken an die Tat, bringe alles irgendwie damit in Verbindung.«

»Und warum machst du das?«

»Keine Ahnung. Ich glaube, weil ich verzweifelt nach Erklärungen suche, wie der Mord passieren konnte. Ich suche dauernd nach etwas, um das alles zu begreifen. Und wenn er dann auf Hiddensee allen Ernstes den Nachmittagsspaziergang mit Karte und Wetterradar plant und den Fernsehabend mit der TV-Zeitschrift, dann denke ich: Siehste, der Mann ist ein völlig durchgeknallter Kontroll- und Planungsfreak. Und bei Kontrollverlust bricht für ihn dann alles zusammen.«

»Ist mir schon klar. Und ich finde es normal, dass du so denkst. Das gehört meiner Meinung nach zum Verarbeitungsprozess. Aber ich glaube nicht, dass du die Erklärungen finden wirst, nach denen du suchst. Ich glaube, so was kann man nur in sehr begrenztem Umfang verstehen und nachvollziehen. Entweder du lernst, das zu akzeptieren, oder du musst dich trennen.«

»Jetzt redest du wie ein Mädchenquatsch-Spezialist. Gar nicht mal so schlecht.«

»Ja, da staunste.«

Wir schweigen beide und hören der Musik zu.

»Warte einfach mal ab, wie es sich entwickelt«, ergreift Olaf nach einer Minute das Wort.

»Und wenn ich in einem Jahr noch am Leben bin, heirate ich ihn einfach, was meinst du?«

Jetzt ist es Olaf, der die Luft anhält und die Augen aufreißt.

»Also bitte, Kristin …«

Ich grinse ihn an.

»Weißt du, Olaf, eine Sache habe ich kürzlich beschlossen.«

»Ich bin gespannt.«

»Ich habe mir selbst erlaubt, manchmal Witze darüber zu reißen.«

»Worüber?«

»Über – einfach alles. Über Mord und Totschlag, über Killer, Knäste, Knackis. Egal, wie geschmacklos diese

Sprüche im ersten Moment wirken. Ich habe das Gefühl, ich platze, wenn ich immer nur ernst und mit tränenumflorter Stimme darüber reden darf.«

Olaf legt einen Finger auf die Wange.

»Na ja, sogar KZ-Insassen machten Witze über ihre Situation.«

»Warum kommen eigentlich immer alle mit Nazizeit-Vergleichen an?«

»Dazu sage ich jetzt nichts, sonst steht das morgen gleich in der *BILD. Berühmter Fotograf blamiert Deutschland mit geschmacklosen Nazi-Vergleichen.*«

»Ja, ist besser so, du berühmter Fotograf.«

»Aber Killerwitze sind erlaubt, ja? Bei meinem letzten hast du gleich angefangen zu heulen.«

»Montags ja, dienstags jein, mittwochs wieder ja.«

»In dreieinhalb Minuten ist Mittwoch.«

»Na dann, leg los.«

»Kommt ein Killer zum Arzt …«

Olaf spricht nicht weiter, hebt den Arm und bestellt die dritte Flasche Rotwein.

Christiane

Christiane, die Freundin, die mich seit inzwischen dreißig Jahren kennt, ist die Einzige, die nicht so eindeutig und positiv auf meinen Entschluss reagiert, mit Claus zusammenzubleiben. Das liegt vielleicht daran, dass sie auch die Einzige ist, die ihn bisher noch nicht persönlich kennengelernt hat. Sie lebt mit Mann und Kind – meinem Patenkind – in Wien, und es ist immer schwierig, unsere Termine unter einen Hut zu bekommen, daher haben wir uns schon über ein Jahr nicht mehr gesehen.

Alle meine Freunde, Bekannten und Kollegen, die Claus bisher von Angesicht zu Angesicht kennengelernt hatten, waren angetan von seiner Offenheit, seinem Charme und der Art und Weise, wie wir miteinander umgingen. *Ihr gebt ein tolles Paar ab; Ist ein guter Typ; Sympathischer Kerl* – das hörte ich am Anfang unserer Beziehung sehr oft.

Claus persönlich getroffen zu haben, ihm mehrmals begegnet zu sein, hat bei Hannah, Sonja und Olaf offenbar bewirkt, dass sie meine Entscheidung besser verstehen und nachvollziehen können. Christiane kennt Claus dagegen nur von Fotos, die ich ihr gemailt habe, und aus meinen Erzählungen – kein Wunder, dass ihre Reaktion nach dem ersten Schock deutlich zurückhaltender ausfällt als die der anderen.

»Ja, ja, sicher haben auch Straftäter und sogar Mörder eine zweite Chance verdient«, sagt sie zu mir am Telefon. »Aber musst ausgerechnet du es sein, die ihm diese Chance gibt?«

Anders als die drei anderen hat Christiane auch viel mehr Angst um mich. Als ich ihr vom Weihnachtsurlaub auf Hiddensee erzähle, der Einsamkeit, dem fehlenden Handynetz und den Problemen, mit denen wir zu kämpfen hatten, meint sie: »Da trifft mich ja noch im Nachhinein der Schlag. Warum hast du nicht wenigstens vorher Bescheid gesagt?«

»Ich war noch nicht so weit. Ich stand irgendwie unter Schock und brauchte einfach noch etwas Zeit für mich, um meine Gedanken zu ordnen.«

»Aber warum bist du dann überhaupt mit ihm in diese Einöde gefahren?«

»Was hätte ich denn tun sollen?«

»Absagen natürlich! Canceln! Sofort!«

»Ja, das hatte ich auch kurz überlegt, aber dann …«

»Du wusstest doch noch viel zu wenig! Nur das, was er dir erzählt hat. Da kanntest du ja noch nicht mal seine Freunde.«

»Doch, seine Freunde hatte ich schon kennengelernt …«

»Ja, bei einem einzigen Abendessen. Ist aber auch egal, das war echt leichtsinnig. Er sagt zu dir: ›Hey, ich muss dir was sagen, ich habe meine Ex ermordet‹, und du fährst ein paar Tage später allein mit ihm in ein einsames Haus am Waldesrand ohne Handyempfang. Na super.«

Ich denke an meine eigenen Gedankenspiele und Ängste während dieses Kurzurlaubs und muss ihr insgeheim recht geben. Trotzdem trifft mich das, was sie sagt, und ich fange an, Claus zu verteidigen. Sage, dass ich mir sicher sei, dass er mir niemals wehtun würde, und dass ich es komplett übertrieben gefunden hätte, den Urlaub zu canceln, und dass ich ihm voll vertraue.

»Nicht zuletzt deshalb, weil wir die ehrlichste Beziehung führen, die ich jemals hatte. Kein Schönreden, kein Weglassen, kein Rumschwindeln.«

»Außer, dass er dir vier Monate lang etwas vorgemacht hat.«

»Hätte er es mir gleich beim ersten Treffen sagen sollen?«

»Nein. Ich verstehe natürlich, dass er damit gewartet hat. Aber Fakt ist, dass er dir monatelang etwas verschwiegen hat und es nicht die ehrlichste Beziehung der Welt war. Und wer weiß, was er jetzt noch alles vor dir verbirgt.«

Ich fühle, wie Trotz in mir hochsteigt, obwohl ich Christianes Argumente nachvollziehbar finde.

»Was hättest du denn getan? Dich sofort getrennt.«

»Ja, das hätte ich wahrscheinlich, auch wenn das leichter gesagt als getan ist. Wenn man viel für jemanden empfindet, ist das sicher nicht so leicht.«

»Eben.«

»Aber ich wäre ganz sicher sofort auf Distanz gegangen. Hätte um Bedenkzeit gebeten und mich nicht mehr mit ihn getroffen.«

»Bedenkzeit?«

»Ja, ein paar Wochen Abstand. Dann hättest du das verdauen und darüber nachdenken können. Deine Gefühle erforschen. Und für ihn wäre es auch eine Bewährungsprobe gewesen – man hätte gesehen, ob er für dich Verständnis hat und dir diese Auszeit zugesteht.«

»Ein paar Wochen gleich? Das hätte ich nie durchgehalten.«

»Ich sage ja auch, dass ich das an deiner Stelle gemacht hätte. Das hätte ich auf jeden Fall besser gefunden, als übergangslos weiterzumachen, als wäre nix gewesen. Ich meine, das ist doch Irrsinn! Wir sprechen hier immerhin von Mord. Und nicht an irgendjemandem, sondern an seiner Exfreundin.«

Ich antworte nicht darauf, weil ich wieder mal einen Kloß im Hals habe und spüre, wie mir Tränen in die Augen steigen. Ich könnte mich ohrfeigen für diese dauernden Gefühlsaufwallungen. Christiane merkt natürlich sofort, was los ist, obwohl sie mich nicht sieht – sie kennt mich einfach seit Ewigkeiten.

»Kristin, weinst du? Ich hab das nicht böse gemeint. Ich mache mir doch nur Sorgen um dich.«

»Ich weiß, ich bin ein Sorgenkind.«

»Und es tut mir auch so leid für dich, dass du dauernd Pech mit den Männern hast. Im allerersten Moment dachte ich, du machst einen Witz, als du mir davon erzählt hast.«

»So schlechte Witze erzähle nicht mal ich.«

»Nach deinen letzten beiden Lebensabschnittsgefährten nach Oliver dachte ich, schlimmer kann's nun nicht mehr kommen.«

»Schlimmer geht immer.«

»Ja, das sehe ich jetzt auch.«

Christiane ist auch die Einzige, die sich nicht vorstellen kann, unter bestimmten Umständen einen Mord zu begehen.

»Jemanden aus Notwehr zu töten, weil er Leon, Martin oder meinen Eltern etwas Schreckliches antun will oder um mein Leben zu retten – okay. Aber jemanden ermorden? Nein. Niemals.«

Ich versuche, sie zu umzustimmen, auch wenn ich nicht genau weiß, warum. Dabei greife ich auf Hannahs Beispiel zurück, weil es mir besonders gut nachvollziehbar erschien, als wir genau über diesen Punkt sprachen. Aber ich schmücke es noch ein wenig aus und nutze Christianes stark ausgeprägte Abneigung gegenüber Männern mit protzigen Autos.

»Stell dir vor, ein besoffener SUV-Fahrer würde einen Unfall bauen, und Martin oder Leon wären danach querschnittsgelähmt, und der Unfallfahrer würde nur zu einer lächerlichen Strafe verurteilt werden – würdest du dich nicht rächen wollen, wenn du die Gelegenheit dazu hättest?«

»Das ist jetzt ein sehr konstruiertes Beispiel.«

»Selbst unter diesen Umständen könntest du dir nicht vorstellen zu morden? Nun sag schon«, beharre ich auf einer Antwort.

»Ich finde, alle SUV-Fahrer gehören sofort aus dem Verkehr gezogen und sollten unter Strafandrohung dazu verdonnert werden, aufs Fahrrad umzusteigen.«

»Christiane, nun sag schon!«

»Nein, ich denke, ich würde auch dann nicht morden.«

»Wie kannst du dir da so sicher sein?«

»Wie kannst du dir so sicher sein, dass du dazu in der Lage wärst?«

Sie hat wieder recht. Ich habe keine Antwort darauf, also schweige ich, während Christiane weiterspricht.

»Und im Übrigen hat Claus nicht gemordet, weil jemand einem geliebten Menschen etwas Schlimmes angetan hat und er die Gerechtigkeit in die eigene Hand nehmen wollte.«

»Ja, das stimmt. Bei ihm war es wohl eher ein Gemisch aus Verzweiflung, Angst und Eifersucht.«

»Seine Freundin hat sich von ihm getrennt und ist fremdgegangen. Das passiert millionenfach, jeden Tag, überall auf der Welt. Auch du hast Thomas betrogen und ihn verlassen. Und Oliver hat's bei dir genauso gemacht. So etwas gehört zum Leben.«

»Das heißt nicht, dass man daran nicht verzweifeln kann. Ich habe nach der Trennung von Oliver auch die Kontrolle über mich verloren.«

»Ja, aber du hast niemanden ermordet.«

Mord – erst heute habe ich den Begriff mal wieder gegoogelt, fällt mir in diesem Moment ein. Laut einem Online-Lexikon ein »vorsätzliches Tötungsdelikt« in einer »besonders verwerflichen Form«. Ein Zitat, das Johann Wolfgang von Goethe zugeschrieben wird, habe ich auch gefunden: »Es gibt kein Verbrechen, zu dem ich nicht fähig wäre.« Es tröstet mich ein wenig, dass selbst Goethe von sich dachte, dass er unter Umständen zum Mörder werden könnte.

Trotzdem fühle ich mich nach dem Telefonat mit Christiane extrem verunsichert. Sie hatte sich mit dem Rat verabschiedet, unbedingt und sofort eine Paartherapie zu beginnen – genau wie es auch schon Hannah vorgeschlagen hatte. Zudem bat sie mich, sofort anzurufen, wenn mir bei Claus oder in unserer Beziehung irgendetwas seltsam vorkomme. »Beim kleinsten Anzeichen. Jederzeit, Tag und Nacht. Bitte, versprich mir das.« Was ich dann auch tat.

Vielleicht mache ich gerade den größten Fehler meines Lebens?, frage ich mich. Und wie immer, wenn ich mich so fühle, blättere ich in meiner neuen Bibel, dem Buch von Mordermittler Josef Wilfling. Ich finde folgenden Absatz: »Heute, nach 42 Jahren Polizeiarbeit, nach 22 Jahren Mordkommission, nach Bearbeitung/Aufklärung von 361 vollendeten und etwa 850 versuchten Tötungsdelikten, verstehe ich, was Goethe gemeint hat. Weil ich es Hunderte Male in der Praxis miterlebte. Es muss wohl doch so sein, dass jeder Mensch die Fähigkeit in sich trägt, zum Verbrecher zu werden. Ob diese je zur Entfaltung kommt, steht auf einem ganz anderen Blatt. Ähnlich sah es wohl der nicht weniger bedeutende Philosoph Immanuel Kant, der konstatierte, wir Menschen hätten zwar den Hang zum Bösen, unterlägen aber keinem Zwang, Böses auch tun zu müssen, da wir mit einem freien Willen ausgestattet seien.«

Und wieder stelle ich mir die Frage, was bei Claus passiert sein musste, dass bei ihm der *Hang zum Bösen* die Oberhand gewann.

Die Tat

Gedanken zur Tat

Ich spreche mit Claus sehr viel über seine Vergangenheit. Aber wenn ich ehrlich bin, vermeide ich ein Thema: die Tat selbst.

Natürlich hat er mir bei unseren Gesprächen den Ablauf kurz geschildert, auf eine Art und Weise, die verriet, dass er genau diese Sätze schon oft wiederholt hat. Vor der Polizei, dem Gericht, in Therapiesitzungen, vor seiner Mutter, seinen Freunden, vor sich selbst. Worte, die etwas beschreiben, was man mit Worten eigentlich nicht beschreiben kann. Ich habe an keiner Stelle nachgefragt. Ich wollte nur, dass er so schnell wie möglich zum Ende kommt, dass er aufhört, diese grauenvollen Worte auszusprechen.

Streit. Niedergeschlagen. Blut. Gewürgt. Tot.

Das reichte mir erst mal. Mehr wollte ich nicht wissen. Mir war klar, dass das nicht ewig so bleiben könnte, dass ich mich dem irgendwann würde stellen müssen, wenn ich mit Claus zusammenbleiben wollte. Aber erst später; wann genau, wusste ich selbst noch nicht.

Über alles andere dagegen haben wir inzwischen ausführlich und sehr häufig geredet: über die Zeit im Gefängnis, über seine Verzweiflung, den Selbsthass und die Trauer, seine Selbstmordabsichten in der Untersuchungshaft, den Alltag im Knast, die Gruppentherapien, die Methoden, mit dem Eingesperrtsein fertigzuwerden, den Sport und das Studium hinter Gittern. Und über Schuld und Schuldgefühle, die immer Teil seines Lebens bleiben werden.

Ich kenne auch kleine Details und Erlebnisse, die sich unauslöschlich in Claus' Erinnerungen eingebrannt haben und die ihn auf Schritt und Tritt begleiten. So waren wir kürzlich bei einem Städtetrip über ein verlängertes Wochenende in einem Design-Hotel in Stockholm mit einem fantastischen Wellness-Bereich – weiter weg von Claus' Vergangenheit konnte man eigentlich gar nicht sein. Doch sie holte uns auch hier ein. Besonders angetan hatte es mir in dem Spa der Saltroom, ein großer, minimalistisch eingerichteter Raum mit einer riesigen Wand aus quaderförmigen Salzkristallen, die von hinten beleuchtet waren und warmes, goldfarbenes Licht sowie – durch die Erwärmung – hauchfeinen Salzstaub verströmten. So wie in einem Salzheilstollen unter Tage konnte man sich dort auf Liegen ausruhen, die salzgeschwängerte Luft einatmen und darauf hoffen, dass sich das positiv auf verstopfte Nasennebenhöhlen, Asthma, Schlafstörungen oder ein gestresstes Immunsystem auswirkte. Während ich mich kaum einkriegte vor lauter Begeisterung über Farben, Licht und Design, schüttelte Claus nur den Kopf. Der karg eingerichtete, komplett gekachelte Raum erinnere ihn an den grauenvollen Warteraum in der Untersuchungshaft, der genau die Farbe der gelbrotbraunen Salzsteine gehabt habe, meinte er. Dort musste man als Angeklagter auf seinen Anwalt warten, bevor man in den Gerichtssaal geführt wurde. »Gelbbraune Fliesen, vollgeschmierte Wände und völlig verraucht – damals gab es ja noch nicht überall ein Rauchverbot«, erzählte Claus, »es war wirklich furchtbar dort.«

Mir fiel auf, dass die salzige Luft den Raum hier im Spa wirklich wie verraucht oder vernebelt aussehen ließ.

»Ach bitte, lass uns wenigstens kurz bleiben«, bettelte ich.

Mir zuliebe harrte Claus achteinhalb für ihn wohl sehr quälende Minuten auf einer der Designerliegen aus, verließ dann den Saltroom, mich an der Hand hinter sich herziehend, als wären wir auf der Flucht, und ich bekam sofort ein schlechtes Gewissen. Claus' Vergangenheit umgab uns auch hier mit hauchfeinem Erinnerungsstaub, ähnlich wie der Salzstaub, den die geschickt beleuchtete Salzsteinwand absonderte.

Ich wusste also vieles, doch ein weiteres, ausführliches Gespräch über die Tat selbst verschob ich immerzu; mal, weil ich mir sagte, der Tag sei zu schön und zu sonnig, um ihn mit so einem Thema zu verdüstern, mal, weil ich fand, dass wir uns ganz besonders gut verstanden und nah waren, und dann wieder, weil die Stimmung gereizt und angespannt war und ich die Situation nicht noch schwieriger machen wollte. Kurz: Ich erfand Ausreden, wochenlang, monatelang. Ich hatte Angst davor, zu genau Bescheid zu wissen, hatte das Gefühl, dass auch dies wieder unabsehbare Folgen für unsere Beziehung haben und mich in meinen Träumen verfolgen würde. Zugleich quälten mich die Unsicherheit und das Nichtwissen. Doch meine Furcht vor dem, was ich hören würde, war größer.

Direkt nach seinem Geständnis, noch in derselben Nacht, hatte ich das Nächstliegende getan; ich hatte versucht, Informationen zu dem Mord zu googeln. Obwohl die Tat inzwischen ja über elf Jahre zurücklag, fand ich nach einigen Versuchen mit verschiedenen Wortkombinationen noch Artikel in diversen Münchner Tageszeitungen, einige davon lokale Boulevardblätter. Ich starrte auf Überschriften wie »Schwabinger Kirchenkerzen-Killer verurteilt«, »Altarkerze wird zum Mordinstrument«, »Kirchenkerzen-Mörder: Geständnis unter Tränen«, »Schwabinger Unternehmensberater tötet Jugendliebe«.

Besonders deutlich ist mir in Erinnerung geblieben, dass direkt neben einem der Texte über Claus und den Mord ein Artikel über Ostereierfärben platziert war. So etwas sieht man jeden Tag – das Bild eines Oben-ohne-Girls direkt neben einem Bericht über ein getötetes Kind, Diättipps unter einem Artikel über einen schrecklichen Autounfall mit mehreren Toten, Ekelfotos aus dem *Dschungelcamp* über einem Text zu einer Naturkatastrophe, die Abertausende Menschen tötete oder obdachlos werden ließ. Bisher hatte ich mir dazu noch nie Gedanken gemacht, doch jetzt war es anders. Ich kannte denjenigen, von dem der Artikel handelte, sehr gut. Und es ging um Mord. Wie kann man es wagen, direkt daneben über beschissene Ostereier zu schreiben?, schoss es mir durch den Kopf. Und genau in diesem Moment wurde mir mit einem Schlag bewusst, dass alles wahr, dass es wirklich passiert ist. Bis dahin war mir alles wie ein Film vorgekommen oder wie eine Reportage im Fernsehen, in der das Leben eines anderen Menschen geschildert wird, weit weg von mir. Claus auf meiner Couch davon reden zu hören war eine Sache. Es nun schwarz auf weiß vor mir zu sehen, gleich neben einem Text über Ostereier, eine andere.

Es stimmt wirklich, das kann doch nicht sein, ich träume, das kann doch nicht sein – ich konnte nicht mehr aufhören, diese Sätze zu denken, obwohl ich doch auch schon vorher gewusst hatte, dass es wahr ist.

Ich spürte damals zum zweiten Mal an diesem Geständnissonntag, wie mein Herz zu rasen begann, als würde ich im Fitnessstudio eine Extrarunde mit höchstem Schwierigkeitsgrad auf dem Stepper einlegen – eine Körperreaktion und ein Gefühl, die von da an immer wieder auftauchen und Teil meines Alltags werden würden.

Die Buchstaben flimmerten vor meinen Augen. Ich las keinen der Artikel zu Ende, sondern schloss die Augen und drückte eine halbe Minute auf den Ausschaltknopf meines Mac. Selbst als der Bildschirm schon längst schwarz geworden war, drückte ich immer noch und dachte daran, wie mir Claus die Tat geschildert hatte.

Er hatte Elke in dem Apartment besucht, in dem sie seit dem Auszug aus der gemeinsamen Wohnung allein lebte; es war kein Überraschungsbesuch – sie hatten sich verabredet. Die eigentliche Mieterin der kleinen Zweizimmerwohnung machte gerade ein Auslandssemester in Spanien, sie würden also allein sein. Claus hatte Reisekataloge dabei, wollte Elke zu einem gemeinsamen Urlaub überreden. Bei einem Telefonat hatte sie sich zu dieser Idee nicht ablehnend geäußert – er hatte also große Hoffnungen. Am Anfang lief alles gut, es kam sogar zu »Berührungen« und »Zärtlichkeiten«, wie Claus es mir gegenüber nannte. Doch dann stieß sie ihn plötzlich zurück und erklärte ihm klipp und klar, dass sie so nicht weitermachen könne, dass sie keine Zukunft für sie beide sehe und das Ganze hier und jetzt endgültig beenden wolle. Es kam zu einem heftigen Streit, in dessen Verlauf Claus Elke mit einer großen, etwa sechs Kilogramm schweren Altarkerze niederschlug und sie danach würgte, bis sie tot war.

Das war alles, was ich wusste, was ich wissen wollte. Auch wenn mir klar war und ist, dass dies nicht ausreicht, wenn wir dauerhaft zusammenbleiben wollen.

Bis mir Claus von seiner Vergangenheit erzählt hat, bin ich großer Fan dieser großen, schweren und ziemlich teuren Kerzen gewesen, mit der er Elke niedergeschlagen hatte. Ich liebte diese Kerzen, seit mir Thomas in unserer Studentenzeit mal eine geschenkt hatte; sie stammte aus einem bayerischen Wallfahrtsort, aus einem Laden für Kirchenbedarf, und hatte ihn für damalige Verhältnisse ein Vermögen gekostet. Ich hatte diese Kerze gehütet wie einen Schatz, sie hatte ewig gehalten. Einige Jahre später wurden diese Kerzen sehr modern, inzwischen muss man nicht mehr extra in einen Laden für Kirchenbedarf gehen, um sie zu bekommen. Seit Thomas' Geschenk habe ich immer solche Kerzen besessen, in meinem Wohn- und im Schlafzimmer standen silberne Tabletts vom Flohmarkt, auf denen ich gleich mehrere solcher Kerzen in verschiedenen Größen aufgebaut hatte. Nach dem Geständnis habe ich sie jedoch alle sofort weggeworfen und kann seitdem Kerzenlicht nichts mehr abgewinnen, schon gar keine Romantik. Claus hat kein Wort dazu gesagt, als er merkte, dass die Kerzen fehlten. Er hat mich einfach in den Arm genommen. Gesprochen haben wir nicht darüber.

Doch meine Gedanken kreisen auch ohne die Kerzen immer wieder um die Tat, fast jeden Tag werde ich daran erinnert. Plötzlich wimmelt es in der Welt um mich herum von Artikeln, Fernsehberichten und Filmen über Männer, die ihre Frau oder ihre Freundin töten. »Frauen sind nie in größerer Gefahr, gewaltsam ums Leben zu kommen, als nach einer Trennung«, springt mir die Zeile eines Zeitungsartikels ins Auge. »Die Hälfte der Morde an Frauen wird vom eigenen Partner verübt.« »Die eigenen vier Wände sind, statistisch betrachtet, der gefährlichste Ort der Welt – nirgendwo sonst passieren so viele Tötungsdelikte.« Und nicht nur in Zeitungen und Zeitschriften: Jeder Fernsehkrimi-Regisseur scheint nur noch eine Geschichte erzählen zu wollen – die vom Mann, der seine Frau, Freundin oder Geliebte ermordet.

Ich weiß, dass dies ein typisches Phänomen ist: Wenn man etwas Neues gelernt hat oder sich intensiv mit etwas beschäftigt, scheint genau dieses Thema plötzlich überall aufzutauchen – *veränderte Aufmerksamkeit* nennt sich dieser Effekt. Aber das zu wissen hilft mir auch nicht weiter.

Natürlich könnte ich diese Artikel überblättern und beim Fernsehen um- oder ausschalten, aber das schaffe ich nicht. Meine Augen bleiben daran kleben, so wie heute beim Friseur. Ich blättere mit nassen Haaren im Nachrichtenmagazin *FOCUS* und stoße auf einen Artikel mit der Überschrift »Der Mörder in uns«. Nicht zu fassen, denke ich, gibt es denn keine anderen Themen mehr? Ich verschlinge den Text und achte kaum auf die Friseurin, die mich mindestens vier Mal bittet, den Kopf beim Schneiden doch bitte gerade zu halten und mich nicht dauernd über die Zeitschrift zu beugen. Ich entschuldige mich, bin aber zu aufgewühlt zum Geradesitzen, besonders wegen eines Zitats des Polizeipsychologen, Verbrechensanalytikers und Profilers Adolf Gallwitz: »Jemandem mit den eigenen Händen den Hals zuzudrücken und ihm dabei ins Gesicht zu sehen erfordert nicht nur ein erhebliches Maß an Kraft, sondern auch eine wahnsinnige Wut. Diese Art von Zorn empfindet man kaum gegenüber einer fremden Person.«

Erwürgen, so lerne ich auf dem Friseurstuhl, unterscheidet sich von Erdrosseln dadurch, dass der Täter seine Hände benutzt, dem Opfer körperlich extrem nahe ist, ihm in die Augen sieht, es minutenlang berührt, ohne auf ein Hilfsmittel wie etwa ein Stück Schnur, einen Gürtel oder ein Halstuch zurückzugreifen. Und es ist eine typische Tötungsmethode bei einer Beziehungstat – während Berufskiller, Raubmörder oder Täter, die mit dem Mord ein anderes Verbrechen verdecken wollen, wie etwa Einbrecher, es meist vermeiden, das Opfer zu lange anzufassen.

War Claus also rasend vor Wut und Zorn? Was ging bloß in ihm vor?

Direkt nach dem Friseurbesuch, mit frisch gefärbten und geschnittenen Haaren, suche ich wieder mal Rat und Hilfe bei Mordermittler Wilfling und werde fündig: »Bei vielen Beziehungstaten bin ich auf eine Kraft gestoßen, die im Gesetz nicht explizit genannt ist und die mir vorher auch nicht als potenziell gefährlich bewusst war, weil sie nicht als gefährlich oder verachtenswert gilt. Und doch ist sie vielfach Auslöser für schlimmste Verbrechen. Sie ist stärker als Vernunft und stärker als alle anderen Emotionen. Es die Angst. Aber nicht die Angst um das eigene Leben oder die Gesundheit, sondern die Angst vor Verlust. (…) Wer davon befallen wird und keinen Ausweg findet, kann gefährlich werden. (…) Ein Psychiater formulierte es einmal anlässlich eines solch tragischen Geschehnisses ironisch: ›Ist die Idylle bedroht, sieht Papi schnell rot.‹ Eine gefährliche Mischung aus Angst, Wut und Verzweiflung, die – findet sich kein Ventil oder gibt es keine Hilfe – zur Explosion führen kann.«

Angst – auch bei mir ist sie allgegenwärtig. Nicht so sehr Angst vor Claus oder Verlustangst, sondern die Angst, mich mit der Tat, dem, was geschehen ist, wirklich auseinanderzusetzen. Nicht nur den groben Ablauf, sondern Details, Gefühle, Motive zu kennen, die Fragen, die seit Monaten in mir brodeln, zu stellen und Claus' Antworten anzuhören und auszuhalten. Meine Hoffnung ist, nach einer gewissen Zeit damit abschließen, das ewige Gedankenkarussell anhalten zu können. Viermal »a«, denke ich: anhören, aushalten, anhalten, abschließen. Ist das möglich?

Immer wieder liste ich innerlich Fragen auf. Warum haben Staatsanwalt und Richter die Tat als Mord und nicht als Totschlag eingestuft? Was ist geschehen, dass ausgerechnet du, der kontrollierte, vernünftige Claus, die Kontrolle über dich selbst verloren hast? Was hast du in diesen Momenten gedacht und gefühlt? Wie hat sich Elke verhalten? Wie ist sie gestorben? Und dann immer wieder diese eine Frage: Warum? Warum? Warum?

Eine kleine Stimme in mir flüstert: Vielleicht musst du das auch gar nicht wissen. Vielleicht reicht ja das, was er dir bisher erzählt hat. Man muss doch nicht jede kleine Ecke ausleuchten. Du kannst es nicht ungeschehen machen. Man muss doch nicht alle Fragen stellen. Gib dich zufrieden, blick nach vorn, nicht zurück. Lass es ruhen.

Hat diese innere Stimme recht? Und wenn ja: Bin ich überhaupt in der Lage, auf sie zu hören?

Es stellt sich bald heraus: Ich bin es nicht. Und das zeigt sich auf eine seltsame Art und Weise. Schon immer habe ich viel gelesen, im Moment lese ich jedoch wie eine Verrückte. Und zwar ausschließlich Bücher zu einem Thema: der Shoa, dem Holocaust also. Bereits während meines Geschichtsstudiums habe ich mich intensiv mit dieser Thematik beschäftigt und einige Seminare dazu besucht. Doch selbst in dieser Zeit habe ich nicht so viel dazu gelesen. Ich verschlinge zehn Bücher in einem Monat. Jede Nacht lese ich stundenlang und weine mich oft in den Schlaf angesichts der Texte, die versuchen, das Grauen zu schildern und begreiflich zu machen.

Irgendwann sagt Claus zu mir: »Kristin, du musst damit aufhören, du machst dich kaputt. Schon eines oder zwei dieser Bücher kann man kaum verarbeiten, aber diese Wahnsinnsmenge … In diesem kurzen Zeitraum … Hast du schon mal darüber nachgedacht, warum du das alles ausgerechnet jetzt liest?«

Nein, habe ich nicht, auch wenn das komisch klingt. Erst jetzt fällt mir auf, wie sonderbar ich mich verhalte. Warum mache ich das? Die einzige Erklärung, die mir einfällt, ist, dass ich offenbar nach einer viel größeren

Tragödie suche, nach etwas, das Claus' Geschichte fast schon klein und unscheinbar wirken lässt. Ich lenke mich damit ab. Ich flüchte mich in das schrecklichste Kapitel der deutschen Vergangenheit, um Claus' Vergangenheit auszublenden. Mein Verhalten ist makaber, schockierend und absurd – und ich schäme mich dafür. Trotzdem fällt es mir schwer, das neue Buch über das Leben in einem Konzentrationslager, das ich mir gerade bei *Amazon* bestellt habe, nicht aufzuschlagen. Ich habe wieder einmal das Gefühl, langsam durchzudrehen.

Und dann kommt dieser Fernsehabend auf meiner Couch, zusammen mit Claus. Sein Geständnis liegt jetzt über ein halbes Jahr zurück. Er futtert Chips, wie immer, wenn er fernsieht, während ich versuche, mich zurückzuhalten und nicht zu oft in die Tüte zu greifen, obwohl ich geradezu süchtig nach Chips bin – darum kaufe ich mir selbst nie welche. Im Fernsehen läuft die Verfilmung des Mankell-Krimis *Die fünfte Frau.*

Claus und ich haben erst vor Kurzem festgestellt, dass wir beide diese schwedischen Filme lieben, die so ganz anders sind als typische Hollywood-Produktionen. Da sind wir ausnahmsweise einer Meinung, auch wenn meine frühere ungebremste Begeisterung für Krimis in der letzten Zeit deutlich nachgelassen hat. Noch vor wenigen Monaten waren Krimis in Buch- oder Filmform für mich ein Mittel zur Entspannung, zum Runterkommen, weil alles, was da auf dem Papier oder dem Bildschirm passierte, so wenig mit meinem Leben und meiner Realität zu tun hatte. Perfekt zum Abschalten, besonders bei amerikanischen Serien. Inzwischen ist es jedoch so, dass sich mein Gewissen meldet, wenn ich einen Krimi aufschlage oder einschalte – wie kannst du bloß eine Geschichte über Verbrechen als Mittel zur Entspannung betrachten?, denke ich. Und natürlich werde ich manchmal an Claus' Vergangenheit erinnert, auch wenn die meisten Stoffe bewusst überzeichnet und manchmal – wie etwa *CSI Miami* – geradezu bizarr irreal sind. Und trotz meiner neuen, mulmigen Gefühle sitzen wir jetzt hier vor einem schwedischen Krimi. Zum ersten Mal sehen wir uns einen solchen Film gemeinsam an.

Irgendwann wundere ich mich darüber, dass mir früher nie aufgefallen ist, wie brutal und grausam es in manchen der Szenen zugeht – oder war das in den anderen Folgen nicht so schlimm? Ich will gerade Claus fragen, doch genau in diesem Moment sieht man, wie der Mörder einen Mann tötet. Er hat ihn im Wald halb nackt an einen Baum gefesselt und erdrosselt ihn nun, hinter dem Stamm stehend, mit einem Seil. Früher hätte ich das noch »erwürgen« genannt, doch seit meinem Friseurbesuch weiß ich es besser.

Das Opfer würgt, röchelt. Ich balle die Fäuste, drücke meine Fingernägel in den Handballen, bis es schmerzt, halte die Luft an, wieder galoppiert mein Herz. Die Geräusche, die das Opfer von sich gibt, sind kaum auszuhalten. Wie konnte ich mir früher so etwas ohne jede Gefühlsregung ansehen? Und dabei womöglich noch Popcorn oder Chips essen? Wo ist die verdammte Fernbedienung, wenn man sie braucht? Ich wage nicht, mich zu bewegen, den Kopf zu drehen und Claus in die Augen zu sehen. Was denkt er gerade? Ich bleibe bewegungslos sitzen, starre auf den Bildschirm. Es kommt mir vor, als würde diese Mordszene zehn Minuten dauern, dabei können es nicht mehr als dreißig Sekunden gewesen sein. Warum sagt Claus nichts? Denkt er an Elke? Daran, dass er sie gewürgt hat? Ist er genauso schockiert wie ich?

Endlich ist die Szene vorbei, ich sehe im Augenwinkel die Fernbedienung, greife danach, schalte aus und spüre, wie Claus neben mir zusammenzuckt.

»Oh, schon vorbei?«, fragt er, setzt sich gerade hin und legt den Arm um mich. »Ich hab alles verschlafen, fürchte ich. War er denn so gut wie die anderen?«

»Ein bisschen brutal«, nuschle ich, »aber sonst ganz gut.«

»Oh, erst kurz nach neun. Da sieht man mal, wie kurz diese Filme wirklich sind, wenn sie nicht durch Werbung künstlich in die Länge gezogen werden.«

»Hm.«

Ich würde ihn gern fragen, ob er wirklich geschlafen hat. Aber ich traue mich nicht.

Zur Tat schreiten

Am nächsten Morgen, einem Samstag, beschließe ich, dass es so nicht weitergehen kann. Ich muss etwas tun, einen ersten Schritt wagen. Claus ist heute bei einem Triathlon außerhalb von München, trotz des Schmuddelwetters, ich werde ihn erst abends sehen. Noch im Schlafanzug setze ich mich an den Computer, öffne den Ordner *Mord*, in dem ich die Artikel über Claus und die Tat vor fünf Monaten abgespeichert habe, ohne sie seitdem je wieder angesehen zu haben. Jetzt lese ich mir die Texte dagegen von vorn bis hinten durch. In jedem Artikel finde ich Fehler – mal stimmt das Alter von Claus oder Elke nicht, mal die Dauer ihrer Beziehung, mal das Stadtviertel, in dem die beiden gewohnt haben, dann wieder sind die Berufsbezeichnungen der beiden falsch; ich finde in jedem Text neue Varianten. Besonders verstörend ist es für mich, die Beschreibungen über Claus zu lesen. Er wird als Münchner Schickimicki dargestellt, ein typischer BWLer, ein Karrierehengst mit einem silberfarbenen BMW, der jetzt mit einem »sehr teuren Designeranzug« in der Verhandlung sitzt und früher regelmäßig Tauchurlaube auf den Malediven machte. Ich weiß, dass Claus in seinem Leben vier oder fünf herabgesetzte *Boss*-Anzüge für den Job gekauft hat und dass der Urlaub auf den Malediven seine bisher erste und einzige Fernreise war. Er sparte sein Geld immer für Skiurlaube und die Sportausrüstung. Seine weitesten Reisen führten ihn nach Ibiza, Kreta und Lanzarote – etwas, das ich als Weltenbummlerin immer traurig und fast schon bemitleidenswert fand. Für mich gehören Reisen in ferne Länder zu einem glücklichen, ausgefüllten Leben, und würde ich eine Million im Lotto gewinnen, würde ich natürlich sofort auf Weltreise gehen, nicht ohne vorher eine ausgedehnte Shoppingtour zu unternehmen. Claus war und ist da anders, und eben nicht der Münchner Schickimicki in Designerklamotten, der in exotischen Luxushotels an perlweißen Sandstränden absteigt – umso absurder finde ich das Bild, das die Schreiber dieser Artikel von ihm zeichnen.

Claus wird auch als weinerlich geschildert – er konnte bei seiner Aussage vor Gericht offenbar die Tränen nicht zurückhalten. Ich weiß eigentlich – oder sollte es wissen –, dass das eine typische Vorgehensweise im Boulevard-Journalismus ist. Zeigt ein potenzieller Täter vor Gericht keine Regung, bleibt er still und ruhig, wird er zum »eiskalten Killer ohne jedes Gefühl und ohne Reue«. Ist der Angeklagte dagegen emotional, weint und schluchzt, unterstellt man ihm in den einschlägigen Zeitungen und Zeitschriften gern »Selbstmitleid«, »Heuchelei«, »Krokodilstränen« oder wie in diesem Fall »Weinerlichkeit«. Das gehört dazu, aber ich spüre trotzdem, dass es mich wütend macht. Wie, um alles in der Welt, verhält man sich denn in so einem Fall richtig aus Sicht dieser Prozessbeobachter? Zugleich bin ich froh darüber, dass Claus sich nicht zusammengerissen, sondern öffentlich geweint hat.

Ansonsten erfahre ich nicht allzu viel Neues – alles, was da steht, hat mir Claus bereits berichtet. Nur eine Sache lässt mich schlucken – Claus wird wegen Mordes aus »Heimtücke« verurteilt, steht da zu lesen. Das klingt schrecklich, und ich weiß auch nicht genau, was man darunter aus juristischer Sicht zu verstehen hat. »Heimtückisch«, das heißt für mich als juristischen Laien: verschlagen, hinterhältig, böse und gemein. Genau das Gegenteil von dem Claus, den ich kenne und liebe. Ich google nach »Mordmerkmal Heimtücke« und erfahre, dass das Opfer in so einem Fall »arglos« und »wehrlos« war, und der Täter beides ausgenutzt hat. Ich muss an unsere kleine Rauferei auf der Wohnzimmercouch denken, »typische Pärchenbalgerei« habe ich das Hannah gegenüber genannt. Da war ich auch chancenlos, praktisch wehrlos, denn Claus ist einfach zu durchtrainiert. Ist das mit »wehrlos« gemeint? Und »arglos«? Bedeutet es, dass sich Elke so wie alle anderen nie hätte vorstellen können, dass Claus ihr etwas antun könnte, dass er zu einer Gewalttat fähig ist? Ich habe keine Antwort darauf und muss feststellen, dass mich die Zeitungsartikel nicht weiterbringen, sondern mich noch mehr verunsichern und meine Fragenliste noch länger werden lassen.

Trotzdem öffne ich das letzte Dokument und zucke zurück. Da ist dieses Schwarz-Weiß-Foto, das ich beim ersten Überfliegen vor einigen Monaten völlig übersehen hatte. Nein, stimmt nicht ganz. Ich hatte es mit halbem Auge wahrgenommen, aber nicht wirklich beachtet. Ich dachte wohl, es gehöre zu einem anderen Thema, irgendetwas über einen Reaktorunfall oder so, denn der Mensch, der darauf zu sehen war, trug einen dieser weißen Schutzanzüge, die man seit Fukushima so häufig in Fernsehberichten gesehen hat; sein Gesicht war mit einer Art Schutzmaske verdeckt. Ich muss jedoch erkennen, dass ich mich getäuscht habe: Der Mann in dem Schutzanzug ist Claus, seine Arme sind hinter dem Rücken verschränkt, er ist offenbar mit Handschellen gefesselt. Ein Mann, wohl ein Kripo-Beamter, führt ihn zu einem wartenden dunklen Audi, ein anderer hält eine Jacke über seinen Kopf, sein Gesicht ist nicht zu erkennen. Den Schutzanzug, der einem dieser Einweg-Maleranzüge aus dem Baumarkt ähnelt, musste Claus anziehen, weil die Kripo seine Kleidung zur Spurensicherung einbehalten hatte, wie die Bildunterschrift erklärt. Ich starre dieses Bild an; es zeigt Claus nach der Tat, unmittelbar nachdem er sich gestellt hat. Nur wenige Stunden davor stand er auf dem Dach eines Münchner Hochhauses und wollte sich das Leben nehmen.

Ich warte auf die üblichen Reaktionen meines Körpers: das Herzrasen, das Zittern, die Schweißausbrüche, das Dröhnen und Rauschen im Ohr, das Flimmern vor den Augen. Doch nichts davon passiert. Stattdessen fange ich an zu weinen, die Tränen schießen wie Gebirgsbäche aus meinen Augen, meine Nase beginnt zu laufen, und ich stoße kleine, komische Schluchzer aus. Ich heule wie ein Schlosshund. Endlich.

Eineinhalb Stunden später sind meine Augen wieder abgeschwollen. Ich bin geduscht, angezogen und mache mich auf den Weg zu einer Straße, deren Name ich in einem der Artikel gefunden habe. Irgendwo dort befindet sich das Hochhaus. Der Ort, an dem sich Claus nach der Tat das Leben nehmen wollte, es dann aber doch nicht geschafft hat.

Es war eine spontane Idee, dieses Haus zu suchen, es mit eigenen Augen zu sehen. Ich möchte versuchen hineinzukommen, nach oben zu fahren und die Stelle zu finden, an der Claus stand. Sehen, was er sah, die Höhe spüren, die kalte Luft einatmen, die gedämpften Geräusche der Stadt von oben hören.

Völlig verrückt? Oder wird es mir – wie ich hoffe – helfen, damit umgehen zu lernen? Drei meiner »A« kann ich auch in diesem Fall abarbeiten: aushalten, anhalten und vielleicht abschließen. Ich fange mit der Aufarbeitung von hinten an, habe ich unter der Dusche beschlossen, und arbeite mich von da langsam zur Tat vor.

In der U-Bahn und im Bus denke ich anfangs noch nicht an das, was mich erwartet; es sind viele Menschen um mich herum, und ich muss mich darauf konzentrieren, in die richtigen U-Bahnen einzusteigen und Bushaltestellen zu finden, die mir unbekannt sind. Doch nach und nach zweifle ich immer mehr an meinem Vorhaben. Soll ich das wirklich machen? Ich lasse zwei Linienbusse vorbeifahren, die mich meinem Ziel eigentlich näher gebracht hätten. Statt den Bus zu nehmen, laufe ich im Nieselregen, oder vielmehr schlendere ich, werde immer langsamer, je näher ich der Straße komme, in der das Hochhaus stehen soll. Ab und zu gucke ich auf mein iPhone, um zu überprüfen, ob ich auf dem richtigen Weg bin. Ich kenne mich hier nicht aus, war noch nie zuvor in dieser Gegend. München ist keine Hochhausstadt, man muss schon weiter hinausfahren, an den Stadtrand oder in die ärmeren Viertel, um so etwas Ähnliches wie ein Hochhaus zu Gesicht zu bekommen. Nach dreißig Minuten bin ich in der richtigen Straße, zumindest der Straßenname stimmt. Doch ich kann mir nicht vorstellen, dass ich hier finde, wonach ich suche. Es ist eine typische Vorstadtwohnstraße mit niedrigen Einfamilien- und Reihenhäusern, davor handtuchgroße Gärten mit Schaukeln und Blumenbeeten – ausgerechnet hier soll ein Hochhaus stehen? Ich laufe die Straße entlang, stülpe die Kapuze meines Mantels über meinen Kopf, die ich sonst nie benutze – ich will verhindern, dass meine Haare noch nasser werden. Ich verfluche mich für meinen Einfall, nach diesem verdammten Haus zu suchen, dafür durch die halbe Stadt zu fahren, nur um am Ende festzustellen, dass der Straßenname, der in dem Artikel genannt wurde, falsch ist – ein Fehler, genau wie all die anderen, die ich in den Zeitungen gefunden habe. Und was soll ich da eigentlich, wenn ich es gefunden habe? Einfach hineinspazieren, den Lift in den obersten Stock nehmen und dann durch irgendeine Sesam-öffne-dich-Pforte aufs Dach klettern? Wie habe ich mir das eigentlich vorgestellt? Natürlich wird die Haustür abgeschlossen sein – soll ich dann bei irgendjemandem klingeln und mich als Prospektverteilerin ausgeben? Was war das bloß für eine Schnapsidee?

Ich bin so beschäftigt damit, mich selbst zu beschimpfen, dass ich sie fast übersehen hätte – drei weiße Hochhäuser, sie stehen nicht direkt an der Straße, sondern nach hinten versetzt auf einer großen Grünfläche. Dieses Grundstück liegt hinter einer Kurve und einem Miniwäldchen, was erklärt, warum ich sie erst jetzt entdecke.

Es sind keine beeindruckenden Bauten, ganz im Gegenteil, es ist die Sorte gesichtslose Wohnsiedlung, die ich für mich selbst komplett ausschließe, wenn ich mich auf Wohnungssuche begebe. Sie sind gar nicht mal besonders hässlich und trostlos, sondern einfach komplett nichtssagend. Alle Balkone haben die gleichen orangefarbenen Markisen, das Weiß der Hauswände ist nicht makellos, aber nur an sehr wenigen Stellen schwarzfleckig. Im Erdgeschoss haben Anwohner vor einem Balkon mit viel Liebe ein großes Beet angelegt – ich sehe Tulpen, Buschwindröschen, Krokusse, Rosmarin, Minze und Lavendel. In den niedrigen Bäumen hängen Nistkästen aus Birkenholz. Auf dem kleinen Spielplatz mit den roten und orangefarbenen Spielgeräten ist wegen des Regens kein einziges Kind zu sehen.

Was habe ich erwartet? Eine verfallene, halb verlassene Plattenbausiedlung wie in der ostdeutschen Provinz? Ein heruntergekommenes, schimmeliges Hochhaus wie in manchen Berliner Problemvierteln? Gebrauchte Spritzen, Endzeitgraffiti und Ratten? Oder ein düsteres Spukschloss vor drohenden, dunklen Wolkengebirgen?

Nein, natürlich nicht. Aber ich habe damit gerechnet, dass der Ort zu dem schrecklichen Ereignis passt, das ich mit ihm verbinde: Claus' Selbstmordversuch nach dem Mord. Stattdessen erscheinen mir diese Gebäude noch nicht einmal besonders hoch; ich lege den Kopf in den Nacken, zähle zwölf, nein dreizehn Stockwerke.

Reicht das zum Sterben?, schießt es mir durch den Kopf. Oder muss es noch höher sein, wenn man ganz sichergehen will? Ich sehe mich um, als wäre jemand in der Nähe, der meine Gedanken hören kann.

Welches der Drillingshochhäuser ist das, das Claus damals ausgewählt hat? Ich entscheide mich für das nächstliegende. Um zur Haustür zu gelangen, muss man drei Stufen hochsteigen und einen Weg aus rötlichen Steinplatten entlanggehen. Kein Mensch, kein Tier weit und breit. Wie ist das nur möglich?, frage ich mich. Bei drei dreizehnstöckigen Häusern mit mehreren Wohnungen pro Stockwerk? Mir kommt es vor, als würde die Welt seit ein paar Minuten stillstehen. Nur ich bewege mich noch. Ich biege ums Eck, da vorn muss die Haustür sein. Klingeln oder nicht, klingeln oder nicht, klingeln oder nicht – ich muss keine Antwort auf diese Frage finden, die Glastür steht weit offen. Einfach so. Als würde dieses Hochhaus wollen, dass ich mir ansehe, wo Claus … Unsinn, was für ein unglaublicher Quatsch, denke ich. Ausgerechnet ich, die alles hasst und verlacht, was auch nur im Entferntesten nach Esoterik riecht, aussieht oder klingt, ausgerechnet ich habe nun solche Grütze im Kopf.

Doch sosehr ich mich bemühe, ich kann nicht verhindern, dass es sich so anfühlt, als wäre all das kein Zufall, als würde mich jemand – führen. Elke?

Ich reiße die Kapuze vom Kopf, lege den Kopf zurück und lasse den Regen auf mein Gesicht tropfen. »Na gut, Elke«, sage ich leise. »Ich komme mit.«

Ich betrete den kleinen Flur, links führt eine Treppe nach oben, ein paar Schritte weiter sind die Aufzüge mit blauen Türen. Ich drücke auf den Knopf, warte, höre das »Pling«, das die Kabine ankündigt, steige ein, drücke auf den silbernen Knopf mit der Zahl dreizehn. War ja klar, dass es nicht zwölf, vierzehn oder fünfzehn Stockwerke sind, sondern ausgerechnet dreizehn.

Im Aufzug ist es düster. Der Spiegel ist dunkel getönt, ich betrachte mich darin. Ich habe mal irgendwo gelesen, dass Spiegel in Aufzügen die Vandalismus-Rate deutlich senken, weil jeder sofort an seinen Haaren oder Kleidern rumfummelt, anstatt Graffiti an die Wände zu sprayen, Kaugummis unter die Haltegriffe zu kleben oder seine Initialen in die Tür zu ritzen. Doch meine Haare und Klamotten interessieren mich gerade wenig. Ich starre weiter in den Spiegel. Wäre dies ein Horrorfilm, so überlege ich, würde jetzt das ohnehin schon düstere Licht flackern, und im Spiegel würde hinter mir eine Gestalt mit bleichem Gesicht und hellblondem Haar auftauchen. Ich würde erstarren, dann losschreien, und dann würde der Regisseur in die nächste Szene blenden …

Aber weil dies kein Horrorfilm ist, bleibt der Aufzug im dreizehnten Stock stehen, es macht erneut »Pling«, und die Tür öffnet sich. Ich stehe in einem kleinen Raum, von dem vier blaue Wohnungstüren abgehen. »Batman« lese ich auf einem der Klingelschilder. Ich muss grinsen, ich kann nicht anders. Hier hat Batman also seine Zweitwohnung, denke ich und stelle mir vor, wie Batman Claus hinterhergesprungen wäre, ihn gerettet und direkt danach mit dem Batmobil bei der Polizei abgeliefert hätte. Noch während ich diesen Gedanken nachhänge, schäme ich mich dafür. Sei nicht so streng mit dir, Kristin, sage ich zu mir, du darfst denken, was du willst. Hauptsache, du drehst nicht komplett durch.

Ich blicke mich nach einem Gang oder einer Tür um, die von hier wegführt, am besten nach oben aufs Dach oder auf eine Balustrade oder eine Feuerleiter oder was weiß ich. In Filmen flüchten sich Menschen andauernd auf Dächer und haben nie Probleme, dorthin zu gelangen. Ihre Probleme fangen immer erst dann an, wenn sie schließlich auf den Dächern stehen. Aber, liebe Kristin, das hier ist kein Film, ermahne ich mich wieder einmal, deshalb ist bestimmt alles abgesperrt, und das Einzige, was du zu sehen bekommst, ist Batmans Zweitwohnungstür in Himmelblau. Ich will gerade den Knopf drücken, um den Aufzug zurückzuholen, da erspähe ich eine Glastür hinter einem Vorsprung in der Wand. Die Tür zum Treppenhaus vielleicht – komme ich dort nach oben? Ich gehe darauf zu, drücke die Tür auf und kann nicht fassen, was ich da vor mir sehe. Ich stehe in einem Vorraum zum Treppenhaus – ein kleiner Gang zwischen zwei Feuerschutztüren. Direkt vor mir klafft eine Fensteröffnung, ein schwarzer Metallrahmen, jedoch ohne Glas, einfach ein offenes Loch in der Betonwand, ein schwarzes Plastiknetz davorgespannt – es sieht aus wie ein Katzenschutznetz für Balkone. An zwei Stellen ist das Netz lose und flattert im kalten Wind. Es ist geradezu eine Einladung für jeden Lebensmüden und darüber hinaus lebensgefährlich für Kinder, die hier leben oder zu Besuch sind. Man braucht keinen Schlüssel, um hierherzugelangen. Es gibt keine Sicherungen oder Absperrungen, das schwarze Netz könnte selbst ein Dreijähriger entfernen. Hätte ich es nicht selbst gesehen, ich würde es nicht glauben.

Ich hebe das Netz an und beuge mich nach draußen. Vielleicht wäre der Blick atemberaubend, wenn das Wetter gut wäre, vielleicht kann man bei Föhn sogar die Berge sehen, aber im Moment ist es einfach nur nebeligdüstergrau. Man sieht die Einfamilienhaussiedlung, die Straße, die ich entlanggelaufen bin, Gärten und Grünflächen, eine Schrebergartenanlage, Bahnschienen, Regenschleier, Wolkenfetzen.

Es erscheint mir jetzt doch hoch, viel höher, als es von unten wirkte – den Effekt kennt jeder, der schon mal vom Zehnmeterbrett ins Schwimmbecken springen wollte. Ich habe eigentlich keine Höhenangst. Ich beuge mich über jede Brüstung, egal wie hoch, klettere für Recherchen zu einem Artikel auf Kräne, robbe mich für spektakuläre Urlaubsfotos an Klippen, balanciere zum Spaß auf Brückengeländern. Doch dieses Mal ist alles anders. Ich versuche, mir vorzustellen, wie es ist, hier mit Selbstmordgedanken zu stehen. Wie Claus nach unten geblickt und sich überlegt hat, dass er bei einem Sprung wahrscheinlich auf das gläserne Vordach über der Haustür knallen würde. Oder auf die Fahrradständer daneben. Er hatte bestimmt gehofft, auf den gepflasterten Fußweg zu fallen. Hatte er Angst davor, schwer verletzt zu überleben? Querschnittsgelähmt im Rollstuhl? Für jeden eine albtraumhafte Vorstellung, für Claus, den Bewegungssüchtigen, den Sportfanatiker, wahrscheinlich ganz besonders.

Ich hole mein iPhone aus der Manteltasche und google »Wie viele Stockwerke« und »für Selbstmord«. Ich erinnere mich dunkel daran, dass ich das nicht zum ersten Mal mache. Ich habe das schon mal für mich selbst recherchiert, an das Suchergebnis kann ich mich aber nicht mehr erinnern. Wie damals öffnen sich sofort seitenweise Suizidforen, bereits im zweiten wird genau diese Frage diskutiert. »Bei sechs Stockwerken besteht eine zehnprozentige Überlebenschance«, lese ich, »um hundertprozentig sicherzugehen, muss man ein Gebäude mit mindestens zehn Stockwerken auswählen«. Diese Information finde ich in mehreren Foren, eines davon nennt sich *Gute Frage*. Ob Claus das auch gelesen hat? Hat auch er recherchiert, bevor er sich dieses Hochhaus aussuchte?

Ich beuge mich noch einmal nach draußen, spüre den Sog der Tiefe, mir wird schwindelig. Ich hebe mein linkes Bein, schwinge es über das Fensterbrett nach draußen, setze mich auf den Metallrahmen, dabei baumelt noch immer ein Bein nach innen. Ich blicke nach unten, zwölf Stockwerke liegen unter mir. Kein Vorsprung, kein Balkon, nichts würde den Fall nach unten bremsen. Man müsste sich nur richtig, also mit beiden Pobacken, auf das Fensterbrett setzen, mit den Beinen nach draußen natürlich, und sich dann abstoßen. Der in den Suizidforen empfohlene »todsichere« Sprung mit dem Kopf voran wäre so zwar nicht möglich, dafür müsste man sich auf das Fensterbrett stellen und dann eine Art Hechtsprung ins Nichts schaffen. Doch dazu hätte ich wahrscheinlich nicht mal den Mut, wenn ich komplett lebensüberdrüssig und völlig verzweifelt wäre.

Ich schwinge das zweite Bein nach draußen und sitze nun mit baumelnden Beinen über dem Abgrund, halte mich am Fensterrahmen so fest, dass die Knöchel hervortreten. Mein Herz klopft. Das hier ist gerade mehr als leichtsinnig.

Und schon wieder kommt mir ein Wäre-dies-ein-Horrorfilm-Gedanke. Wäre es einer, dann würden die bösen Mächte jetzt einen Windstoß schicken, der mich den Halt verlieren lässt. Im letzten Augenblick würde ich das Fensterbrett zu fassen bekommen, mich mit beiden Händen an den Metallrahmen klammern und langsam die Kraft verlieren, denke ich.

»Aber du würdest mich retten, Elke, nicht wahr?«, sage ich wieder leise.

Warum fühlt sich alles eigentlich immer so an, als wäre es ein Film und nicht mein stinknormales Leben? Habe ich immer noch nicht realisiert, dass das gerade wirklich passiert? Oder ist das einfach ein Schutzmechanismus meiner Psyche? Wahre ich auf diese Weise die nötige Distanz zu all den Ereignissen?

Ich höre, wie sich irgendwo eine Haustür öffnet, sehe hinter der Glastür einen Schatten vorbeihuschen – das erste Geräusch, die erste Bewegung seit einer halben Stunde. Vielleicht macht sich Batman auf den Weg zum Samstagseinkauf. Vielleicht ist es aber auch Batmans Freundin, die vor lauter Schreck gleich die Polizei ruft, wenn sie mich sieht und mich womöglich für eine Selbstmörderin kurz vor dem Absprung hält. Hastig klettere ich zurück und befestige das Plastiknetz wieder vor dem

Fenster. Mein Herz klopft immer noch, als ich in den Lift steige, um nach unten zu fahren. Ich treffe kaum den Erdgeschoss-Knopf, so sehr zittern meine Hände.

Als Claus von seinem Triathlon zurückkommt, erzähle ich ihm von meinem seltsamen, schrecklichen Ausflug – noch bevor ich ihn danach frage, wie es bei ihm gelaufen ist und ob er wieder mal einen der vorderen Plätze erreicht hat. Er sieht mich lange an.

»Warum machst du so etwas nur, Kristin?«

Ich zucke die Achseln.

»Ich weiß nicht genau.«

»Ach komm, das glaubst du doch selbst nicht.«

»Ich konnte mir das einfach nicht vorstellen – du willst dich nach der Tat umbringen, entscheidest dich für einen Sprung von einem Hochhaus – und das ausgerechnet in München, wo es kaum Hochhäuser gibt. Und dann findest du auch gleich eines. Du spazierst einfach so hinein …«

»So einfach war das alles natürlich nicht.«

»Wie war es dann?«

Claus holt Luft und setzt sich mir gegenüber auf meinen antiken Küchenstuhl, den er so unbequem findet.

»Ich hatte dir doch erzählt, dass ich die ganze Zeit über Selbstmord nachgedacht habe, schon kurz nach der Trennung habe ich damit angefangen. Erinnerst du dich?«

»Ja, natürlich.«

»Und wie du dir vorstellen kannst, habe ich nicht nur darüber nachgedacht, sondern recherchiert und alles genau geplant.«

Klar. Genau wie ich es damals auch gemacht habe. Und so, wie ich dich kenne, hast du es bis ins kleinste Detail ausgetüftelt, denke ich, sage aber nichts. Brauche ich auch nicht, denn Claus bestätigt mit seinen nächsten Sätzen meine Gedanken.

»Wie viele und vor allem welche Schlaftabletten braucht man für einen Selbstmord? Wie vergiftet man sich mit Autoabgasen«, fängt er an. »Wie schneidet man sich die Pulsadern so auf, dass man auch wirklich verblutet? Ab welcher Höhe ist ein Sprung garantiert tödlich? Wo wirft man sich am besten vor einen Zug? Welche ist die sicherste, welche eine möglichst schmerzfreie Methode?«, zählt er auf.

Er sieht mir in die Augen.

»Und so weiter und so fort.«

»Und dabei hast du dieses Hochhaus gefunden?«

»Ich habe im Internet nach Häusern gesucht, die aufgrund ihrer Höhe infrage kommen, und habe sie nach und nach abgeklappert. Habe überprüft, ob man überhaupt reinkommt und ob man aufs Dach rauskommt oder sonst irgendwo rauskann. Ich hatte genügend Zeit dafür, ich habe ja sonst nichts gemacht.«

»Und bei diesem ging es.«

»Du hast ja selbst gesehen, wie leicht es ist.«

Ich nicke langsam.

»Ja, das habe ich. Ich bin einfach rein und rauf. Ich hatte es mir viel schwieriger vorgestellt.«

»In welchem der drei Gebäude warst du?«

»Dem, das der Straße am nächsten liegt. War es das?«

Claus wartet ein paar Sekunden mit der Antwort.

»Ja. Genau das war es.«

»Habe ich mir irgendwie gedacht.«

»Musstest du bei jemandem klingeln?«

»Nein, die Haustür stand offen.«

»Echt? Ich habe damals geklingelt …«

»… und gesagt, du würdest Prospekte verteilen?«

»Nein, dafür war es zu spät. Ich habe irgendeinen Namen genannt, der auf dem Klingelschild stand, und was von ›Schlüssel stecken lassen‹ gesagt. Beim vierten Versuch hat's geklappt. Sind ja genügend Wohnungen.«

»Und dann?«

»… bin ich hoch, zu diesem offenen Fenster im Treppenhaus.«

»Vor dem Treppenhaus, nicht im Treppenhaus. Zwischen zwei Feuerschutztüren.«

»Na gut, dann also zu dem Fenster vor dem Treppenhaus. Auch wenn ich nicht weiß, warum das so wichtig ist.«

Es ist mir wichtig, weil mir solche winzigen Details zeigen, dass Claus die Wahrheit sagt. Dass ich ihm glauben kann. Warum versteht er das nicht? Doch ich sage nichts dazu.

»Und dann?«, frage ich.

Claus senkt den Kopf.

»Dann stand ich da und konnte es nicht. Konnte nicht. Konnte nicht. Ich hab's einfach nicht geschafft. Ich kam mir so unendlich feige vor. Ich habe mich so sehr gehasst.«

Ich lege meine Hand auf seine.

»Ich bin froh, dass du es nicht geschafft hast.«

Er erwidert nichts darauf, und ich kann ihm nicht ins Gesicht sehen. Was geht gerade in ihm vor? Es dauert lange, bis er den Kopf hebt.

»Danke, dass du das gesagt hast, Kristin.«

»Dafür musst du nicht dankbar sein. Das ist es, was ich fühle.«

Wir schweigen wieder.

»Wie ging es weiter? Bist du wieder nach unten gefahren?«, frage ich schließlich.

»Nein. Ich stand da am Fenster und habe Thorsten angerufen. Er und Anna lagen schon im Bett. Es war ja schon spät, halb zwölf oder so.«

»Wie hat Thorsten reagiert?«

»Ich weiß es nicht mehr genau. Vieles habe ich nur noch verschwommen im Kopf. Der Alkohol, das Adrenalin … Soweit ich mich erinnere, hat er es erst nicht geglaubt.«

»Was hast du genau zu ihm gesagt?«

»Na ja, was sollte ich sagen? Dass Elke tot ist. Dass ich sie umgebracht habe. Und dass ich jetzt auf diesem Hochhaus stehe und kurz davor bin, runterzuspringen …«

Ein Hilferuf also. Ich versuche, mir die Situation vorzustellen.

Das Handy klingelt. Ach, sagt Thorsten zu Anna, es ist Claus – was will der denn so spät noch? Die beiden liegen schon im Bett, haben vielleicht gerade das Licht ausgeschaltet, sich einen Gutenachtkuss gegeben. Höchste Zeit, zu schlafen, morgen steht wieder ein langer Tag bevor. Thorsten überlegt kurz, ob er überhaupt reagieren soll oder einfach abwarten, bis die Mailbox anspringt. Erinnert sich dann aber mit schlechtem Gewissen daran, wie unglücklich sein Freund im Moment ist. Nun geh schon ran, sagt Anna in seine Gedanken, vielleicht braucht er deine Hilfe. Thorsten seufzt, nimmt das Handy vom Nachttisch, sagt, hey, Alter, was ist denn los? Lauscht und lauscht und lauscht und kann doch nicht begreifen, was ihm der Anrufer, einer seiner besten Freunde, da erzählt.

Elke ist tot. Ich habe sie umgebracht. Jetzt bringe ich mich um. Ich springe von diesem Hochhaus. Alles ist aus.

Bei einem Grillabend haben mir Thorsten und Anna einmal von dieser Nacht erzählt. Die beiden gehören zu den wenigen aus Claus' einstmals großem Freundeskreis, die trotz allem zu ihm gehalten haben; nach seiner Verhaftung, die ganze Gerichtsverhandlung über, während der Zeit im Gefängnis und auch danach, bis heute. Sie haben ihm nach seinen Suizidversuchen in der Untersuchungshaft zugeredet, sein Leben nicht wegzuwerfen. Sie haben ihn mit ihrem neugeborenen Baby, der kleinen Marie, im Knast besucht; ihm Fotos von seinen Lieblingsplätzen in München, von seinen Lauf- und Fahrradstrecken und von den Bergen mitgebracht; haben mit ihm im Besucherraum Kuchen gegessen; haben ihn nach seiner Entlassung zu ihrer Hochzeit eingeladen und sich nicht um das Getuschel gekümmert. Heute spannen sie ihn wie selbstverständlich als Babysitter ihrer – inzwischen zwei – Kinder ein, nicht zuletzt deshalb, um ihm und allen anderen zu zeigen, dass sie ihm vertrauen, indem sie ihm das Wertvollste anvertrauen, was sie haben: Jannis und Marie. Claus liebt diese beiden Kinder abgöttisch und fürchtet sich vor dem Tag, an dem er ihnen von seiner Vergangenheit erzählen muss.

»Jannis war damals ja noch so winzig, er hat davon gar nichts mitbekommen«, erzählte er mir vor Kurzem. »Zumindest hoffe ich das. Zu Marie haben sie immer gesagt: ›Komm, wir besuchen jetzt den Onkel Claus in seinem großen Schloss mit den Wachen davor.‹ Das fand sie mit ihren drei, vier, fünf Jahren ganz spannend – so einen Onkel in einem Schloss. Aber irgendwann muss ich ihnen die Wahrheit sagen – ich mag gar nicht daran denken.«

Ich habe oft darüber nachgedacht, wie ich mich selbst verhielte, wenn jemand aus meinem engeren Freundeskreis einen Mord begehen würde. Seinen Partner oder seine Partnerin umbrächte, weil er oder sie die Trennung nicht verkraftet. Würde ich mich distanzieren oder denjenigen trotz allem unterstützen? Einen quasi Aussätzigen, Ausgestoßenen? Und zwar nicht nur ein paar Wochen oder Monate, sondern über Jahre hinweg? Ich weiß es nicht. Ich weiß es wirklich nicht. Aber ich bin Thorsten, Anna und den wenigen anderen Freunden sehr dankbar dafür, dass sie es getan haben. Ohne ihre Hilfe wäre Claus wahrscheinlich nicht mehr am Leben.

Als mir Thorsten und Anna von jener Nacht erzählten, in der Elke ihr Leben verlor, waren wir alle schon etwas angetrunken. Wir saßen um einen großen Holztisch, hinter uns glühten die letzten Reste der Grillkohle. Ein einsames Würstchen brutzelte auf dem Rost vor sich hin, wurde nach und nach selbst zu einem Stück Kohle, doch keiner schien es zu bemerken. Ich weiß nicht mehr, wie wir auf das Thema gekommen waren, gerade hatten wir uns noch über ihre Reise nach Südafrika unterhalten, die erst ein paar Wochen zurücklag. Es ist ein weiter Weg von den Pinguinen an den paradiesischen Stränden nahe Kapstadt zu jener Nacht im Münchner Spätherbst. Ohne den Wein, der uns allen längst zu Kopf gestiegen war, wäre es wohl nicht zu diesem Themenwechsel gekommen.

Er habe sich nur eine Jacke über den Schlafanzug geworfen, berichtete Thorsten, und sei mit dem Auto zu der Wohnung gerast, in der Elke seit der Trennung wohnte. Ihre neue Adresse habe er Claus irgendwie entlocken können, er hätte sonst keine Ahnung gehabt, wohin. Eigentlich sei er ja eher mit Claus als mit Elke befreundet gewesen, habe sie auch nach der Trennung der beiden aus den Augen verloren.

Gleichzeitig habe er versucht, Claus irgendwie davon abzuhalten, zu springen.

Was sagt man in so einem Moment? Ich kann es mir nur zusammenreimen.

Bitte warte noch, sie ist bestimmt nicht tot, das sah nur so aus wegen des Blutes, bestimmt geht es ihr gut, wahrscheinlich ist sie nur ohnmächtig, ich fahre hin und schaue nach, ich sag dir sofort Bescheid, bleib dran, leg nicht auf, sei vernünftig, denk an deine Mutter, das kannst du ihr nicht antun, mir nicht antun, es gibt eine Lösung, selbst jetzt noch, spring nicht, leg bloß nicht auf, wage es nicht aufzulegen …

Nachdem Thorsten die Adresse von Elkes Wohnung aus Claus herausbekommen hatte, alarmierte Anna den Notarzt und direkt danach Claus' engste Freunde, Frank und Sebastian. In einer Art Konferenzschaltung haben sie dann alle mit dem lebensmüden Claus gesprochen, auf ihn eingeredet, versucht, ihn zu beruhigen und herauszubekommen, wo genau er sich befindet.

Thorsten war inzwischen vor dem Mietshaus angekommen, in dem Elke wohnte. »Und da war dann klar, dass alles zu spät war. Dass sie wirklich tot war.« Mehr hat er dazu nicht gesagt, und ich wollte nicht nachbohren.

Ich weiß nicht, ob er Elke noch gesehen hat, ob er überhaupt in die Nähe der Wohnung gekommen ist – er hatte ja keinen Schlüssel; wie also hätte er die Türen öffnen sollen? Ich gehe davon aus, dass Polizei und Notarzt schon vor ihm da waren; dass die ganze Straße erhellt war von den Blinklichtern; dass es trotz der späten Stunde gewimmelt hat von Menschen – Polizei, Kripo, Spurensicherung, Notarzt, Sanitäter, Nachbarn, Neugierige. Eine Szene, die ihm sofort klargemacht hat, dass das Schlimmste passiert war, dass Claus nicht übertrieben, dass er die schreckliche Wahrheit gesagt hatte. Ich stelle mir vor, dass sich Thorsten sofort ausweisen, seinen Personalausweis vorzeigen, in der Schlafanzughose eine erste Befragung über sich ergehen lassen musste. Dass er sich vorkam wie in einem Fernsehkrimi. So wie ich auch immer das Gefühl habe, das alles passiere nicht wirklich, sondern sei nur ein besonders realistischer Film.

»Sie haben mir am Handy jedenfalls alle gesagt, dass Elke noch am Leben sei, um mich vom Springen abzuhalten. Selbst als sie längst wussten, dass es nicht stimmt«, erzählt mir Claus heute in meiner Wohnung am Küchentisch. Und sie haben ihm gesagt, dass er sich stellen muss, jetzt, gleich, sofort. Dass dies die einzige Möglichkeit sei. Dass sonst alles nur noch schlimmer werden würde.

Sie schafften es, Claus dazu zu bringen, nicht zu springen. Den Aufzug nach unten zu nehmen. Und sich zu stellen.

Claus fuhr zu der Polizeiwache, die ihm als erste in den Sinn kam – die ganz in der Nähe seiner Wohnung, gleich hier bei mir in Schwabing, ein paar Straßen weiter.

»Eine andere ist mir nicht eingefallen, da hätte ich erst mal recherchieren müssen, und dazu war ich nicht in der Lage. Mit Polizeidienststellen hatte ich bis dahin noch nie zu tun gehabt. Ich hätte dir nicht sagen können, wo man eine finden kann. Bis auf diese, aber die kannte ich auch nur, weil ich jeden Tag mit dem Auto daran vorbeigefahren bin auf dem Weg zur Arbeit.«

Genau wie ich selbst war Claus bisher erst zwei, drei Mal auf einer solchen Wache gewesen, um einen Diebstahl zu melden, das war Jahre her. Doch gerade die kleineren Polizeidienststellen ähneln sich alle, so wie sich auch Behörden überall in Deutschland irgendwie gleichen. Ich versuche, mir die Polizeiwachen in Erinnerung zu rufen, die ich bisher gesehen habe: Linoleumböden, gelblicher Ölfarbenanstrich an den Wänden, hinter einer Absperrung Holzschreibtische und Metallaktenschränke, viele noch aus den Sechzigern – einige der Möbel wären gerade total angesagt, wenn es sich um ein Szenecafé und nicht um eine Polizeiwache handeln würde. Überraschungsei-Figuren balancieren auf Computerbildschirmen; Grünpflanzen mit fleischigen Blättern wuchern auf Fensterbrettern; an einer Pinnwand hängen ein paar vergilbte Urlaubspostkarten; eine altmodische Kaffeemaschine, die noch nie von Latte macchiato gehört hat, gluckert vor sich hin; im Eingangsbereich kleben neben einer Holzbank zwei Fahndungsplakate.

»Wie hast du dich gefühlt, als du die Polizeiwache betreten hast?«

»Ich war mir bewusst, dass sich mit dem Betreten dieses Raums mein ganzes Leben mit einem Schlag ändern würde. Dass ich meine Freiheit verlieren würde. Ich wusste, wenn ich hier wieder hinausgehe, wird alles anders sein – auch wenn ich zu diesem Zeitpunkt dachte, dass Elke noch am Leben sei.«

»Hast du gezögert? Oder daran gedacht abzuhauen?«

»Nein, nicht eine Sekunde. Ich fühlte mich nicht nur schuldig, sondern auch wie ein Totalversager. Ich hatte meine Freundin schwer verletzt – das hoffte ich zumindest, meine Freunde hatten mir ja geschworen, Elke sei nicht tot; ich war zu feige gewesen, um Selbstmord zu begehen; meine Freundin wollte sich endgültig von mir trennen, und jetzt, nach meinem Gewaltausbruch, gab es nicht die kleinste Hoffnung mehr für mich, dass wir wieder zueinanderfinden könnten. Für mich war mein Leben zu Ende. Und ich wollte die Konsequenzen tragen.«

»Hast du wirklich geglaubt, dass Elke noch am Leben ist?«

Claus stützt beide Ellbogen auf die Tischkante und verbirgt sein Gesicht hinter seinen Händen.

»Nein«, sagt er schließlich. »Und ja.«

»Nein und ja? Das verstehe ich nicht.«

»Nein, weil ich wusste, was ich getan hatte, weil ich wusste, wie ich sie zurückgelassen habe; und ja, weil ich es mir so sehr gewünscht, weil ich es so sehr gehofft habe und weil ich es glauben wollte. Ich wollte an ein Wunder glauben.«

»Aber tief in dir drin wusstest du, dass es nicht stimmt. Dass sie dich angelogen haben, um dich von dem Hochhaus herunterzulocken.«

»Ich glaube schon.«

»Und dann?«

»Auch daran kann ich mich nur verschwommen erinnern. Ich weiß, wie unglaubwürdig das klingt, aber viele Erinnerungen sind – irgendwie neblig und verschwommen, manche unvollständig.«

Ich weiß, was Claus meint, und ich finde es nicht unglaubwürdig, denn ich kenne dieses Gefühl. Auch ich hatte und habe viele Erinnerungslücken in der schlimmen Phase nach der Trennung von Oliver, als ich meinen Selbstmord vorbereitete. An manchen Tagen fehlen mir Stunden, in denen ich nicht mehr weiß, was ich getan habe. Einmal fand ich mich an einem Wochenende im Zug, auf dem Weg zu Sonja und Hannes nach Hamburg, die mir ihre Hilfe angeboten hatten – und ich habe keine Ahnung mehr, wie ich in diesen ICE gekommen bin. *Dissoziative Amnesie* nennen Psychologen und Psychiater dieses Phänomen, das eine Reaktion auf extremen Stress und traumatische Erlebnisse ist. Darum glaube ich Claus' Beteuerungen, wenn er mir erzählt, er könne sich an vieles nur verschwommen erinnern. Und ich halte es nicht für eine Ausrede oder eine Lüge, wie es so häufig in den Medien passiert, wenn Täter behaupten, sich nicht mehr genau an ihr Verbrechen erinnern zu können. Ich jedoch weiß, dass Claus mich nicht anlügen wird – warum sollte er auch? Ich sitze nicht zu Gericht über ihn.

»Die auf der Polizeidienststelle wussten gleich, wovon ich spreche, wer ich bin«, erzählt Claus weiter. »Klar, in so einem Fall werden ja alle Dienststellen informiert. Ich wurde sofort festgenommen, bekam Handschellen angelegt. Die Polizisten waren ziemlich unfreundlich und grob.«

»Hast du dich gewehrt?«

»Kein bisschen, habe alles über mich ergehen lassen. Ich fand und finde, das hatte ich verdient. Das und noch viel mehr. Außerdem stand ich völlig neben mir.«

»Was haben sie mit dir gemacht?«

»Sie haben mich in eine Art Zelle eingesperrt. Dann kamen ziemlich bald Kripo-Beamte, die waren deutlich ruhiger und gelassener. Denen hat man angemerkt, dass so etwas zu ihrem Job gehört, dass sie mit so etwas öfter zu tun haben.«

»Und dann?«

»Haben sie mir sofort sämtliche Kleider abgenommen, um Spuren zu sichern. Sie haben mir so einen weißen Overall gegeben.«

»Overall?«, frage ich, obwohl ich genau weiß, wovon er spricht.

»Ich glaube, das sind spezielle Schutzanzüge der Kripo oder der Spurensicherung. Ich hatte da anderes im Kopf, als mich genauer mit diesen Anzügen auseinanderzusetzen.«

Ich denke an das Schwarz-Weiß-Foto in der Zeitung, das Claus in genau diesem weißen Anzug zeigt. Mir wird schlecht, und in meinem Ohr ertönt ein Summen. Ich räuspere mich, das Summen wird leiser.

»Haben sie dir erzählt, dass Elke tot ist?«

»Nach einer Weile. Sie haben mir ein paar Fragen gestellt und gemerkt, dass mich meine Freunde angelogen haben, um mich vom Selbstmord abzuhalten, und dann haben sie es mir gesagt. In dem Moment ist etwas in mir endgültig zerbrochen, obwohl ich es ja irgendwie tief in mir drin wusste.«

»Hast du geweint?«

»Ich weiß es nicht mehr. Das ist alles im Nebel verschwunden. Und wenn ich kurz klargesehen habe, fühlte es sich an, als wäre ich nicht in meinem Körper, sondern würde neben mir stehen und alles beobachten.«

Mord oder Totschlag?

Jetzt ist der Zeitpunkt gekommen. Jetzt muss ich ihn fragen, was in der Wohnung genau passiert ist. Jetzt.

Wenn ich es jetzt nicht schaffe, werde ich niemals fragen, werde mich immer weiterquälen, und irgendwann wird unsere Beziehung daran zerbrechen.

»Claus?«

»Ja?«

»Was ist in Elkes Wohnung geschehen?«

Claus sieht mir in die Augen.

»Das weißt du doch, das habe ich dir doch schon erzählt.«

»Ja, hast du. Aber das hat nicht gereicht. Es war zu wenig, um …«

Um es nachvollziehen zu können, um es irgendwie zu verstehen, wollte ich sagen. Doch sosehr ich mir das auch wünsche, weiß ich, dass mir das nie vollständig gelingen wird, darum spreche ich es nicht aus.

»Ich muss es einfach wissen. Es ist wichtig für mich. Für uns. Bitte.«

Claus stützt seinen Kopf in die Hand, blickt auf den Tisch und holt tief Luft.

»Anfangs lief alles gut, sehr gut sogar, viel besser, als

ich erwartet hatte. Wir haben uns gut verstanden, haben geredet, getrunken, gelacht, uns berührt, geküsst und – noch mehr.«

Er macht eine Pause, räuspert sich, und ich wage kaum zu atmen.

»Plötzlich hat sie mich zurückgestoßen, für mich kam das aus heiterem Himmel. Sie könne das einfach nicht mehr, hat sie gesagt. Wir fingen an zu streiten. Ein Wort ergab das andere. Sie warf mir Fehler aus der Zeit unserer Beziehung vor, und dass ich betrunken sei. Ich warf ihr vor, dass sie mich betrogen hatte. Wir waren beide sehr aufgeregt, sehr emotional. Irgendwann haben wir uns gegenseitig Beleidigungen an den Kopf geworfen.«

Eigentlich klingt das nach einem ganz normalen Streit, denke ich und frage:

»Habt ihr euch angeschrien?«

»Ja, wir haben uns auch angeschrien.«

Ich muss daran denken, wie sehr es Claus hasst, wenn ich beim Streiten laut werde und herumbrülle. Wie er immer versucht, mich dazu zu bringen, meine Stimme doch bitte um Himmels willen zu dämpfen, ruhig zu bleiben und die Sache auf vernünftige Art und Weise zu klären – was mich manchmal komplett aus der Haut fahren lässt.

»Ich will jetzt nicht vernünftig sein, verdammt«, habe ich schon mehrmals während einer Auseinandersetzung geschrien. »Lass mich gefälligst rumbrüllen. Was ist so furchtbar daran? Das tut keinem weh.« Doch jetzt, in diesem Moment, wird mir klar, warum es für Claus so schlimm ist und dass es ihm doch wehtut. In jedem unserer ziemlich emotionalen Streitgespräche durchzucken ihn wahrscheinlich Erinnerungen und Ängste. Erinnerungsblitze –

genauso, wie ich es auch selbst erlebt habe. Sein Wunsch, jeden Streit wie eine gesittete Fernsehdiskussion zu führen, ist nichts als der verzweifelte Versuch, stets die Kontrolle zu bewahren, sie nie, nie wieder zu verlieren.

»Und im Streit hast du nach der Kerze gegriffen und …«

Ich schaffe es nicht, den Satz zu vollenden.

»Nein. Wir haben irgendwann aufgehört, uns anzuschreien. Wir waren beide völlig fertig, haben uns geeinigt, uns sauber, vernünftig und erwachsen zu trennen. Dann hat keiner mehr was gesagt – es gab auch nichts mehr zu sagen. Ich war völlig außer mir und verzweifelt, habe aber versucht, mir nichts anmerken zu lassen. Alles war zu Ende – in dem Moment kamen die Suizidgedanken wieder hoch. Ich habe mich angezogen, meine Sachen gepackt, und sie war ins andere Zimmer gegangen. Ich stand auf, um die Wohnung zu verlassen, doch dann … Stattdessen habe ich diese Kerze genommen, bin in das Zimmer, in dem sie stand, und … Ich habe sie damit von hinten niedergeschlagen. Sie hat mich nicht kommen hören.«

Claus spricht nicht weiter. Ich höre, wie die Mieterin über mir, eine ältere Dame, den Staubsauger anschaltet. In der unteren Wohnung läuft das Radio. Im Hinterhof gurren Tauben. Wieso dringen diese Alltagsgeräusche nur so laut in mein Bewusstsein?

Ich verstehe jetzt, warum man Claus wegen »Heimtücke« verurteilt hat. Die Tat war nicht mitten im Streit passiert, als die Emotionen hochkochten und sie sich gegenseitig beschimpften. Elke war »arglos«, weil sie den Streit für beendet hielt und davon ausging, dass sie und Claus eine Lösung gefunden hätten und dass er gerade dabei war, die Wohnung zu verlassen. Zudem war sie »wehrlos«, weil sie ihm den Rücken zudrehte, als er zuschlug. »Arglos« und »wehrlos« – beides gehört zur Definition des Mordmerkmals »Heimtücke«. Eine Erklärung, die ich im Netz gefunden habe, lautet: »Heimtücke bedeutet, die Arg- und Wehrlosigkeit des Opfers in feindseliger Willensrichtung zur Tötung auszunutzen.«

Ich habe Angst weiterzufragen. Doch ich habe das Gefühl, dass es nun kein Zurück mehr gibt.

»Warum? Warum hast du das getan?«

»Alles, was ich dazu sagen könnte, klingt wie eine Ausrede oder eine Entschuldigung. Aber nichts kann das entschuldigen, was ich getan habe.«

»Claus, bitte. Warum?«

»Ich habe selbst keine wirkliche Erklärung dafür, Kristin. Der Richter nannte es im Prozess ›psychischen Ausnahmezustand‹. Diese Kombination aus Depression, Suizidgedanken, Verzweiflung, Alkohol ... Darum wurde ich als vermindert schuldfähig eingestuft. Doch all das ist keine Erklärung, keine richtige Antwort auf das Warum. Verstehst du, was ich sagen will?«

»Aber du hattest es nicht geplant.«

»Nein, hatte ich nicht, überhaupt nicht. Ich bin zu ihr gegangen in der Hoffnung, dass sie es sich anders überlegt hat und sich alles wieder einrenkt. Ich wertete es als gutes Zeichen, dass sie mich trotz des schönen, warmen Wetters in der Wohnung treffen wollte und nicht im Englischen Garten oder einem Café wie sonst.«

»Aber als dir dann klar wurde, dass genau das Gegenteil der Fall ist, dass es keine Hoffnung mehr gibt ...«

Anstatt meinen Satz zu vollenden sagt Claus: »Den Gedanken, erst sie und dann mich zu töten, zusammen mit ihr in den Tod zu gehen, hatte ich schon mal gedacht. Und ich hatte ihn auch in meinem Tagebuch niedergeschrieben. Ich hatte das nicht von langer Hand geplant. Ich dachte auch nicht daran, als ich die Wohnung betreten habe. Aber es war auch keine spontane Idee, über die ich vorher noch nie nachgedacht hatte.«

Der einmal gedachte böse Gedanke bringt einen der Untat näher, lässt etwas völlig Unmögliches plötzlich nicht mehr ganz so weit weg erscheinen. Ich glaube zu wissen, was Claus meint.

Und endlich traue ich mich, die Frage zu stellen, die mich am meisten umtreibt.

»Du hast sie nicht nur niedergeschlagen, du hast sie – auch noch – gewürgt. Warum?«

Claus senkt den Kopf.

»Ich möchte dir dazu ein Erlebnis erzählen, das ich im Knast hatte und das ich wohl nie mehr vergessen werde. Ich saß in der Gruppentherapie – das war für mich immer eine ziemlich harte Angelegenheit. Man sitzt da und muss sein Verbrechen schildern, vor allen anderen. Nicht nur der Psychologe, sondern jeder aus der Gruppe darf dazu Fragen stellen oder seine Meinung äußern.«

Ich weiß, dass solche Therapien hinter Gittern nicht ganz freiwillig sind. Natürlich kann niemand dazu gezwungen werden, sich in Gruppengesprächen zu entblößen, doch eine Verweigerung kann sich negativ auf Gutachten und Sozialprognosen auswirken. In so einem Fall darf man nicht mit Hafterleichterungen, der Erlaubnis zu studieren, wie Claus es getan hatte, oder gar mit einer früheren Entlassung rechnen.

Ich versuche, mir das vorzustellen.

Ein paar Monate zuvor war Claus noch ein vielversprechender Ph.-D.-Anwärter gewesen, der an seiner beruflichen und sportlichen Karriere gefeilt hatte; der glaubte, alles erreichen zu können, wenn er sich nur genug anstrengt; der überzeugt war, alles unter Kontrolle zu haben. Und nun saß er hinter vergitterten Fenstern in einem Stuhlkreis mit Kriminellen und Schwerverbrechern – war selbst einer von ihnen geworden, hatte ein schlimmeres Verbrechen verübt als die Gewohnheitskriminellen und Dauerdealer um ihn herum. Wie mag es sich anfühlen, in so einer Runde über die eigene Tat zu sprechen? Seine Schuld zu bekennen? Sich dazu Fragen von Menschen stellen zu lassen, mit denen er bis vor Kurzem kein Wort gewechselt hätte, die er verachtet hätte, weil sie schwere Straftaten begangen hatten?

»Dieses Sprechen über die Tat dauerte ewig. Du darfst nicht denken, dass so etwas in zwei, drei Stunden abgehandelt wird. Woche für Woche musste ich wieder davon erzählen. Neben mir war so ein Typ, ich glaube, er saß ein wegen mehrerer bewaffneter Raubüberfälle – ein richtig brutaler Kerl mit Narben übers ganze Gesicht, die er von irgendeiner Schlägerei hatte. Er war bekannt für seine Wutanfälle, da brauchte bloß bei einem Fußballspiel die falsche Mannschaft ein Tor zu kassieren, und schon flippte er aus. Der Hellste war er übrigens auch nicht gerade.

Und ausgerechnet dieser Typ stellte mir diese eine Frage, auf die ich einfach keine Antwort habe. Ich hatte gerade genau wie dir erzählt, was passiert war. Der Streit, die Kerze, das Würgen. Und darauf er: ›Ja, aber du hast sie doch schon niedergeschlagen. Warum hast du das denn auch noch gemacht?‹«

»Mit ›auch noch‹ meinte er das Würgen?«, frage ich.

Claus nickt.

»Und was hast du geantwortet?«

»Die Frage stelle ich mir auch immer wieder. Ich weiß es nicht. Alles, was ich sagen kann, ist, dass sie noch nicht tot war. Und ich sie nicht leiden sehen wollte.«

Er schwieg einen Moment.

»Es tut mir leid, Kristin. Eine andere Antwort darauf habe ich nicht.«

Nur wenige Tage vor diesem Gespräch mit Claus war ich über einen Artikel im *SPIEGEL* gestolpert, in dem von einem verzweifelten Familienvater aus Niedersachsen die Rede war, der seine vier kleinen Kinder tötete, weil er die Trennung von seiner Frau nicht verkraftet hatte. Auch in diesem Fall suchten alle händeringend nach Erklärungen: Wie konnte aus diesem Bilderbuchpapa nur ein Vierfachmörder werden? Wie konnte es zu dieser monströsen Tat kommen? Folgende Antwort fand ich in dem Text:

»*Raptus* heißt dieses Phänomen in der Sprache der Psychiater: Es ist, erklärt (der Psychiater und Gutachter Johannes) Pallenberg, als würde im Gehirn ein Schalter umgelegt. Eben überlegt er noch, wo er hinziehen könnte. Dann setzen überfallartig Suizidgedanken ein, das Bewusstsein verengt sich wie ein Tunnel, fernab der Realität.« Und durch diesen Tunnel schritt der Vater zur Tat.

Im Buch von Mordermittler Wilfling habe ich natürlich auch gesucht und bin auf diese Erklärung gestoßen:

»Bei allen Beziehungstaten gibt es, ohne Ausnahme, ein auslösendes Ereignis. Meist ist es leicht zu erkennen, weil es sich dabei um rein objektive Geschehnisse handelt, die sich im Leben des Täters oder des Opfers zugetragen haben. (…) Mordgedanken entstehen und entwickeln sich bei geistig gesunden Menschen immer auf realem Nährboden und sind im Grunde genommen nichts anderes als ein Unheil, das sich mehr oder weniger lange zusammenbraut, immer bedrohlicher wird und sich schließlich mit aller Wucht entlädt.«

Die unerwartete Trennung, der Liebeskummer, die Einsamkeit während der Doktorarbeit, der Alkohol, die Therapiesitzungen mit der schlechten Therapeutin, Elkes unentschlossenes Verhalten, der Nebenbuhler, die Selbstmordgedanken – *das Unheil,* das sich zusammenbraut.

Der letzte Streit in Elkes Wohnung, die zerstörte Hoffnung – *das auslösende Ereignis.*

Eben dachte Claus noch daran, zu gehen, sich »erwachsen« und »vernünftig« zu trennen, doch dann setzen überfallartig Suizid- und Tötungsgedanken ein, als ob ein Schalter umgelegt wurde – *der Raptus.*

Ist sie das? Die Erklärung, die ich suche?

Ich erzähle Claus von all den Artikeln und dem Buch, lege ihm meine Analyse vor, schildere ihm meinen Erklärungsversuch.

Claus lässt sich Zeit mit seiner Antwort.

»Weißt du, Kristin«, sagt er schließlich, »ich bin immer fest davon ausgegangen, dass mir die vielen Jahre der Therapie im Knast und danach dabei helfen würden, genau diese Fragen zu beantworten: Wie konnte es so weit kommen und warum? Ich meine, darum macht man das doch, um sich und seine Handlungen besser zu verstehen. Und ja, was du da schilderst und herausgefunden hast, klingt alles sehr plausibel. Es ist nicht neu für mich, all das habe ich natürlich auch schon so oder zumindest so ähnlich gehört. Aber ist das wirklich eine Antwort, die dich zufriedenstellt?«

»Ich weiß es nicht«, sage ich und hebe die Schultern.

»Die Wahrheit ist: Ich werde es nie wirklich erklären und verstehen können, und inzwischen will ich es auch gar nicht mehr. Jeder Erklärungsversuch ist auch immer ein Versuch, ein wenig Schuld und Verantwortung abzuladen – oder zumindest zu relativieren. Das ist verführerisch. Aber das werde ich nicht tun. Es gibt keine wirkliche Erklärung für das, was ich getan habe. Und keine Entschuldigung. Ich bin schuld. Es ist unverzeihlich. Punkt.«

Indem man versucht, sein Verhalten zu begründen und zu erklären, schwächt man Schuld ab, die man auf sich geladen hat – auch in diesem Punkt kann ich nachvollziehen, was Claus sagen will. Aber es geht hier um mich – ich bin es, die sich nach einer Erklärung sehnt, um irgendwie damit umgehen zu können. Die sich an psychologische Fachbegriffe und Phänomene klammert, um irgendwo Halt zu finden. Vielleicht ist das egoistisch, vielleicht muss ich lernen, ohne eine Erklärung damit zu leben. Es muss sich zeigen, ob ich das kann.

Die Gerichtsverhandlung und die Folgen

»Mörder vernichten nicht nur ihre Opfer; sie zerstören immer auch Familien – die des Opfers und die eigene. Ich kenne keinen Mörder, der bedacht hat, dass er auch die Seinen zum Opfer macht.« (Josef Wilfling, Mordermittler).

Menschen begehen ein Kapitalverbrechen, werden verhaftet, vor Gericht gestellt, wandern dann hinter Gitter und bleiben dort jahrzehntelang. Diese Themen werden in unzähligen Büchern, Filmen und Dokumentationen aufgegriffen, mal als fiktiver Krimi, mal als Tatsachenbericht, und das seit Anbeginn der Menschheit. Verbrechen, insbesondere Kapitalverbrechen, haben Menschen schon immer fasziniert, brutale Gewalt ist – wie große Liebe – allgegenwärtig in den Mythen der Menschheitsgeschichte. Angeblich ist es nicht die Lust am Leid und an der Untat, auch nicht Sensationsgier, was die Faszination daran ausmacht; der Leser oder Zuschauer genießt nicht etwa die schreckliche Tat selbst, sondern vielmehr den Triumph über das Böse und die nach der Sühne des Täters wiederhergestellte Ordnung – behaupten zumindest einige Forscher.

Was in all diesen Geschichten jedoch fast nie erzählt

wird, ist, wie es weitergeht, nachdem der Täter gefunden, verhaftet und verhört wurde. In den meisten Fällen endet die Geschichte mit dem Geständnis des Täters, bei dem dann auch alle bisher offenen Fragen geklärt und alle fehlenden Puzzleteilchen zusammengefügt werden. Manchmal spielt der Prozess noch eine Rolle, aber spätestens danach erscheint *Ende* auf dem Bildschirm – oder man ist im Buch auf der letzten Seite angelangt.

Auch ich hatte mir noch nie allzu viele Gedanken darüber gemacht, was genau eigentlich danach passiert – bis jetzt. Denn draußen ging das Leben natürlich weiter, auch wenn das Elkes Familie ebenso wie Claus' Angehörige sicher kaum fassen konnten; aus ihrer Sicht hätte sich die Erde wahrscheinlich nicht weiterdrehen dürfen, als sei nichts geschehen.

Und nicht nur die unmittelbaren Angehörigen waren betroffen, sondern auch der gesamte Freundeskreis von Claus und Elke. Noch in der Mordnacht, oder vielmehr in den frühen Morgenstunden des nächsten Tages, trafen sich Claus' Freunde bei Thorsten und Anna. Sie diskutierten, was jetzt zu tun sei, wie man Claus' Mutter, aber auch Claus selbst unterstützen könnte. So besprachen sie zum Beispiel, ob einer von ihnen einen erfahrenen Strafrechtsanwalt kennt, der den Fall übernehmen könnte.

Bei dieser Zusammenkunft ging es jedoch in Wirklichkeit um weit mehr als das. Es ging um die Frage, ob man jemandem zur Seite stehen kann und will, der einen Mord begangen hatte. Alle Anwesenden hatten natürlich auch Elke gekannt und waren mit ihr mehr oder weniger eng befreundet, schließlich waren Claus und Elke elf Jahre lang ein Paar gewesen.

Ich versuche, mir vorzustellen, wie es wohl ist, um zwei, drei Uhr morgens einen Anruf entgegenzunehmen und zu erfahren, dass ein guter Freund, den man schon seit Jahren oder womöglich Jahrzehnten kennt, vielleicht noch aus der Schule, mit dem man sich in der Firma ein Büro teilt oder einmal pro Woche zum Laufen und Feiern geht, dass also dieser Kumpel soeben seine Exfreundin getötet hat. Erschlagen und erwürgt.

Was würden meine Freunde und Freundinnen tun? Wenn ich gemordet hätte? Würde sich Christiane, die sich nicht vorstellen kann, selbst einen Mord zu begehen, entsetzt von mir abwenden? Würde sie mir verbieten, mein Patenkind Leon jemals wiederzusehen? Würden Hannah und Sonja feststellen, dass es unmöglich ist, weiter mit einer Mörderin befreundet zu sein, wenn man selbst betroffen ist, weil man das Opfer sehr gut gekannt hat? Würde sich Hannah die Todesstrafe wünschen, weil ich jemanden getötet hatte, den sie sehr gern gehabt hat? Und würde Olaf feststellen, dass er doch nicht so tolerant ist, wie er jetzt denkt?

Wie würde ich selbst reagieren? Wenn Hannah ihren geliebten Jan hinterrücks erschlagen, wenn Sonja ihrem Hannes Gift ins Müsli gemischt oder Christiane ihrem Martin ein Messer in den Rücken gerammt hätte? Weil sie es nicht ertragen konnten, betrogen und verlassen zu werden? Sosehr ich mich auch bemühe, meine Fantasie reicht nicht aus, um mir das vorzustellen. Vielleicht liegt das auch daran, dass Morde in der Regel von männlichen Tätern verübt werden.

Je länger ich darüber nachdenke, desto sicherer bin ich mir dann allerdings, dass ich in der ersten Zeit versuchen würde, beiden Seiten zu helfen – dem Täter und dessen Angehörigen genauso wie den Hinterbliebenen des Opfers. Ich bin mir allerdings nicht sicher, wie lange ich das durchhalten könnte und ob ich nicht irgendwann angesichts des unfassbar großen Leids auf beiden Seiten das Weite suchen würde, um mich selbst zu schützen. Um nicht hineingezogen zu werden in diesen Strudel aus Trauer, Verzweiflung, Schuld, Wut, Hass, Rache und Verlust.

Bei dem Treffen in der Mordnacht verließen viele schon nach Kurzem Thorsten und Annas Wohnung und wollten nie wieder etwas mit Claus zu tun haben. Über die Jahre sind Claus aus seinem einstmals großen Freundeskreis nicht viele geblieben – aber doch mehr, als zu erwarten war. »Etwas, wofür ich nur dankbar sein kann – ich werde nie in der Lage sein, mich wirklich dafür zu revanchieren«, wie er häufig sagt, »aber auch den anderen kann man es nicht verdenken. Ich weiß nicht, wie ich selbst reagiert hätte.«

Während seine Freunde darüber berieten, ob und wie man Claus unterstützen solle, während Elkes Eltern von der Kripo darüber informiert wurden, dass ihre Tochter tot ist, während Claus' Mutter von seinen Freunden erfuhr, dass ihr Sohn seine Jugendliebe getötet hatte, während also draußen für viele Menschen die Welt zusammenbrach – und sich trotzdem weiterdrehte –, kam Claus von der Zelle auf der Polizeiwache in Schwabing in Untersuchungshaft, in die Haftanstalt Stadelheim. Die Münchner haben diesem Gefängnis schon vor Jahrzehnten den Spitznamen »St. Adelheim« gegeben, es gehört zu den größten und ältesten Justizvollzugsanstalten Deutschlands und liegt bezeichnenderweise direkt neben einem großen Friedhof. Claus war im Auto ab und zu an dem Gebäudekomplex vorbeigefahren, jedoch ohne das Gefängnis wahrzunehmen. »Ich hatte den Namen natürlich schon oft gehört«, erzählte er mir, »hatte aber keine Ahnung, wo Stadelheim genau liegt. Hat mich, ehrlich gesagt, auch nie interessiert. Das war für mich irgendwo in einer anderen Welt, und ich hätte nie gedacht, dass es mal meine werden würde.«

Einige Zeit nachdem ich mit Claus zum ersten Mal über seine Zeit in der U-Haft gesprochen habe, passierte das, was mir in letzter Zeit immer passiert: Im Fernsehen lief ein Beitrag dazu. Als er angekündigt wurde, hechtete ich von der Couch zum DVD-Rekorder und schaffte es, ihn aufzunehmen – nur die ersten dreißig Sekunden fehlten. *Verhaftet – und dann?* lautete der Titel des etwa zwanzigminütigen Films; gedreht war er – wie könnte es anders sein – in der Haftanstalt Stadelheim.

Es schien wirklich so, als würde mich diese Thematik immer und überall verfolgen. Es war keine Reportage über einen echten Straftäter, vielmehr durchlief ein Reporter die Aufnahmeprozedur, also alle Stationen, die ein Krimineller auch in Wirklichkeit hinter sich bringen musste, wenn er in U-Haft kam. Alles in diesem Film wirkte ein wenig, als wäre ich in die *Sendung mit der Maus* geraten, unter anderen Umständen hätte ich über vieles geschmunzelt. Doch nach Schmunzeln war mir nicht zumute, ich sah in dem Reporter Claus bei seiner Einlieferung.

Zuerst brachte man den Pseudostraftäter in die »Kleiderkammer«, wo er sämtliche Besitztümer abgeben musste, vom Handy über Bargeld bis hin zum Foto seiner Freundin – »denn auch da könnten Drogen draufgeträufelt sein«, wie der bärtige Vollzugsbeamte uns Zuschauern erklärte. Er hielt jedes einzelne Stück schriftlich fest und benutzte dafür allen Ernstes eine uralte Schreibmaschine. Das Bargeld werde auf ein spezielles Knastkonto überwiesen, auf dem auch der Lohn angespart werden würde, den der Häftling bei seiner Arbeit hinter Gittern verdiene, erklärte man dem Reporter. In U-Haft sei das Arbeiten allerdings noch freiwillig, erst nach einer Verurteilung bestehe Arbeitspflicht. Danach wurde der zukünftige U-Häftling unter die Dusche geschickt – zwangsweise. Man wies ihn darauf hin, dass er in der Untersuchungshaft zwar das Recht habe, täglich zu duschen, nicht aber am Wochenende, das heute, an einem Freitag, kurz bevorstehe. Wahrscheinlich liegt das daran, dass am Wochenende nicht genügend Vollzugsbeamte arbeiten, um alle Häftlinge beim Duschen zu überwachen, dachte ich bei mir. Nach einer für die Zuschauer nicht gezeigten Leibesvisitation, bei der »jede meiner Körperöffnungen genau geprüft wurde«, wie der Reporter betonte, musste sich der Neuzugang die Stadelheimer Knastkleidung anziehen, ein blaues Hemd und eine dunkelblaue Hose ohne Gürtel, die Schuhe ohne Schnürsenkel – um das Selbstmordrisiko zu minimieren. Die typische gestreifte Gefängniskluft, die im Fasching immer noch sehr beliebt sei, gebe es in Deutschland schon seit dem Zweiten Weltkrieg nicht mehr, erklärte ein unsichtbarer Sprecher, während sich der Reporter ankleidete. Nach dieser Aufnahmeprozedur war der Neuzugang »zellenfertig« und bekam einen »Überlebenskorb« ausgehändigt, also einen Wäschekorb mit Bettwäsche, Handtüchern, Klopapier und den wichtigsten Kosmetika. In der ziemlich großen Zelle mit insgesamt drei Betten angekommen, jammerte der Fernsehreporter über die dünne Matratze aus abwaschbarem Kunststoff und den fehlenden Lattenrost, die Matratze liege einfach auf einer Sperrholzplatte, aus dem Wasserhahn komme nur kaltes Wasser. Ablenkungsmöglichkeiten gab es nicht, der Reporter hätte sich aber einen Fernseher mieten können. Doch er entschied sich fürs Briefeschreiben oder stellte sich ans Gitterfenster, um den anderen Häftlingen zuzuhören, die sich über den Hof Botschaften aus den geöffneten, aber vergitterten Fenstern zubrüllten.

Leibesvisitation, zellenfertig, Überlebenskorb, Arbeitspflicht, Knastkonto – lauter neue, grässliche Wörter.

»War es so?«, frage ich Claus, als ich ihn ein paar Tage später in seinem winzigen Apartment besuche; die DVD habe ich extra mitgebracht, um sie ihm vorzuspielen. Wir sehen uns den Beitrag an, sitzen nebeneinander auf der Couch, berühren uns aber nicht.

»Ja«, sagt er, »ziemlich genau so. Nur dass ich in der Zelle nicht allein war. Und dass mir meine Zelle damals viel zu luxuriös erschien. Ich wünschte mir ein dunkles, feuchtes, schmutziges Kellerverlies, in dem ich verrecken könnte.«

Claus steht mit dieser Einschätzung, die Zellen für Untersuchungshäftlinge seien »zu luxuriös« ziemlich allein da. Die Bedingungen in der Untersuchungshaft gelten deutschlandweit als hart, in Stadelheim ganz besonders. Im Netz habe ich den Blog eines ehemaligen Häftlings gefunden, der sich bitter darüber beklagt hat. Besonders schlimm empfand er die Enge der Zellen, in denen man als U-Häftling dreiundzwanzig Stunden am Tag zusammen mit einem zweiten Inhaftierten eingesperrt ist: Nur vier Quadratmeter bleiben jedem, die Toilette sei nur unzureichend durch eine Sperrholzwand abgetrennt, die lediglich Sichtschutz biete. Wenn man die Zelle dann noch mit einem Raucher teile, sitze man den ganzen Tag in einem unerträglichen Gestank aus Schweiß, Rauch und Fäkalien.

»Viele Gefangene reagieren apathisch mit ständigem Hinundhergehen, ähnlich wie es bei eingesperrten Tieren im Zoo zu beobachten ist.«

Die einzige Lichtquelle sei eine Leuchtstoffröhre an der Decke, die man nur vom Gang aus bedienen könne. Tagsüber werde das Licht ausgeschaltet, obwohl viele Zellen gerade im Winter dafür eigentlich zu dunkel seien. Die Heizung werde stets nur kurz eingeschaltet, und weil viele Fenster defekt seien und sich nicht komplett schließen ließen, sei es oft bitterkalt. Das Essen sei schlecht und entspreche in keiner Weise dem, was aus ernährungswissenschaftlicher Sicht als gesund anzusehen sei; so gebe es zum Frühstück zwei Scheiben Weißbrot, Margarine, Marmelade oder ein Stück Wurst und wässrigen Tee, mittags meist Eintöpfe mit Kartoffeln. In diesem Punkt widersprach der Blogger dem, was der Reporter des Fernsehbeitrags über das Essen gesagt hatte – der fand die Knastkost in Stadelheim nämlich ausgesprochen lecker und war positiv überrascht. Aber man hatte ihn ja auch allein in eine relativ moderne und sehr große Zelle gesteckt, die keineswegs dem Normalstandard entsprach; vielleicht hatte man ihm auch besseres Essen serviert als den übrigen Gefangenen. Der »echte« Stadelheimer Häftling beklagte weiter, dass es in den meisten Zellen keinen Strom gebe und elektrische Geräte wie Radio oder Fernseher – die einzige Ablenkungsmöglichkeit – mit teuren Batterien betrieben werden müssten, nur einmal pro Woche werde ein Film in Gemeinschaftraum gezeigt. TV- oder Radiogeräte müssen auf eigene Kosten gemietet oder gekauft werden – bei zwei von der Gefängnisleitung zugelassenen Händlern. Tageszeitungen seien – ebenso wie »bessere« Lebensmittel, Schreibpapier und vor allem Kosmetika – bei einem »überteuerten Monopolhändler« zu erwerben, denn vom Gefängnis werde nur ein Stück Seife, Zahnpasta und eine Zahnbürste umsonst zur Verfügung gestellt; Haarshampoo, Deo oder Rasiercreme gebe es nicht. Zu dem TV-Reporter hatte man zwar gesagt, er dürfe täglich duschen, der Blogger widerspricht dem jedoch in aller Deutlichkeit: »Duschen ist unter teilweise chaotischem Gedränge nur zwei Mal pro Woche möglich, die Hygiene ist dementsprechend. Viele bekommen Hautausschläge etc., beim Arzt wird das dann als psychosomatisch eingestuft.«

Ich erzähle Claus von dem Blog und frage ihn nach seiner Meinung.

»Na ja, Knackis jammern gern, das ist für viele die Hauptbeschäftigung hinter Gittern. Manches stimmt, manches habe ich anders in Erinnerung. So wurden einem zum Beispiel sehr wohl Shampoo, Rasiercreme und ein Rasierer ausgehändigt. Ich glaube, es gab sogar einen

Rasierpinsel. Natürlich glich das Shampoo eher einem Industriereeiniger, aber hey – es ist ein Gefängnis. Ich hatte es mir schlimmer vorgestellt. Und zu den anderen habe ich immer gesagt: ›Wir haben es uns alle selbst zuzuschreiben, dass wir hier drinsitzen. Keiner von uns müsste hier sein.‹«

Ich lege meine Hand auf seinen Oberschenkel.

»Damit hast du dich bestimmt sehr beliebt gemacht.«

»Das war mir so was von egal. Ich wollte nur sterben und hasste mich so sehr dafür, dass ich nicht gesprungen war, als ich die Gelegenheit dazu hatte. Ich wünschte mir die Todesstrafe für mich selbst.«

Noch heute quält Claus der Gedanke, dass es für alle vielleicht besser gewesen wäre, wenn er sich das Leben genommen hätte, wenn er also vom Hochhaus gesprungen wäre.

»Ich bin mir nicht immer sicher, ob ich meinen Freunden dankbar dafür sein soll, dass sie mich davon abgehalten haben.«

Sein Tod, so meint er, hätte vielleicht den Teufelskreis aus Schuld, Trauer, Hass und Rache durchbrochen und es für alle leichter gemacht, mit dem Mord an Elke fertigzuwerden.

»Dieser Gedanke *Wäre er doch bloß gesprungen* ist bestimmt auch schon meinen Freunden durch den Kopf geschossen«, sagte er einmal zu mir. »Und das sicherlich mehr als einmal.«

»Aber was hättest du deiner Mutter angetan – hast du dir das nicht überlegt?«

»Doch, natürlich habe ich das.«

»Und bist du denn nicht glücklich, nicht gesprungen

zu sein? Jetzt, im Nachhinein? Bist du denn nicht froh, am Leben zu sein?«, habe ich ihn gefragt.

Seine Antwort hat mich schockiert – und auch verletzt, auch wenn ich ihm das nicht gesagt habe. Wenn ich ehrlich bin, hatte ich eine romantische Liebeserklärung erwartet, so etwas wie *Natürlich bin ich froh und glücklich darüber, denn sonst hätten wir beide uns nie kennengelernt.* Stattdessen sagte er:

»Das kann ich jetzt noch nicht sagen.«

»Wie meinst du das?«

»Ob ich es wirklich verdient habe, eine zweite Chance zu bekommen, werde ich wohl erst in vierzig Jahren oder so sagen können.«

Ich stelle mir Claus auf dem unbequemen Zellenbett liegend vor, wie ich es in dem Fernsehbeitrag gesehen habe. Wie er morgens aufwacht – mit etwas Glück hat er ein, zwei Stunden geschlafen – und in den ersten Sekunden, direkt nachdem er die Augen aufgeschlagen hat, ist seine Welt noch in Ordnung; er weiß nicht einmal genau, wo er sich befindet, geschweige denn was passiert ist. Eine Art morgendliche Sekundenamnesie. Ich kenne das auch, viele Menschen haben so etwas erlebt. Sie tritt meist nach schlimmen, traurigen Erlebnissen auf. Nach wenigen, noch unbeschwerten Atemzügen fällt einem auf einen Schlag alles wieder ein. Es kommt mit einer Wucht, als würde ein Felsbrocken den Brustkorb zerschmettern. Man krümmt sich zusammen, wenn man Glück hat, kann man zumindest losheulen. Und das Tag für Tag für Tag; bei mir dauerte es fast ein Jahr, bis es aufhörte. Doch anders als ich in meiner Trennungsschmerzphase konnte

Claus kein Mitleid oder Mitgefühl erwarten – nur Anklagen, Hass und Selbstvorwürfe. Anders als ich konnte er nicht davon ausgehen und hoffen, dass der Schmerz irgendwann nachlassen, dass das Leben irgendwann wieder in halbwegs normalen Bahnen verlaufen würde. Er hatte ein Leben ausgelöscht, das war nicht rückgängig zu machen. Nein, ich weiß nicht annähernd, wie sich Claus gefühlt hat, genauso wenig wie ich die unendliche Trauer von Elkes Eltern und Geschwistern oder den tiefen Schmerz von Leni nachempfinden kann. Ich kann ihr Leid höchstens ansatzweise erahnen.

Claus unternahm in der Untersuchungshaft mehrere Selbstmordversuche; er versuchte, sich mit dem Bettlaken zu erhängen, doch er stand unter Dauerbeobachtung und konnte jedes Mal davon abgehalten werden. So traurig das auch klingt – Claus war keine Ausnahme, kein Sonderfall. Zu Selbsttötungen kommt es in Haftanstalten vier bis sechs Mal häufiger als in Freiheit, in der U-Haft ist die Rate angeblich sogar zehn Mal höher. Suizide sind in Deutschland die häufigste Todesursache in Gefängnissen, besonders hoch ist die Gefahr zu Beginn der Haft. Selbst Rückfalltäter, so las ich in einem Artikel im Internet, treffe die Verhaftung und die ersten Tage hinter Gittern »wie die elementare Wucht einer Naturkatastrophe«. Von »Statusverlust«, »Rollenverlust«, »Verlust der Sinn gebenden Arbeit« einer »Entpersönlichung« und der »Entfremdung zur Außenwelt« war da die Rede. Aus »Senior-Unternehmensberater«, »Spitzentriathlet«, »Frauentyp«, »Beziehungsmensch« war »Gefangener H.« geworden – so lautet die übliche Anrede im Gefängnis. Was für eine Metamorphose innerhalb weniger Stunden.

Ich empfinde Mitleid mit Claus – und überlege gleichzeitig, ob das richtig ist. Darf ich Mitleid mit ihm haben, wenn ich ihn mir in dieser albtraumhaften Situation vorstelle? Er hat sich selbst in diese Lage gebracht. Er hat jemanden getötet, ein Kapitalverbrechen begangen; er hat den Hinterbliebenen ungeheuren Schmerz zugefügt; er hat nicht nur ein Leben zerstört, sondern viele – und trotzdem bedauere ich ihn. Muss ich mich dafür schämen, dass ich so empfinde?

»Ich bin oft gefragt worden, ob es Mörder gegeben hat, die ich verstehen konnte oder die mir gar sympathisch waren. Ja, es gab sie. Mord ist nicht gleich Mord und Mörder(in) ist nicht gleich Mörder(in)«, lese ich dazu bei Mordermittler Wilfling und fühle mich etwas weniger verunsichert.

Was in den Geschichten über Mord und Totschlag, Verhaftung, Verhör und Verurteilung auch nie erzählt wird, ist, dass das Alltagsleben draußen keine Rücksicht auf die Dramen nimmt, die sich für Opfer, Hinterbliebene und Täter abspielen. Auf den ersten Blick banaler, unwichtiger Kleinkram, der aber doch erledigt werden muss.

Die Lebensmittel in Claus' und früher auch Elkes Kühlschrank überschritten langsam, aber sicher das Verfallsdatum; die Pflanzen in seiner Wohnung welkten vor sich hin; der Vermieter buchte wie jeden Monat die Miete ab, ebenso wie das Fitnessstudio und die Versicherungen die monatlichen Beiträge; Telefon, Handy, Internetanschluss, Strom, Heizung, Zeitungsabos, GEZ-Gebühren – alles lief weiter. In der kleinen Straße direkt vor seiner Wohnung parkte das Auto und wurde von den gerade blühenden

Linden mit einer klebrigen Schicht überzogen. Am Kühlschrank hielt ein Magnet in Herzform ein Flugticket fest, denn Claus hatte geplant, zu einem Triathlon-Trainingslager nach Lanzarote zu fliegen, eine weitere Maßnahme, um sich vom Trennungsschmerz abzulenken – und für mich ein Hinweis darauf, dass er den Mord an Elke wirklich nicht geplant hatte. Für Tatorte gibt es Tatortreiniger, die nach einem Tötungsdelikt die Drecksarbeit übernehmen und eine Wohnung, in der ein Mord stattgefunden hat, wieder in einen halbwegs normalen Zustand bringen. Doch die Abwicklung des Lebens von Täter und Opfer müssen Familie und Freunde übernehmen. Claus selbst konnte sehr wenig dazu beitragen; ihm blieb nur die Organisation mit der Hilfe seines Anwalts vom Gefängnis aus – seine Hauptarbeit bestand darin, To-do-Listen zu schreiben und Vollmachten auszustellen.

Ich hatte mir vorher noch nie Gedanken darüber gemacht, dass ein Mordverdächtiger logischerweise nicht einfach nach Hause spazieren und alles regeln kann, bevor er in den Knast wandert, auch wenn das natürlich auf der Hand liegt. Wenn jemand verhaftet wird und für längere Zeit ins Gefängnis kommt, hat das ähnliche Folgen wie ein Todesfall – irgendjemand muss sich um seine Hinterlassenschaften kümmern. Nur dass der, dessen Leben aufgelöst wird, noch sehr lebendig ist.

Leni und Claus' verbliebene Freunde mussten das Auto verkaufen, Versicherungen, Mitgliedschaften und schließlich die Wohnung kündigen und leer räumen, Wände streichen oder streichen lassen, Nachmieter finden, alles zusammenpacken und einlagern lassen – so eine Einlagerung kostet zwischen zweihundertfünfzig und dreihundert Euro monatlich, dafür musste Claus natürlich selbst aufkommen, die gesamte Haftzeit hindurch. Die Flugkosten für die geplante Reise nach Lanzarote bekam er übrigens nicht zurückerstattet, trotz einer Reiserücktrittsversicherung – die muss bei Haft nämlich nicht zahlen. Auch etwas, das ich erst durch diesen Fernsehbeitrag erfahren habe.

Manchmal, wenn ich an meinem Küchenfenster stehe, versuche ich mir vorzustellen, wie sie dort drüben die Wohnung auflösten; wie sie alles in Umzugskartons packten und dabei die Kleider und Gegenstände, die Elke zurückgelassen hatte, aussortierten. Hat jemand diese Kartons bei Elkes Eltern vorbeigebracht? Haben sie die Kisten womöglich selbst abgeholt? Oder wollten ihre Eltern, Schwestern und die besten Freundinnen von alldem nichts wissen? Wollten nie wieder jemanden sehen, der auch nur im Entferntesten mit Claus zu tun hatte?

Wie erging es Leni, Thorsten, Anna, Frank und Sebastian in dieser Wohnung? Wie mag es sich anfühlen, in die Wohnung eines Paares einzudringen, sämtliche Schubladen und Schranktüren zu öffnen, persönliche Gegenstände anzufassen und zu verpacken und all das mit dem Wissen, dass die ehemalige Besitzerin tot und der Besitzer ihr Mörder ist? Wie hat Leni das nur durchgestanden?

Dabei stand bald noch viel Schlimmeres bevor: der Prozess.

Claus hat nur sehr wenig über den Prozess gesagt, auch da sind viele seiner Erinnerungen vernebelt und verschwommen. Auf mich wirkten seine Erzählungen so, als habe er während des Prozesses immer noch unter Schock gestanden, als habe er nicht fassen können, dass ihm das alles gerade wirklich passiert.

Besonders deutlich ist ihm der Warteraum im Gerichtsgebäude in München, in dem Angeklagte mit ihren Anwälten zusammentreffen und dann von einem oder mehreren Polizisten in den Gerichtssaal geführt werden, im Gedächtnis geblieben. Er erwähnt diesen Raum immer mal wieder. Vielleicht hat sich die Erinnerung daran deshalb so unauslöschlich in seinen Kopf eingebrannt, weil das noch etwas relativ Neues für ihn war: Nicht mehr einfach losgehen zu können, wohin man will, nicht einmal in den angrenzenden Raum, sondern immer abwarten zu müssen, bis man die Erlaubnis dazu erhält, bis irgendjemand für einen die Tür aufschließt. Natürlich war das auch in seiner Zelle so, doch dieser Warteraum war draußen, in der »normalen« Welt – und trotzdem nur ein weiteres Gefängnis für Claus.

Der Raum ist ihm noch so gegenwärtig, dass er selbst an unserem verlängerten Wochenende in Stockholm daran denken musste, weil ihn die Fliesen im luxuriösen Spa unseres Hotels an diesen Raum erinnerten.

In den wenigen Zeitungsartikeln, die ich im Netz noch über den Prozess gefunden habe, ist davon die Rede, dass Claus einen »schicken schwarzen Designeranzug« trug, ein »typisches Unternehmensberatermodell, das weit über zweitausend Euro gekostet haben dürfte«, wie der Autor vermutet. Mir ist klar, dass der Journalist versuchen muss, den Angeklagten möglichst treffend zu beschreiben, ein Bild seiner Persönlichkeit zu entwerfen, und das in wenigen Zeilen auf einer Zeitungsseite. Am besten noch ein Bild, das die Leser fasziniert und zum Weiterlesen animiert. Leider ist es jedoch ein völlig verzerrtes, falsches Bild, das da entsteht. Claus besaß nie einen schicken Designeranzug, der weit über zweitausend Euro gekostet hatte. Niemals würde er so viel Geld für seine Büroklamotten ausgeben, wenn, dann würde er eine solche Summe in ein hypermodernes Zeitfahrrad, ein Surfbrett oder Snowboard stecken. Doch der Reporter will in diesem und weiteren Artikeln partout darauf hinaus, dass da ein sehr reicher, sehr erfolgreicher Gewinnertyp ganz tief gefallen ist – was ja auch zugegebenermaßen eine mitreißende und spannende Geschichte ist, mit der man zudem auch noch ein wenig Sozialneid schüren und Häme erzeugen kann. Also verwandelt sich Claus' Anzug aus dem Winterschlussverkauf in ein mehrere Tausend Euro teures Designerteil, aus der kleinen Dreizimmerwohnung gleich gegenüber meiner wird eine »schicke Loftwohnung«, aus seinem gebrauchten BMW ein »teures Luxusauto«. Promis sind es gewöhnt, andauernd solche Falschmeldungen über sich zu lesen, doch wie mag es sein, als Normalbürger mit so etwas konfrontiert zu sein? Noch dazu, wenn man wegen Mordes angeklagt ist?

»Es war seltsam, so etwas über mich zu lesen«, sagt Claus dazu. »Man fühlt sich auch so hilflos, denn man kann sich ja gar nicht dagegen wehren. Keiner fragt, ob man damit einverstanden ist.«

Doch das Bild, das der Reporter da mit Buchstaben und Wörtern entwirft, ist immer noch besser als die Zeichnung eines Gerichtszeichners, die ich in einer Lokalzeitung gefunden habe. Da in Deutschland – anders als beispielsweise in den USA – Bild- und Tonaufnahmen während Gerichtsprozessen verboten sind, greifen Zeitungen häufig auf Bilder zurück, die extra bestellte Gerichtszeichner im Verlauf der Verhandlung anfertigen. Es gibt nur wenige, deren Zeichnungen gut sind und auf denen der Angeklagte so aussieht wie in Wirklichkeit. Die meisten wirken eher wie schlechte Phantombilder. Claus ist auf der Zeichnung, die neben den Artikeln über den Prozess zu sehen war, nicht annähernd zu erkennen. Würde ein Straßenmaler, von dem man sich in einer Urlaubslaune irgendwo an einer Strandpromenade porträtieren lässt, ein solches Bild abliefern, würde ich sofort mein Geld zurückverlangen. Claus ist jedoch begreiflicherweise sehr erleichtert darüber. Er sieht darauf aus wie Mitte fünfzig, sein Kopf ist zu rund, die Nase eher stupsig wie meine. Auch die Furchen, die ich an ihm so liebe, fehlen völlig – aber wer weiß, vielleicht haben sich die auch erst später, während der Zeit im Gefängnis, in sein Gesicht gegraben. Sehr auffällig und sehr schwarz ist dagegen der Anzug gestaltet – der, den der Journalist auf weit über zweitausend Euro geschätzt hat.

Immer wenn ich an den Prozess denke, stelle ich mir vor, wie der Anwalt Claus diesen Anzug im Besucherraum des Gefängnisses übergibt. Wahrscheinlich hat ihn Leni aus dem Schrank in seiner alten Wohnung geholt – vielleicht hat sie ihn zuvor extra noch in die Reinigung gebracht. Ich stelle mir vor, wie der Anwalt Claus gut zuredet, diesen Anzug an den Prozesstagen unbedingt anzuziehen, sich trotz aller Verzweiflung nicht so gehen zu lassen, vor dem Richter einen guten Eindruck zu machen.

Der Prozess also. Claus war voll geständig, mehr als das: Er wollte verurteilt werden, bat geradezu um eine harte Strafe.

»Gleich zu Anfang im Knast haben sie uns dann allerdings gesagt: Vergesst die Strafe. Es geht hier nicht um Strafe, höchstens am Rande. Es geht um Resozialisierung. Wenn ihr hier rauskommt, sollt ihr für euch selbst und für eure Familien sorgen können. Ihr sollt wieder verantwortungsvolle Bürger und nützliche Mitglieder der Gesellschaft werden. Wir wollen euch danach nie wieder hier drin sehen. Also, seht das hier nicht vorrangig als Strafe, sondern als zweite Chance.«

Ich musste mir ein völlig unpassendes Grinsen verkneifen, als er mir das erzählte, in meinen Ohren klangen diese Sätze ähnlich wie das, was man auf einem Manager-Motivationsseminar zu hören bekommt. Für Claus machte diese kleine Rede der Knasttherapeuten alles noch ein wenig schwieriger: Nicht einmal im Gefängnis wollte man ihn hart strafen, ihm die Möglichkeit zu Buße und Reue geben; nicht einmal hier sollte er leiden und auf diese Weise ein wenig seiner Schuld abladen können. Leiden und Buße, um Schuld abzutragen – eine urchristliche Idee, die offenbar so sehr im kollektiven Gedächtnis der westlichen Hemisphäre verankert ist, dass man an sie glaubt, selbst wenn man wie Claus oder ich keiner Kirche angehört.

Doch Leiden und Buße oder gar Aug' um Auge, Zahn um Zahn – so funktioniert unser Rechtssystem zum

Glück nicht. In Claus' Fall gab es sogar einige strafmildernde Umstände: Er war nicht nur voll geständig, sondern zeigte auch echte Reue, schon bei seiner allerersten Vernehmung auf der Polizeiwache in Schwabing. Sich aus eigenem Antrieb der Polizei stellen, ein Geständnis ablegen, das von Reue und Einsicht getragen wird – all das kann beim Prozess strafmildernde Wirkung haben, selbst bei Kapitalverbrechen.

Aus Laiensicht war der Fall glasklar: ein geständiger Täter mit eindeutigem Motiv, eine Beziehungstat mit einer typischen Vorgehensweise des Täters, ein Opfer und ein Tatort, die exakt zum Geständnis passten – das ließ eigentlich keine Fragen offen. Doch aus juristischer Sicht gab es noch einiges zu klären. Beim Prozess ging es vor allem darum herauszufinden, ob es sich um Mord oder Totschlag handelte, ob neben dem Geständnis und echt wirkender Reue weitere Strafmilderungsgründe existierten und welche Strafe dafür angemessen erschien. Der Staatsanwalt bezeichnete die Tat als Mord.

»Mörder ist, wer aus Mordlust, zur Befriedigung des Geschlechtstriebes, aus Habgier oder sonst aus niedrigen Beweggründen heimtückisch oder grausam oder mit gemeingefährlichen Mitteln oder um eine andere Straftat zu ermöglichen oder zu verdecken, einen Menschen tötet.« So steht es in § 211 des deutschen Strafgesetzbuches.

Von Totschlag unterscheidet sich Mord durch eine besondere Verwerflichkeit von Beweggrund oder Begehungsweise, lese ich in einem Artikel. Und es reicht eines dieser im Strafgesetzbuch genannten »Mordmerkmale«, um als Mörder verurteilt zu werden.

Weil er die Tat als Mord ansah, forderte der Staatsanwalt »lebenslange Haft«, also die im Gesetzbuch vorgesehene Strafe. Lebenslange Haft, umgangssprachlich »lebenslänglich« – das bedeutet in Deutschland Freiheitsentzug auf unbestimmte Zeit, mindestens aber für fünfzehn Jahre, die Zeit in der Untersuchungshaft wird dabei angerechnet. Danach ist eine Freilassung mit fünfjähriger Bewährungsfrist möglich, wenn keine besondere Schwere der Schuld vorliegt, was bei Claus nicht der Fall gewesen wäre. Laut einer Studie des Bundesjustizministeriums beträgt die Haftzeit bei lebenslanger Freiheitsstrafe im Bundesdurchschnitt neunzehn Komma neun Jahre. Claus wäre also über fünfzig gewesen, wenn er aus dem Gefängnis gekommen wäre, eine Wiedereingliederung ins Leben, ein halbwegs normaler Alltag wären praktisch unmöglich gewesen.

Für knapp zwanzig Jahre eingesperrt zu werden, wenn man gerade mal Anfang dreißig ist – wieder einmal etwas, das ich mir nicht vorstellen kann, sosehr ich es auch versuche. Schon beim Gedanken an diese endlos lange Zeitspanne schnürt sich mir der Hals zu. Für fast zwei Jahrzehnte von Familie und Freunden getrennt sein; zwei Jahrzehnte keine Spaziergänge mehr in freier Natur; keine Reisen in ferne Länder; keine Sonne, kein Regen auf der Haut; keine eigene Wohnung, keine Privat-, geschweige denn Intimsphäre; keine Zärtlichkeit, keine Liebe, kein Sex; kein Kino, kein Theater, kein Konzert, kaum Bücher; kein Internet, kein iPhone; stattdessen: Enge, quälende Langeweile, ein stupider Job, der Fernseher als einziges Fenster zur Außenwelt; Briefe, seltene Festnetztelefonate und noch seltenere Besuche als einzige Verbindung nach draußen; Zwangskontakte zu Menschen, von denen man sich unter normalen Umständen fernhalten würde; und wenn man dann nach knapp zwanzig Jahren entlassen wird, hat sich die Welt draußen so verändert, dass man sich kaum mehr zurechtfindet. Strafgefangene, die heute entlassen werden, nachdem sie zwanzig Jahre einsaßen, sind in der ersten Zeit draußen extrem hilflos. Amazon, Google, Facebook, Smartphones, Onlinebanking, Job-, Auto- und Wohnungssuche im Netz, Flachbildfernseher mit 3-D-Funktion, die Chipkarte der Krankenkassen, elektronische Bücher, der biometrische Reisepass, Fahrkartenautomaten mit Touchscreen, Pfandflaschenrückgabeautomaten im Supermarkt, Rauchverbote überall, sogar am Bahnsteig, mit dem Handy am Flughafen einchecken, Fahrziele mithilfe des Navis finden, riesige Datenmengen auf einem daumengroßen Stick speichern, Musik und Filme aus dem Netz herunterladen, die Zugfahrkarte, das Flugticket, ja sogar die Kinokarte via Internet kaufen, die Zeitung auf dem Tablet-PC lesen – uns selbst, die wir diese Veränderungen miterlebt und -gelebt haben, fällt gar nicht auf, wie sehr sich unser Alltag seit den Neunzigerjahren verändert hat. Die größten und wichtigsten Änderungen gingen mit dem Internet einher – und genau dazu hat man in Gefängnissen keinen Zugang. Zu groß ist die Gefahr, dass man übers Netz kriminelle Kontakte pflegt, Verbrechen plant oder gar ausführt.

Obwohl Claus insgesamt nur sieben Jahre im Gefängnis war, tat er sich nach der Entlassung in einigen Bereichen schwer, an die er vorher nicht gedacht hatte.

»Ich hatte Probleme mit dem Mac in der Arbeit. Ich wusste zum Beispiel nicht, welche Tastenkombination an diesem Rechner für ein @ nötig ist, und traute mich nicht, jemanden zu fragen. Ich hatte das Gefühl, mich damit zu verraten oder zumindest aufzufallen und schlafende Hunde zu wecken. Ich dachte, so etwas muss man wissen, das weiß einfach jeder außer mir. Darum habe ich am Anfang, wenn ich eine E-Mail schreiben wollte, das @ aus einer anderen Mailadresse kopiert und eingefügt.«

Nur ein winziges, eher unwichtiges Detail, das aber vielleicht besonders deutlich zeigt, wie schwierig die Wiedereingliederung nach einer langen Haftstrafe fällt, auf wie vielen Ebenen sich im Alltag Schwierigkeiten und Stolperfallen auftun.

Ich denke nicht, dass Claus all dies bewusst war, während er den Prozess verfolgte, als würde es um einen anderen gehen, als wäre er in einem Albtraum gefangen. Seine Zukunft war ihm zu diesem Zeitpunkt völlig egal, er hielt sein Leben für beendet. Seine Gedanken kreisten eher um die Frage, wann und wie er sich trotz Dauerüberwachung am besten das Leben nehmen könnte.

In besonders schrecklicher Erinnerung ist ihm geblieben, wie er die Tat vor Gericht schildern musste – vor Elkes Angehörigen, aber auch vor Leni und seinen Freunden.

»Geschüttelt von Schluchzen« stand in einem der Zeitungsartikel. Als ich ihn frage, ob das wahr sei, kann er nicht antworten, nur nicken.

»Das steht da drin?«, fragt er, als er sich wieder etwas gefangen hat. »Als ob es nichts Wichtigeres gegeben hätte.«

Ich sage ihm nicht, dass diese Beschreibung für mich sogar sehr wichtig sei. Natürlich weiß ich theoretisch, dass er den Mord zutiefst bereut, aber von diesen Gefühlen schwarz auf weiß in einer Zeitung zu lesen und zu merken, dass sogar der ansonsten sehr routiniert wirkende Reporter, der diesen Text verfasst hat, berührt und betroffen war, hilft mir irgendwie, wirkt irgendwie erleichternd auf mich. Auch das zeigt mir, dass Claus die Wahrheit sagt, dass ich ihm wirklich vertrauen kann. Denn es ist erschreckend, sich all diese schrecklichen Worte zu vergegenwärtigen, die Mord definieren: *niedrige Beweggründe, heimtückisch und grausam, besondere Verwerflichkeit.* Es ist fast unmöglich, einen Menschen, den man liebt, mit solchen Begriffen in Verbindung zu bringen. Und es ist erschreckend zu wissen, dass er, dass sein Handeln von einem Gericht so bewertet und eingestuft worden ist.

Claus hat nach Ansicht des Gerichts keinen Totschlag begangen. Als Totschlag wäre die Tat mit hoher Wahrscheinlichkeit dann eingestuft worden, wenn er Elke beispielsweise mitten im Streit niedergeschlagen hätte, als sie sich gegenseitig Beleidigungen an den Kopf warfen, als sie sich anschrien und viele Emotionen im Spiel waren – also bei einer Tat im Affekt. Dann wäre Elke nicht »arg- und wehrlos« gewesen – zumindest aus juristischer Sicht. Die Begriffe Arg- und Wehrlosigkeit spielen bei der Beurteilung der Tat eine große Rolle.

Ich verstehe zwar, was damit gemeint ist, kann es aber nicht wirklich nachvollziehen. Selbst wenn ein Streit sehr laut und sehr emotional wird, denke ich nicht im Traum daran, dass mich mein Gegenüber körperlich angreifen könnte. Am allerwenigsten der Mann, den ich liebe und der vorgibt, mich zu lieben. Ich hatte überhaupt noch nie eine körperliche Auseinandersetzung, auch nicht als Kind oder Teenager – daher ist die Vorstellung, während eines Beziehungsstreits attackiert und verletzt zu werden, für mich geradezu absurd. So gesehen wäre ich selbst dann völlig arg- und wehrlos, wenn man sich laut brüllend und mit den Händen fuchtelnd gegenübersteht. Aber das ist natürlich mal wieder meine laienhafte Meinung, nicht die juristische Sichtweise und Deutung. Juristen sind der Ansicht, dass man bei einer verbalen Auseinandersetzung mit einem Angriff rechnen muss, dass man von einem Gewaltausbruch in so einem Fall nicht komplett überrascht sein kann. Doch ich muss nicht weiter über Totschlagszenarien nachdenken – die Tat wurde als Mord eingestuft.

Denn Claus hat zugeschlagen und gewürgt, als Elke den Streit für beendet hielt und ins Nebenzimmer gegangen war, als sie ihm den Rücken zukehrte, als sie ihn nicht kommen hörte.

Mord. Ich schaffe es nicht, Claus mit diesem grässlichen Wort zusammenzubringen. Und vielleicht will ich das auch gar nicht. Bei Elkes Angehörigen und Freunden war das anders. Für sie war Claus über Nacht nicht mehr der nette Schwiegersohn in spe und der gute Kumpel, sondern das Monster, das ihnen ihre über alles geliebte Tochter, die Schwester, Cousine, Freundin und Kollegin geraubt hatte.

»Die bewundernswerte Haltung mancher Angehöriger, die keinen Hass empfinden und Mördern sogar vergeben, stellt die Ausnahme dar. Die meisten Betroffenen vermögen es nicht zu verzeihen. Sie wollen Sühne, um ihre Trauer aufarbeiten zu können. Das kann man bei fast allen Mordprozessen miterleben, und das haben wir auch zu respektieren. Angehörige fordern in der Regel die höchstmögliche Bestrafung«, schreibt dazu Mordermittler Josef Wilfling.

Auch in Claus' Fall war das so. Insbesondere Elkes Schwestern und ihre beste Freundin wollten, dass Claus für immer hinter Gittern verschwindet, und machten daraus auch keinen Hehl – sie erzählten es sogar Zeitungsreportern. Wer würde es ihnen verdenken?

»Hätte man mich vor der Tat gefragt, was mit so einem wie mir geschehen sollte – ich hätte sogar Todesstrafe gesagt«, meint Claus dazu.

»Du warst für die Todesstrafe?«, frage ich erstaunt.

»Ich habe mich damals nicht allzu intensiv mit dem Thema auseinandergesetzt. Aber ich hatte auf jeden Fall eine andere Meinung dazu als heute.«

»Welche Meinung hast du denn heute?«

»Ich bin dagegen. Gegen Todesstrafe, meine ich. Nicht nur wegen mir und meiner Tat, sondern auch wegen der Menschen und Schicksale, die ich in Stadelheim kennengelernt habe.« So schnell ändern sich Grundsätze und Meinungen – auf der falschen Seite der Anklagebank oder des Gitterfensters sieht die Welt plötzlich ganz anders aus.

Auch ich bin gegen Todesstrafe – schon immer gewesen. Sie steht im Widerspruch zu den Menschenrechten und zur Menschlichkeit. Der Staat stellt sich auf eine Stufe mit den Verbrechern. Es ist absurd zu demonstrieren, dass Töten Unrecht ist, indem man tötet. Die Gefahr für Fehlurteile ist viel zu hoch, und es ist hinreichend bewiesen, dass sie keinerlei positive Auswirkung auf die

Kriminalitätsrate hat. Anders als Claus hätte ich auch früher, bevor ich mit ihm zusammen war, nie gesagt, dass »einer wie er« den elektrischen Stuhl, die Giftspritze oder gar den Strick verdiene. Wie ich immer wieder mit meinen Freundinnen diskutiere, seit Claus und ich ein Paar sind, bin ich jedoch nicht sicher, ob ich das noch genauso sehen würde, wenn ich selbst betroffen wäre, weil beispielsweise jemand ermordet worden wäre, den ich liebe. Wahrscheinlich würde ich mir dann den Tod für den Täter wünschen. Nein, nicht nur wahrscheinlich – ich würde bestimmt laut nach Rache rufen und hätte Probleme, wenn das Urteil und die Strafe nicht allzu hart ausfielen. Ich gehe davon aus, dass auch Elkes Eltern, ihre Schwestern und Freundinnen solche Gedanken und Wünsche hatten – es ist einfach nur allzu menschlich. Claus sieht das genauso. Trotzdem ist es ihm während des Prozesses manchmal schwergefallen, den Aussagen von Elkes Schwestern und Freundinnen zuzuhören.

»Sie äußerten sich sehr negativ über mich und unsere Beziehung. Manchmal lag mir wirklich ein Widerspruch auf der Zunge. Aber andererseits konnte ich sie natürlich verstehen. Wer würde in so einer Situation ein Loblied auf den Mörder der Schwester beziehungsweise der besten Freundin singen?«

Doch ganz abgesehen davon, ob negativ oder positiv – es würde mir bestimmt sehr schwerfallen zu ertragen, dass sich plötzlich alle Welt öffentlich über mich, meine Persönlichkeit und mein Privatleben auslässt, ohne dass ich darauf den geringsten Einfluss hätte. Zeitungsreporter, die Texte über mich und meine Beziehung schreiben, entfernte Bekannte, die sich in Fernsehinterviews über mich äußern, Freunde, die bei einer öffentlichen Verhandlung meinen Charakter beschreiben und beurteilen – eine grauenvolle Vorstellung. Wieder ein Aspekt, über den ich mir noch nie zuvor Gedanken gemacht hatte, es erschien mir immer selbstverständlich, dass das so abläuft: Aus einem normalen Bürger mit dem Recht auf Privatsphäre wird über Nacht eine »Person des öffentlichen Lebens«, über die in Zeitungen, im Radio und im Fernsehen berichtet wird, weil er oder sie eine schwere Straftat verübt hat; und natürlich werden auch vor Gericht private und sogar intime Details thematisiert, sofern sie in irgendeinem Zusammenhang mit der Tat stehen oder stehen könnten. In der Theorie klar und logisch, dass es so ist, dass es so sein muss. Doch erst seit ich mit Claus zusammen bin, verstehe ich, was das wirklich bedeutet.

Nach sechs Prozesstagen wurde Claus zu einer elfjährigen Haftstrafe wegen Mordes verurteilt – ein für das konservative Bayern extrem mildes Urteil. Strafmildernde Gründe waren in seinem Fall neben dem vollen Geständnis, der Einsicht und glaubwürdig vorgebrachten Reue auch die psychische Ausnahmesituation, in der er sich zum Zeitpunkt der Tat befunden hatte. Ein Gutachter des Gerichts hatte bei Claus eine schwere depressive Verstimmung mit hoher Suizidgefahr festgestellt, Elkes unentschlossenes Verhalten habe diesen Gemütszustand noch verstärkt. Der Richter folgte der Einschätzung des Gerichtspsychologen und berücksichtigte sie bei der Urteilsfindung. In seiner Urteilsbegründung forderte er Claus dazu auf, sich mit seinen psychischen Problemen im Rahmen von Therapien auseinanderzusetzen und sie in den Griff zu bekommen. Er gestand Claus zu, dass auch er durch Elkes Tod einen schweren Verlust erlitten habe und verkraften müsse, auch wenn er selbst daran schuld sei. Sein Abschlusssatz lautete: »Vergessen Sie nie – Ihr Leben wird irgendwann wieder in halbwegs normalen Bahnen verlaufen. Elke dagegen ist tot.«

Im Knast

Elf Jahre – das heißt, dass ein Täter bei guter Führung und Sozialprognose nach sieben oder acht Jahren wieder draußen sein könnte. Natürlich gilt das nicht pauschal, doch bei einem Ersttäter wie Claus, der vorher noch nie mit dem Gesetz in Konflikt geraten war, über eine exzellente Ausbildung verfügt, Freunde und Familie hat, die zu ihm stehen, der seine Tat aus vollem Herzen bereut, im Gefängnis Therapien besucht, arbeitet und friedlich bleibt, stehen die Chancen gut, vorzeitig entlassen zu werden.

Sieben Jahre – im ersten Moment erscheint das lachhaft kurz. Elke hätte, statistisch betrachtet, noch über fünfzig Jahre vor sich gehabt, diese Zeit hat Claus ihr genommen. Dafür muss er nur sieben oder acht Jahre seines Lebens hingeben. Ich weiß, dass man so nicht denken darf. Man muss sich immer wieder klarmachen, dass bei uns eben nicht nach dem alttestamentarischen Aug'-um-Auge-Zahn-um-Zahn-Prinzip geurteilt und bestraft wird – trotzdem bekomme ich diesen Gedanken nicht aus meinem Kopf. Claus ist mir nicht böse deswegen. Er sagt, er habe damals dasselbe gedacht.

»Erst mal klingt es wie ein Witz – sieben, acht Jahre für einen Mord«, sagt Claus. »Es war in meinen Augen nicht annähernd genug für das, was ich getan hatte.«

Er wurde vom Bereich für Untersuchungshäftlinge in die normale Haftanstalt verlegt; zum ersten Mal seit Monaten hatte er eine Einzelzelle – eine Ausnahme im chronisch überbelegten Stadelheim, und nicht nur hier. Noch ist ein Drittel aller erwachsenen Strafgefangenen in Mehrbettzellen eingesperrt, obwohl das Gesetz schon seit Jahren Einzelzellen fordert. Doch die Umbaumaßnahmen würden in vielen Bundesländern die klammen Kassen sprengen.

»Ich hatte unglaubliches Glück – meine Zelle lag im obersten Stockwerk. Und das heißt: Ich konnte über die Mauer sehen. Wie wichtig das ist, wurde mir erst nach einiger Zeit bewusst.«

Den Blick bis zum Horizont schweifen lassen zu können, anstatt jahrelang eine mit Nato-Draht bewehrte Mauer anzustarren – ein winziges Stück Freiheit in der Gefangenschaft, ein Privileg, das einen wahrscheinlich davor bewahrt, depressiv oder verrückt zu werden. Die Gefahr, hinter Gittern durchzudrehen, ist groß. In der Fachsprache nennt man das einen »erlebnisreaktiven Persönlichkeitswandel durch den Freiheitsentzug und die damit verbundene Änderung des bisherigen Lebenszusammenhangs mit der Folge von Depression und Wahnvorstellungen«. Einfacher ausgedrückt: Haftkoller. Ein seit Langem bekanntes Phänomen, das schon Anfang des zwanzigsten Jahrhunderts beschrieben und sogar erforscht worden ist.

»Ich erinnere mich daran, dass ich nach sieben Tagen morgens in der Zelle aufgewacht bin, nachgerechnet und gedacht habe: So, jetzt ist eine Woche rum. Die war ziemlich schrecklich. Endlos. Und jetzt kommen dann noch etwa dreihundertfünfzig bis vierhundertfünfzig solcher Wochen – im besten Fall –, vielleicht noch viel mehr. Bei diesem Gedanken wird einem sehr flau im Magen. Obwohl mir die Strafe einerseits viel zu milde war, erscheint es andererseits dann plötzlich doch verdammt, verdammt lang, das kann ich dir sagen. Auch wenn sich das jetzt ziemlich wirr und widersprüchlich anhört.«

Immer, wenn mir Claus so etwas erzählt, entschuldigt er sich noch im gleichen Atemzug dafür.

»Ich weiß, ich hatte das und noch viel Schlimmeres verdient – ein dunkles Kerkerloch oder den Tod. Ich weiß, ich hatte und habe nicht das Recht, mich über solche Kleinigkeiten zu beklagen. Ich weiß, ich hätte solche Gedanken gar nicht haben dürfen, aber ich habe versprochen, dir gegenüber ehrlich zu sein. Und das war es, was wirklich in mir vorgegangen ist.«

Claus plagten und plagen Schuldgefühle, weil er unter seiner Strafe gelitten hat, weil es ihm schwerfiel, die Haftbedingungen zu ertragen, obwohl er sich das alles doch selbst zuzuschreiben hatte, obwohl er es doch »verdient« hatte, zu leiden. Ich sage ihm in solchen Fällen, dass ich ihn verstehe und dass er damit aufhören soll, sich wegen seiner Gefühle im Knast Vorwürfe zu machen. Dass es wohl jedem so gehen würde, wenn er sich plötzlich im Gefängnis wiederfindet und weiß, dass er dort die nächsten Jahre bleiben muss.

Es ist Montag, neun Uhr dreißig, Beginn der großen Redaktionskonferenz. Einmal pro Woche kommen alle Mitglieder der Frauenzeitschrift, für die ich arbeite, zusammen. Wie bei solchen Meetings üblich, bringen wir uns gegenseitig auf den neuesten Stand, was die aktuelle Ausgabe betrifft. Wie gut sind die Bilder für die große Herbstmodestrecke geworden? Mit welchen Fotos könnte man die Seiten über Jobsuche im Netz und richtige Bewerbungsstrategien im Internetzeitalter bebildern? Wer kann den grottenschlechten Text über die Städtereise nach Helsinki umarbeiten und dazu außerdem Reise- und Hoteltipps für den Serviceteil recherchieren, den die freie und völlig unfähige Autorin des Artikels vergessen hat? Und so weiter und so fort. Natürlich werden dabei auch neue Themen für spätere Hefte vorgeschlagen und besprochen. Ich bin gerade ziemlich genervt, weil ich soeben erfahren habe, dass sich die Redaktionsleiterin für das Novemberheft von mir schon wieder eine große Geschichte oder besser noch ein Sonderheft *Depression* wünscht und meine Alter-Hut-Einwände einfach vom Tisch gewischt hat. Ich seufze leise und grüble darüber nach, über welche Aspekte dieses abgenudelten Themas noch nicht hundert Mal berichtet worden ist. Darum bin ich nicht ganz bei der Sache und höre der Ressortleiterin Reportage, die gerade über irgendwelche Probleme mit einem schon länger geplanten Thema spricht, nur mit halbem Ohr zu. Ich schrecke erst hoch, als der Satz »Das wäre doch was für Kristin« zu mir durchdringt. Meine Redaktionsleiterin blickt mich an.

»Du hast dich doch erst neulich darüber beklagt, dass du nur noch am Schreibtisch sitzt und Texte redigierst oder Sonderhefte konzipierst. Und du hast gesagt, dass du wieder mal raus willst für ’ne längere Geschichte.«

»Ja, habe ich«, sage ich vorsichtig, denn ich habe keine Ahnung, worum es geht.

»Dann ist es geritzt. Kristin geht in den Knast.«

Ich verschlucke mich, alle lachen, die Kollegin neben mir klopft mir auf den Rücken.

»Ist ja nur für ’n paar Tage«, sagt die Ressortleiterin und lächelt mir zu.

»Wenn ich dich rausschicke, verzeihst du mir vielleicht, dass ich dir schon wieder ’ne Depressionsstory aufs Auge drücke«, meint die Redaktionsleiterin und grinst in meine Richtung.

Ich grinse zurück und nicke.

Nach der Konferenz gehe ich in das Büro der Ressortleiterin und bitte um mehr Informationen.

»Sorry, Sibylle, ich fürchte, ich habe nicht aufgepasst, als du das Thema vorgestellt hast.«

»Kein Problem, passiert mir auch manchmal. Diese Konferenzen dauern einfach immer viel zu lange. Ich rette mich oft mit Sekundenschlaf.«

Ich muss lachen.

»Und, worum geht’s nun? Ich soll in den Knast?«

»Ja, in den Frauenknast nach Vechta. Liegt in Niedersachsen. Die freie Kollegin, die darüber schreiben wollte, hat ihr Baby drei Monate zu früh bekommen.«

»Oje, tut mir leid.«

»Ja, mir auch, aber es geht wohl beiden halbwegs gut, Mutter und Frühchen.«

»Na, wenigstens das.«

»Ja, wenigstens das. Jedenfalls … Sie, also diese Autorin, hat schon alles vorrecherchiert, alle Termine vereinbart, alle Genehmigungen bei der Gefängnisleitung und den Ministerien eingeholt – das war ziemlich aufwendig. Darum möchte ich, dass das eine Festangestellte aus der

Redaktion übernimmt, und will es keiner anderen Freien übergeben; so kann ich dieser Autorin wenigstens noch ein faires Recherchehonorar bezahlen. Immerhin war es ihre Idee.«

»Verstehe.«

»Und das Thema ist super, wie für dich gemacht.«

Ich zucke zusammen. Aber nein, sie kann nichts über Claus' Vergangenheit wissen. Sie hat das nur gesagt, weil sie mich kennt und weiß, welche Themen mich interessieren.

»Meinst du?«, frage ich.

»Ja, eine typische Kristin-Geschichte, sehr ernsthaft und sozialpolitisch und so.«

»Du bist fies, Sibylle.«

Sie kichert.

»War eher positiv gemeint, ehrlich.«

»Na, da bin ich ja beruhigt.«

»Wir haben jedenfalls die offizielle Genehmigung für Fotos und Interviews mit mehreren Gefangenen. Du darfst sie zwei Tage lang begleiten, bei allem, was sie tun, zusammen mit dem Fotografen. Wenn du willst, lasse ich Olaf dafür buchen.«

Ich atme innerlich auf. Wenn Olaf mitkommt, muss ich mich nicht verstellen, sollte ich eine kleine Knastkrise oder einen Weinkrampf oder Schnappatmung vor lauter Aufregung bekommen.

»Olaf wäre super. Du weißt doch, wir sind ein Dream-Team.«

»Ja, weiß ich. Außerdem ist er ein toller Reportagefotograf. Das liegt ihm mehr als Beauty und Mode.«

»Weißt du, weswegen sie einsitzen? Also die Frauen, die ich begleiten soll, meine ich.«

»*Einsitzen?* Mensch, Kristin, du hast ja die Knackisprache jetzt schon richtig gut drauf!«

Du hast ja keine Ahnung, wie sehr, denke ich.

Laut sage ich: »Ja, ich bin unglaublich anpassungsfähig. Weißt du denn nun, warum diese Frauen in Haft sind?«

»Nein, das wird aus datenschutzrechtlichen Gründen verschwiegen. Du hast nur die Chance, vor Ort ihr Vertrauen zu gewinnen und sie dazu zu bringen, es dir zu sagen, und dir zu erlauben, darüber zu schreiben.«

»Oh. Aha.«

»Das schaffst du schon.«

»Hm. Hast du mit ihnen oder wenigstens einer von ihnen am Telefon gesprochen? Oder kann ich das noch machen, bevor es losgeht?«

»Nee, geht nicht, ist auch nicht erlaubt. Ich konnte nur kurz mit dem Gefängnisdirektor telefonieren. Tut mir leid. Wir wissen nicht, mit wem du es zu tun haben wirst, ob sie mit dir reden, etwas preisgeben, sich von vorn fotografieren lassen oder ihr Gesicht verbergen wollen – ihr müsst improvisieren und euren unvergleichlichen Charme spielen lassen.«

»Klingt nach ’ner Herausforderung.«

»Warum, meinst du, haben wir dich dafür ausgesucht, meine Liebe?«

Eine Woche später. Ich sitze im Zug und bin auf dem Weg in den Knast. Olaf wird mit seiner Ausrüstung später zusteigen; er fotografierte bis gestern für ein anderes Magazin. Auf dem Tischchen vor mir steht ein Pappbecher mit ICE-Kaffee, auf einer Serviette wartet ein

Croissant, das ich kurz vor der Abfahrt am Münchner Hauptbahnhof gekauft habe. Ich reiße es in kleine Stücke, esse aber keines, sondern drapiere sie vor mir in Herzform. Ich komme mir vor, als würde ich träumen. Ausgerechnet jetzt, ausgerechnet so ein Auftrag. Das ist doch verrückt.

In ein paar Stunden werde ich ein echtes Gefängnis betreten. Ich werde nicht nur den Besucherraum und ein paar lange Gänge zu Gesicht bekommen, sondern alles. Zellen, Waschräume, Toiletten, Sporthalle, Küche, Arbeitsplätze, Knastkantine, Gefängnisladen. Ich werde das nicht nur in meinem Wohnzimmer auf dem Fernseher sehen, sondern in Wirklichkeit. Ich werde den Gefängnisboden unter meinen Schuhen spüren, werde Gitterstäbe berühren, werde die Luft – die »gesiebte Luft«, wie es immer so schön heißt – einatmen.

»Es ist für mich wie eine Reise in deine Vergangenheit«, habe ich zu Claus gesagt, als ich ihm von meinem Auftrag erzählte.

»Hm«, machte er bloß.

»Ich glaube, das hilft mir, dich besser zu verstehen. Alles besser zu verstehen. Weißt du, was ich meine?«

»Hm.«

»Was ist denn, warum hmst du denn die ganze Zeit?«

»Hm.«

»Nun sag schon!«

»Weißt du, ich verstehe natürlich, dass du dich so intensiv mit der ganzen Sache auseinandersetzt, dass du dich so – so sehr damit beschäftigst …«

»Aber?«

»Aber ich habe Angst, dass es vielleicht zu viel ist.

Dass es unserer Beziehung schadet, uns schadet. Und dir schadet.«

»Wieso sollte es mir schaden?«

»Deine Schlafprobleme, die dauernden Magenschmerzen, der Husten, den du nicht loswirst …«

»Und du denkst, das ist alles psychosomatisch?«

»Na ja, könnte doch sein.«

»Quatsch.«

Jetzt, während der Zugfahrt in den Frauenknast, überlege ich, dass das alles vielleicht doch kein Quatsch ist. Claus' Vergangenheit belastet mich. Mehr, als ich zugeben will, und sehr viel mehr, als ich es mir anfangs, kurz nach seinem Geständnis, vorstellen konnte. Kürzlich kam mir der Gedanke: *Ich trage ein dunkles Geheimnis mit mir herum.* Das klingt ganz schrecklich, nach einem Roman, in dem Teenager-Vampire die Hauptrolle spielen, aber es fühlt sich für mich wirklich so an. Ein dunkles Geheimnis, das mein Leben irgendwie verdüstert und meine Seele auch.

Ich weiß nicht, ob es richtig ist, wie ich damit fertigzuwerden versuche. Meine Idee war ja, sich offensiv damit auseinanderzusetzen und mit Claus oft und viel darüber zu sprechen. Ich will verstehen, was passiert ist, will es dann aufschreiben und versuchen, auf diese Weise irgendwann, irgendwie damit leben zu können. Nein, nicht irgendwann, irgendwie, sondern möglichst bald und möglichst gut. Ich will Kontrolle gewinnen. Ich möchte nicht, dass Claus' Vergangenheit mein Leben und unsere Beziehung bestimmt. Ich will selbst kontrollieren und mich nicht kontrollieren lassen. Und das bedeutet in meinen Augen, dass ich mich der Tat und allem, was damit zusammenhängt, stellen muss. Ganz mutig, *Braveheart*-mäßig – so wünsche ich mir das zumindest.

Claus hatte nach seiner Haft zwei Freundinnen – es gab also nach seiner Zeit im Gefängnis zwei Frauen vor mir. Beide sind, soweit ich weiß, ganz anders mit seiner Vergangenheit umgegangen, nachdem sie davon erfahren hatten. Beide scheinen es wie ich akzeptiert zu haben, beide sind bei ihm geblieben. Sie haben jedoch selten oder sogar nie Fragen gestellt; eine hat niemandem, die andere nur ihrer Mutter davon erzählt. Seiner letzten Freundin war es offenbar extrem unangenehm, wenn er von sich aus etwas dazu sagte, und zwar so sehr, dass es zwischen den beiden zu einer Art Tabuthema wurde. Das, so meinte Claus einmal, sei für ihn zwar auch keine leichte Situation gewesen, denn seine Vergangenheit sei nun mal ein Teil von ihm; aber er habe es natürlich akzeptiert, so wie er jetzt auch meine Vorgehensweise akzeptiere und unterstütze. Jeder müsse für sich herausfinden, wie er damit klarkomme, und er werde sein Bestes geben, dabei zu helfen.

Ich denke oft darüber nach, ob die Verarbeitungsmethode meiner Vorgängerinnen die bessere war. War es wirklich gut, alles zu erfahren? So viele Details zu kennen? Hat mich meine Suche nach Erklärungen weitergebracht? Ist sie nicht langsam schon zu einer Manie und fixen Idee geworden? Wie kann ich erwarten, dass ich etwas verstehe, das nicht einmal Claus selbst erklären kann?

Seit seinem Geständnis auf meiner Wohnzimmercouch, das inzwischen neuneinhalb Monate zurückliegt, sehe ich Claus mit anderen Augen, immer noch. Ich bin unwillkürlich auf Distanz zu ihm gegangen und bin auch dort geblieben – ich bin vorsichtig, warte ab, zügle meine Gefühle, beobachte. Und kämpfe zugleich mit wirren, ständig wechselnden Emotionen. Ich liebe ihn, ich habe Angst, ihn zu lieben, ich habe Angst, einen Fehler zu begehen, ich habe solche Angst – ich weiß nicht mehr, was ich fühlen soll.

Die Beziehungen zu den zwei Frauen vor mir haben nicht allzu lange gehalten, aber das haben meine letzten beiden Beziehungsversuche auch nicht. Ich weiß nicht, ob das Scheitern mit Claus' Geschichte zu tun hatte oder ob – wie bei meinen beiden Exfreunden – die Gefühle für den anderen einfach nicht ausgereicht hatten und man sich zudem eingestehen musste, dass man mit dem neuen Partner hinten und vorn nicht zusammenpasst. Es ist mit Ende dreißig, Anfang vierzig viel schwieriger, sich auf jemanden einzulassen, als früher, wie ich in den letzten Jahren feststellen musste.

Vielleicht ist es zu einfach, die Gründe für die Schwierigkeiten in unserer Beziehung immer in Claus' Vergangenheit zu suchen, den »Mörder« und »Exknacki« für alles verantwortlich zu machen: Schlafprobleme, Magenschmerzen, Dauerhusten, nicht enden wollende Alltagsstreitereien. Gerade die sind vielleicht nur ganz normale Paarprobleme – und der Rest liegt an zu viel Stress im Job. Vielleicht passen wir einfach nicht zusammen – so wie ich es schon ganz am Anfang befürchtet hatte, als ich von dem Mord noch nichts ahnte. Ich weiß es nicht.

Sicher bin ich mir nur über meine ständig wachsende Wut, die zu unterdrücken mir von Tag zu Tag schwerer fällt. Sie hat damit zu tun, dass Claus sein Versprechen nicht einlöst, mit mir eine Paartherapie zu beginnen, in der ich gern all die Fragen klären würde, die mir auf der Seele liegen und auf die ich allein keine Antwort finde. Anfangs hat er eifrig genickt, wenn ich ihn darauf angesprochen habe; dann hat er mich auf später vertröstet; irgendwann hat er gesagt, dass das doch alles nichts bringen würde, dass er schon so viele Therapien hinter sich habe und jede Frage in- und auswendig kenne und wisse, welche Antworten gewünscht oder erwartet werden …

»Ja, aber es geht doch nicht um erwünschte Antworten, um richtig oder falsch. Das ist doch keine Knasttherapie, bei der du dich gut verkaufen musst …«, wandte ich bei einem unserer letzten Streitgespräche ein.

»Das weiß ich auch.«

»Aber?«

»Aber? So eine Therapie bringt doch nichts. Das schaffen wir auch allein. Wir müssen doch nur ruhig und vernünftig miteinander reden …«

»Komm mir jetzt bloß nicht mit vernünftig!«

Claus zuckte zusammen, und ich merkte, dass ich schon wieder viel zu laut geworden war. Obwohl ich mir dessen jedes Mal bewusst bin, schaffe ich es nicht, meine Stimme zu dämpfen. Trotzdem lenkte er ein.

»Hör zu, Kristin, wenn du das so unbedingt willst, dann machen wir das halt.«

»Du weißt genau, wie unbedingt ich das will. Ich habe es oft genug erklärt.«

»Aber ich mache das dann nur für dich – mir bringt das überhaupt nichts.«

»Woher willst du das wissen?«

»Weil ich über zehn Jahre Therapien hinter mir habe.

Weil es nichts mehr gibt, was die mir erzählen können. Alles schon tausend Mal gehört …«

»Vielleicht bringt es dir nichts, aber uns …«

»Das glaube ich kaum. Meiner Meinung nach sollten wir das allein hinbekommen. Ich meine, wir wissen doch, was wir füreinander fühlen! Wir sind doch erwachsen! Wir müssen uns nur zusammenreißen und …«

»Zusammenreißen! Immer dieses scheiß Zusammenreißen! So ein Schwachsinn!«

»Kristin, bitte!«

»Warum hast du mir versprochen, dass wir eine Paartherapie ausprobieren, wenn du eigentlich von vornherein dagegen warst?«

»Na ja, ich wusste nicht, dass dir das so wichtig ist …«

»Soll das ein Witz sein? Ich habe gebettelt, dich förmlich angefleht …«

»Nun übertreib mal nicht. Ich hab's einfach nicht so ernst genommen …«

»Darum hast du Jaja gesagt, in der Hoffnung, dass ich es vergesse, oder was?«

Aus dieser Diskussion wurde ein heftiger Streit, der mit Tränen, Gebrüll und Türenknallen endete. Wer gebrüllt hat, muss ich wohl nicht extra dazusagen. Und nicht nur das: Ich lief wieder einmal davon, ließ Claus allein in seinem Apartment zurück – mehr als froh darüber, in meine eigene Wohnung flüchten zu können. Ich machte das nicht zum ersten Mal. Ich hatte ihn bei allen möglichen Auseinandersetzungen in Restaurants und Cafés sitzen und im Englischen Garten stehen lassen – mir ist völlig klar, wie unmöglich ich mich benommen habe und benehme. Doch ich schaffe es nicht, diesen Fluchtreflex zu unterdrücken. Manchmal will ich weg, nur weg, so schnell wie möglich. Ich fliehe vor meiner Hilflosigkeit, der Wut, der Angst – und vor Claus.

In diesem Fall fühlte ich mich von ihm verraten und verkauft. Er hatte mir sein Versprechen gegeben, hatte immer wieder verkündet, er wolle alles dafür tun, um mir zu helfen, mit seiner Vergangenheit umgehen zu lernen – und nun das. Erst vertröstete er mich monatelang, erfand faule Ausreden wie »lange Wartezeiten bei Münchner Therapeuten«, um dann damit herauszurücken, dass er keine Lust auf eine Paartherapie habe. Es war ihm offenbar zu mühsam. Während ich nichts unversucht lasse, um unsere Beziehung zu stabilisieren, um einen Weg zu finden, mit ihm zu leben, war ich ihm noch nicht einmal ein paar Therapiestunden wert. Ja, ich weiß, dass Claus inzwischen über zehn Jahre Therapien hinter sich hat und dass er auch jetzt noch einmal im Monat eine Therapeutin aufsucht oder vielmehr aufsuchen muss, denn er hat eine Bewährungsfrist von insgesamt fünf Jahren, und diese Sitzungen gehören zu den Bewährungsauflagen. Claus sagt zwar immer, dass er seine momentane Therapie gut und wichtig findet und sie wahrscheinlich sogar weitermachen wird, wenn seine Bewährungsfrist endet. Doch ich glaube trotz all dieser Beteuerungen, dass er nach all den Jahren nur wenig Lust auf weiteren Psychokram und aufwühlende Sitzungen mit mir in stickigen Räumen hat; andererseits sollte ihm doch klar sein, wie schwierig die Situation für mich als seine Partnerin ist. Es muss ja keine jahrelange Psychoanalyse sein, ich wünsche mir nur ein paar Stunden. Ich habe einfach das Gefühl, dass ich und auch wir beide als Paar professionelle

Hilfe benötigen. Und ich will damit nicht warten, bis die Probleme noch größer werden, als sie sowieso schon sind.

Es kommt mir ein wenig so vor wie damals bei unserem ersten Urlaub, der Weihnachtsreise nach Hiddensee. Claus' Geständnis lag gerade mal zwölf Tage zurück, aber er kam nicht auf die Idee, dass mich sein verändertes Verhalten während der langen Autofahrt, bei der er sich vom stets gut gelaunten Charmeur zum grantigen Muffel verwandelte, verunsichern und ängstigen könnte. Ihm kam auch nicht in den Sinn, dass die vielen Streitereien über Kleinigkeiten während dieser Ferien etwas mit seiner Vergangenheit zu tun haben könnten, von der ich gerade erst erfahren hatte. Er erwartete nach zwölf Tagen eine Art Normalzustand – oder zumindest eine rationale Auseinandersetzung mit dem ganzen Thema. Er stellte sich »vernünftige« Gespräche in »vernünftiger Atmosphäre« vor – »vernünftig« ist eines seiner Lieblingswörter. In welches Gefühlschaos er mich gestürzt hatte, war ihm ebenso wenig bewusst wie die Tatsache, dass so ein emotionales Wirrwarr irrationale Folgen hat, zu Spannungen und Auseinandersetzungen führt. Ich verhielt mich alles andere als vernünftig – aber war das wirklich so verwunderlich?

Wie kann es nur sein, dass dieser eigentlich so einfühlsame Mann meine Gefühlslage überhaupt nicht nachvollziehen kann? Warum erkennt er nicht, dass er zu schnell zu viel erwartet?

Als ich nach unserem Streit über die Paartherapie zu Hause ankam, warf ich als Erstes seine Zahnbürste in den Müll und zerriss das Foto auf meinem Nachttisch, das uns bei einer Bergwanderung in den Alpen zeigte. Und heulte die ganze Nacht lang.

Wir haben uns dann später wieder versöhnt, haben uns beide für unser Verhalten entschuldigt. Ich habe eine neue Zahnbürste gekauft, und Claus gab mir erneut sein »Indianerehrenwort«, sich »asap« um einen Therapieplatz zu kümmern – das war mein Wunsch. Natürlich hätte ich einfach den Telefonhörer in die Hand nehmen, ein paar Therapeuten abtelefonieren und Claus mit einem Termin konfrontieren können. Doch ich möchte, dass er das in die Hand nimmt, dass er Initiative zeigt. Ich wünsche mir einen Beweis dafür, dass er mich ernst nimmt und nicht nur große Reden über »Hilfe« und »Verständnis« schwingt, sondern seinen großen Worten auch Taten folgen lässt. Ist das so schwer zu verstehen?

Das alles liegt allerdings schon wieder Wochen zurück – Claus hat die Therapie seitdem mit keinem Wort mehr erwähnt. Und nun auch noch diese wenig begeisterten Kommentare und vielen »Hms« zu meiner Recherche im Knast. Was will er denn? Dass ich endlich Ruhe gebe? Die ganze Sache verdränge, so wie die zwei Frauen, die er vor mir hatte, und einfach so tue, als wäre es die normalste Sache der Welt, mit einem Mörder zusammen zu sein?

Ich blicke aus dem Zugfenster auf vorbeihuschende Landschaften im Sonnenschein – die Idylle und das Traumwetter passen so gar nicht zu meiner Stimmung. Blitz, Donner und Hagel – das würde meine Gefühle schon eher widerspiegeln. Manchmal habe ich das Gefühl, ich bin dabei, mich in einen weiblichen Hulk zu verwandeln.

Ich versuche, mich von meinen traurigen, dunklen Gedanken abzulenken, und blättere meine Unterlagen durch. Ich habe fleißig recherchiert in den letzten Tagen, obwohl ich genau wusste, dass mir die ganze Vorbereitung nichts bringen würde, wenn ich es nicht schaffe, das Vertrauen der gefangenen Frauen zu gewinnen. Doch minutiöse Vorbereitung beruhigt mich in solchen Fällen ungemein. Ich weiß jetzt zum Beispiel, dass sich im Frauengefängnis in Vechta eine der größten Sanddornplantagen Deutschlands befindet – auf zwei Komma vier Hektar wachsen über dreitausend Sträucher, Tendenz steigend, denn Sanddorn liegt gerade im Trend.

Ich habe nachgelesen, dass die Sanddornbeeren nicht im Gefängnis weiterverarbeitet werden, sondern dass die Ernte an einen Betrieb außerhalb geliefert wird, wo man daraus Tee, Brotaufstriche, Bonbons und Likör herstellt – Lebensmittelproduktion ist in deutschen Haftanstalten nämlich nicht erlaubt.

Bei meinen Recherchen habe ich außerdem erfahren, dass Produkte aus deutschen Knästen sehr gefragt sind. Am erfolgreichsten ist angeblich die JVA Fuhlsbüttel in Hamburg. Dort wird nicht nur im Auftrag von Unternehmen produziert, inzwischen existiert ein richtiges Knastlabel. Beworben werden die Produkte mit dem Slogan *Heiße Ware hinter Gittern*. Im Onlineshop von »Santa-Fu«, so der Spitzname der Haftanstalt, kann man Shirts mit der Aufschrift *Lebenslänglich* oder *Auf Bewährung* kaufen; es gibt das Pflegeset *Bleib sauber*, ein *Ausbrecher*-Brettspiel oder ein Rezeptbuch mit Gerichten wie *Huhn in Handschellen*.

Auch Claus hat hinter Gittern gearbeitet – das ist in deutschen Haftanstalten für jeden Inhaftierten vorgeschrieben. Der Strafvollzug ist zwar Sache der Bundesländer, doch die »Arbeitspflicht« fehlt in keinem der entsprechenden Landesgesetze. Die Arbeit solle aber nicht der »Bestrafung« dienen, sie sei vielmehr als Resozialisierungsmaßnahme anzusehen, erklärte ein Verantwortlicher aus Nordrhein-Westfalen in einem Zeitungsinterview, das ich im Netz gefunden habe. Viele Gefangenen, insbesondere ehemalige Drogenkonsumenten, hätten jahrelang ohne jegliche Tagesstruktur gelebt und könnten sich dank der Arbeit langsam wieder auf die Welt draußen vorbereiten. Trotzdem planten zehn Bundesländer vor einem Jahr, die Arbeitspflicht für Strafgefangene abzuschaffen, mit der Begründung, dass im Gefängnis keine freie Berufswahl möglich sei, wie sie das Grundgesetz vorschreibe. Wahrscheinlich hängt die Diskussion um eine Abschaffung auch mit der derzeitigen Wirtschaftskrise zusammen, die die Haftanstalten ebenso zu spüren bekommen wie normale Firmen. Bei vielen JVAs sind die Aufträge von Unternehmen draußen stark zurückgegangen, und es wird immer schwieriger, die Gefangenen angemessen zu beschäftigen.

Schon als Claus einsaß, arbeitete keineswegs jeder seiner Mitgefangenen.

»Diejenigen, die partout nicht wollten, wurden nicht gezwungen. Aber die saßen dann halt auch dreiundzwanzig Stunden in der Zelle, kamen pro Tag nur für die eine Stunde Hofgang raus. Stell dir das bitte mal vor: dreiundzwanzig Stunden in einem kleinen Raum eingesperrt. Das hätte ich niemals ausgehalten.«

Besonders beliebt sei bei Strafgefangenen die Arbeit in der »Hofkolonne«, »auch wenn man da bei jedem Wetter raus und manchmal echt unangenehme Jobs verrichten muss, wie etwa nach Silvester all das Klopapier wegräumen, das die Häftlinge anzünden und aus dem Fenster werfen«, wie Claus berichtete. »Aber man kommt wenigstens an die frische Luft.« Darum seien auch Jobs als Gärtner oder Erntehelfer wie auf der Sanddornplantage in Vechta gefragt. »Oder Essenverteilung – da klappert man mit einem Rollwagen alle Zellen ab und kommt richtig rum.«

Claus war nach einer kurzen Karriere als Servicekraft in der Kantine für Knastmitarbeiter der Leiter der Knastbibliothek, wahrscheinlich hielt man ihn wegen seines Studiums und der abgebrochenen Promotion für besonders geeignet – dabei liest er weder besonders viel noch besonders gern. Doch wie viele Gefangene änderte er seine Einstellung vorübergehend während seiner Inhaftierung und begann sich durch die gesamte Bibliothek zu schmökern, am liebsten waren ihm Thriller wie *Der Schwarm* oder die Trilogie von Stieg Larsson, also richtig fette Schinken. »Man kann nicht immer nur fernsehen oder Radio hören.«

Claus war als »Bibliotheksleiter« für Neuanschaffungen und Archivierung zuständig, fürs Verleihen, und er musste die Bibliothek insgesamt in Schuss halten. »Eine schöne Aufgabe, wirklich.« Er gab diesen Job selbst dann nicht auf, als er mit dem Wirtschaftsinformatik-Studium anfing. Es gibt nicht viele Häftlinge, die hinter Gittern akademische Weihen anstreben. In Deutschland sind es ungefähr zweihundert – ein erfolgreicher Abschluss bleibt jedoch die Ausnahme. Selbst in Freiburg, wo das Gefängnis in Sachen Bildung als beispielhaft gilt und die Studienbedingungen im Vergleich zu anderen Haftanstalten als geradezu traumhaft beschrieben werden, haben bisher nur sieben Insassen ihr Studium erfolgreich beendet. Kein Wunder – die Knaststudenten müssen ohne Professoren, Unibibliothek, Tutorien und Internet auskommen; Hausarbeiten schreiben sie mit der Hand. Da gerade bei einer Fernuni viele Daten nur übers Internet zur Verfügung gestellt werden, kann man ohne einen zumindest beschränkten Onlinezugang heute kaum noch studieren; selbst die Rückmeldung für das nächste Semester wird da oft schon zum Problem. Claus hat es trotzdem irgendwie geschafft, trotz eines Vollzeitjobs in der Knastbibliothek und der schwierigen Studienbedingungen; immerhin stellte man ihm für sein Wirtschaftsinformatik-Studium einen »getunnelten«, – also einen eingeschränkten und streng kontrollierten – Computerzugang zur Verfügung. »Der Computerraum war zwar nicht gerade auf dem neuesten Stand – und das ist noch höflich ausgedrückt –, aber es ging irgendwie.« Seine Klausuren schrieb Claus unter Aufsicht in einem Studierzimmer in Stadelheim, nur zum Verfassen der Abschlussarbeit und für die Abschlussprüfung durfte er das Gefängnis verlassen, anfangs nur mit einem Polizisten an seiner Seite.

»Im Knast ist es das Wichtigste, dem Tag eine Regelmäßigkeit und eine Struktur zu geben und nicht wie andere Inhaftierte in den Tag hineinzuleben. Es gab welche, die haben oft zwanzig Stunden am Stück geschlafen. Dafür haben sie die Gitterfenster mit Zeitungspapier abgeklebt; die wollten gar nicht mehr rausgucken. Ich glaube, da wäre ich verrückt geworden. Ich habe mich eben mit Lernen, Sport und Arbeiten über Wasser gehalten.«

Ganz freiwillig war die Arbeit in der Knastbibliothek allerdings nicht – die Gefängnisleitung Stadelheim bestand darauf, dass Claus weiterarbeitete, wohl aus Angst vor Eifersüchteleien und Unfrieden. »Immerhin habe ich auf diese Weise die ganze Zeit etwas verdient, womit ich auch meine laufenden Kosten im Gefängnis abdecken konnte.« Vier Siebtel des Verdienstes werden für die Gefangenen nämlich als Übergangsgeld für die Zeit nach der Entlassung einbehalten, der Rest wird als »Hausgeld« ausbezahlt und darf beispielsweise im Knastladen ausgegeben werden – zum Beispiel für Kosmetika, Zigaretten oder Süßigkeiten.

Seit meinen Recherchen weiß ich, dass Claus in vielen Punkten eine Ausnahmeerscheinung in der JVA war. Sechzig Prozent der rund achtundsechzigtausend Inhaftierten in Deutschland haben keine Berufsausbildung, dreizehn Prozent noch nicht einmal einen Schulabschluss, zweiundsechzig Prozent werden von hohen Schulden geplagt, bevor sie im Gefängnis landen. Die meisten sitzen wegen Diebstahls, Drogendelikten und Raubes ein, für die meisten ist es nicht die erste Haftstrafe; etwa die Hälfte ist nach einem Jahr wieder draußen, zwei Drittel nach zwei Jahren, neunzig Prozent nach vier Jahren, doch die Rückfallquote ist enorm hoch. Ausländer und Muslime sind laut einer Studie der Caritas in deutschen Gefängnissen überrepräsentiert, in einigen Haftanstalten sind etwa zwei Drittel der Häftlinge drogenabhängig. Und nur die wenigsten Inhaftierten verfügen über ein tragfähiges soziales Netz, sie haben also keinen Rückhalt in der Familie oder in einem Freundeskreis, sind nicht Mitglied in Vereinen oder anderen sozialen Gruppen. Und nur eine sehr kleine Minderheit sitzt wegen Mordes ein.

Wieder einmal lasse ich meine Gedanken schweifen und versuche, mich in Claus hineinzudenken. Wie mag es sein, sich in so einem Umfeld wiederzufinden – ein Umfeld, das man früher höchstens aus dem Fernsehen oder aus Zeitschriften kannte, dem man sich nicht zugehörig fühlt, auf das man vielleicht sogar herabgeschaut hat? Mit wem tauscht man sich aus? Wie findet man einen Gesprächspartner, wenn man den meisten intellektuell oder zumindest sprachlich überlegen ist? Wie mag es sich anfühlen, sich zwischen lauter Verbrechern wiederzufinden, wenn man noch nie zuvor mit Kriminellen zu tun hatte – zugleich aber zu wissen, dass man eine viel schlimmere Tat verübt hat als all die Drogendealer, Autoschieber, Zuhälter, Diebe, Betrüger und Einbrecher um einen herum?

Ich weiß von Claus, dass er viele seiner Ansichten in der Zeit im Gefängnis überdacht und geändert hat, nicht nur die Sache mit der Todesstrafe. Ab und zu erklärt er mir die schwierige, ja manchmal hoffnungslose Situation vieler ausländischer Strafgefangener, die er kennengelernt hat – Häftlinge mit Migrationshintergrund, wie es ja heutzutage heißt. Er erzählt mir davon, wie sie in einem Umfeld aufwachsen, das ihnen oft keine andere Chance lässt, als kriminell zu werden. Claus war nie ausländerfeindlich, aber ich weiß, dass ihn solche Themen in seinem früheren Leben, also vor dem Mord und der Haftzeit, nicht besonders interessiert haben. Das war eine andere Welt, mit der er nichts zu tun hatte, die er höchstens vom Hörensagen kannte. Erst im Gefängnis, mit vielen solcher Schicksale vor Augen, fing er an, darüber nachzudenken und Vorurteile über Bord zu werfen.

Der Zug hält an – wir sind in Kassel-Wilhelmshöhe, hier wollte Olaf zusteigen. Ich versuche, ihn auf dem Bahnsteig zwischen all den Reisenden zu entdecken, und bin so konzentriert, dass ich gar nicht merke, wie er sich neben mich setzt.

»Hallo schöne Frau, ist der Platz neben Ihnen noch frei?«

Ich schrecke zusammen und fege meine Rechercheunterlagen vom Tischchen vor mir.

»Sehe ich etwa so grässlich aus? Ich habe die letzten Tage zwar zu wenig geschlafen und zu viel gesoffen, aber dass es so schlimm ist, hätte ich nicht gedacht.«

Ich drehe mich zu ihm um, lächle und umarme ihn.

»Hey, nicht so stürmisch!«, ruft er.

»Kein Wunder, dass ich einen Herzinfarkt bekomme, wenn du dich so anschleichst.«

Olaf steht noch einmal auf, verstaut seine Fotoausrüstung und den Rucksack im Gepäckfach und lässt sich ein zweites Mal auf den Sitz fallen.

»Na, das wird ein Kontrastprogramm. Eine Woche lang Sternerestaurants quer durch Deutschland fotografieren und jetzt in den Frauenknast. Da bin ich ja mal gespannt.«

»Und ich erst.«

»Wie geht es dir damit?«

»Dass wir in den Knast gehen?«

»Ja, was sonst?«

»Komisches Gefühl. Ich habe zu Claus gesagt, es sei für mich wie eine Reise in seine Vergangenheit.«

»Ach, er war im Frauengefängnis? Das wusste ich ja noch gar nicht. Dann hat er die Zeit ja bestimmt genossen.«

Ich muss lachen.

»Olaf, du bist unmöglich.«

»Ja, das höre ich öfter.«

Er wird wieder ernst.

»Nee, jetzt mal ohne Spaß. Bist du halbwegs okay?«

»Geht so. Ich drehe natürlich wieder verstärkt Runden im Gedankenkarussell, seit sie mir die Geschichte aufs Auge gedrückt haben …«

»Ist ja auch verrückt, dass sie dir ausgerechnet jetzt eine Knaststory geben.«

»Ja, nicht wahr?«

»Andererseits ist es wirklich ein cooles Thema. Mit Tiefgang, Relevanz, Schicksalen und so.«

»Genau, vor allem mit *und so*. Früher wäre ich verrückt vor Freude gewesen bei so einem Auftrag.«

»Und jetzt?«

»Freue ich mich auch, nur etwas verhaltener. Nein, natürlich ist es ein interessantes Thema. Ich habe nur Angst, vor Ort in Tränen auszubrechen, und dann denken alle, ich hätte nicht mehr alle Rosinen im Kuchen.«

»Ach was, du bist doch Profi. Abends im Hotel kannste mir dann ja die Hucke vollheulen.«

»Deswegen bin ich ja auch so froh, dass du mitkommst. Vor dir muss ich mich wenigstens nicht verstellen.«

»Was sagt Claus eigentlich zu deinem Knasttrip?«

»Hm.«

»Was?«

»Er sagt sehr oft Hm. Und meint, es sei vielleicht alles zu viel, was ich so mache, um seine Vergangenheit zu verarbeiten.«

»Kann ich verstehen.«

»Was?! Fällst du mir jetzt auch noch in den Rücken?«

»Würde ich nie. Aber manchmal habe ich auch schon gedacht, dass diese Konfrontationstherapie, die du da durchziehst, *too much* ist. Für dich, dein Seelchen, für euch beide als Paar …«

»*Too much,* wieso *too much?*«

»Na ja, als du auf dieses Hochhaus geklettert bist …«

»Geklettert? Ich bin nicht geklettert, sondern mit dem Lift gefahren.«

»… und dich auf das Fensterbrett im dreizehnten Stock gesetzt hast, bei geöffnetem Fenster – also das ist doch Wahnsinn.«

»Das sagst du nur, weil du Höhenangst hast.«

»Nein, das sage ich, weil ich mir um dich Sorgen mache. Ich kann ja verstehen, dass dich die Sache beschäftigt, aber findest du nicht, du übertreibst?«

Ich verberge mein Gesicht in den Händen, weil mir schon wieder Tränen aus den Augen schießen. Olaf legt seinen Arm um mich.

»So schlimm?«

Ich ziehe die Nase hoch und wische mir die Tränen aus dem Gesicht.

»Ich weiß doch auch nicht, wie ich damit umgehen soll. Es ist so verdammt schwierig.«

»Wolltet ihr nicht eine Paartherapie anfangen?«

»Ganz schlechtes Thema. Claus hat es zwar versprochen, übt sich aber jetzt in Verzögerungstaktiken.«

»Kann ich auch irgendwie verstehen. Bestimmt hat er die Schnauze voll von Therapien.«

»Schon klar, aber ich glaube, es würde uns helfen. Mir würde es helfen, verdammt.«

»Ist ja gut, ist ja gut. Wahrscheinlich wäre so eine Therapie echt das Beste. Gib deinem Cläuschen einfach mal 'nen Tritt in seinen durchtrainierten Knackarsch. Und versprich mir, dass du nicht mehr auf Hochhäuser kletterst.«

Ich ziehe ziemlich unweiblich den Rotz hoch.

»Versprochen.«

»Und jetzt auf zur nächsten Konfrontationstherapie. Auf in den Knast.«

Wenn man die Website der JVA Vechta aufruft, kann man nachlesen, dass in der Hauptanstalt knapp hundertfünfzig inhaftierte Frauen wohnen können, auf drei Etagen in sieben Gebäudeteilen – die Gefängnisleitung benutzt hier wirklich das Wort »wohnen«. Hinzu kommen sechzig Frauen im offenen Vollzug, das heißt, dass sie tagsüber die Haftanstalt verlassen dürfen – so wie Claus gegen Ende seiner Haftzeit in Stadelheim. Allerdings verließ er die JVA nicht, um zu arbeiten, wie die meisten Strafgefangenen, sondern um in der Stabi, der Münchner Staatsbibliothek, für seinen Abschluss in Wirtschaftsinformatik zu büffeln, und später, um Bewerbungen auf dem Computer zu schreiben.

Auf der Homepage des Frauengefängnisses in Vechta ist die Rede von einem »Areal von 9 368 m² mit Freiflächen für Freistunden und Freizeitaktivitäten«. Neben den vielen »Frei«-Vorsilben findet man auch die Begriffe »Orientierung«, »Lebensraum«, »Beratung« und »individuelle Belange«. Alles in allem klingt es nicht wie die Beschreibung eines Gefängnisses, sondern eher wie die eines Internats und spiegelt das Ziel wider, das sich der Strafvollzug heute auf die Fahnen geschrieben hat: Resozialisierung, also die rasche Wiedereingliederung ehemaliger Straftäter in die Gesellschaft. Es wirkt human, nicht allzu streng, sondern eher zu locker. Die Argumente all derer, die nach »härteren Strafen« rufen, kommen einem in den Sinn, wenn man sich durch die Homepage klickt.

Einige Zeitungsartikel über das Frauengefängnis schildern die Lage allerdings nicht ganz so rosig. Von Überbelegung, fehlenden Rückzugsmöglichkeiten, Doppelbelegungen in Einzelhafträumen, massiven Drogenmissbrauchsproblemen und viel schlechteren Aus- und Weiterbildungsmöglichkeiten als im Männervollzug ist da die Rede.

Dass die Website der JVA täuscht und dass ein Gefängnis ein Gefängnis bleibt und eben kein Kuschelknast ist, wird klar, sobald man das Gebäude betreten hat. Der schneidende Tonfall der beiden Vollzugsbeamtinnen am Eingang lässt mich die Faust in der Jackentasche ballen. Man ermahnt uns, wirklich alle Handys am Eingang abzugeben, und droht mit weitreichenden Konsequenzen, wenn wir uns nicht daran halten – offenbar hat man mit Journalisten in dieser Hinsicht schon schlechte Erfahrungen gemacht.

Ich weiß bereits von Claus, dass Handys in allen JVAs

streng verboten sind, da sich die Anrufe und SMS nicht kontrollieren lassen und es daher leicht möglich wäre, mithilfe des Handys Ausbruchsversuche zu organisieren oder – was wahrscheinlicher ist – Straftaten zu planen. Anrufe nach draußen sind in den meisten Haftanstalten nur einmal pro Woche oder seltener erlaubt, müssen vorher angemeldet werden und sind von einem Festnetzapparat zu tätigen, der jederzeit abgehört werden kann.

Claus hat mir aber auch ein paar Schnappschüsse gezeigt, die ihn beim Kraftsport in Stadelheim zeigen – er sieht darauf viel bulliger und muskulöser aus als heute, da es hinter Gittern natürlich viel einfacher ist, Kraft als Ausdauer zu trainieren – aufgenommen wurden diese Fotos mit dem eingeschmuggelten Handy eines Mithäftlings. Die Ermahnungen der Vollzugsbeamtinnen sind also keineswegs unberechtigt – aber sie hören sich in etwa so an wie Fräulein Rottenmeier in *Heidi,* das nervt.

»Was für ätzende Rottweiler«, flüstert mir Olaf zu, und ich nicke grinsend.

Wir bekommen Besucher-Schildchen zum Anstecken und werden von einer weiteren Beamtin durch lange Gänge geführt.

»Sie sind also Wärterin …«, versucht Olaf ein Gespräch in Gang zu bringen.

Ich räuspere mich und schubse ihn von hinten.

»Nein, bin ich nicht«, sagt die Dunkelhaarige prompt. »Wärter gibt's höchstens im Zoo.«

»Ähm, ach so«, erwidert Olaf.

»Vollzugsbeamte – es heißt Vollzugsbeamte«, zische ich ihm durch zusammengebissene Zähne zu. Die Begriffe »Schließer« und »Wärter« wurden schon vor Jahren abgeschafft und werden von vielen Mitarbeitern in Haftanstalten nicht gern gehört.

»Sie haben sich wohl richtig gut vorbereitet, was?«, fragt unsere Begleiterin und dreht sich kopfschüttelnd zu uns um. Na, das fängt ja gut an.

Schon nach zehn Minuten bin ich genervt davon, dass ich mich nicht frei bewegen kann. Wenn ich zur Toilette möchte, kommt eine Beamtin mit und sperrt mir auf der kurzen Strecke vier Türen auf. Genauso ergeht es Olaf, der seinen Objektivkoffer aus Versehen im Eingangsbereich stehen ließ und noch einmal zurückmuss. Claus hat mir erzählt, dass man sich nach einiger Zeit so sehr daran gewöhnt, nicht einfach durch eine Tür hindurchgehen zu können, sondern immer darauf warten zu müssen, bis einer aufschließt, dass er auch Wochen nach der Entlassung unwillkürlich an Türen stehen blieb, bis ihm wieder einfiel, dass er sie jederzeit öffnen und einfach in den nächsten Raum oder nach draußen marschieren kann.

Unsere Köpfe dröhnen vor Ermahnungen und Vorschriften: *keine Nahaufnahmen von Schlüsseln oder Schlössern; keine spontanen Fotos von Gefangenen; keine Gegenstände irgendwo herumliegen lassen, die Diebstahlsgefahr sei enorm; kein Schritt ohne Aufsicht; keine Geschenke an die Gefangenen, nicht mal einen Kaugummi oder einen Stift*, und so weiter und so fort.

Einigen gefangenen Frauen sind wir schon begegnet, wohl eine Gruppe auf dem Weg von den Zellen zur Arbeit oder zurück. Alle haben sich umgedreht und gekichert, zwei haben Olaf hinterhergepfiffen.

»Hey, Zuckerbaby«, rief eine.

»Oh, oh«, sagte er leise zu mir.

»Sag denen bloß nicht, dass du schwul bist«, flüsterte ich.

»Doch, ich glaube, ich lasse es mir sicherheitshalber heute Abend aufs T-Shirt drucken«, flüsterte er zurück.

»Jetzt sei doch nicht so, die wollen doch nur nett sein.«

»Du hast leicht reden. Hast du gesehen, wie die aussehen?«

Insgeheim musste ich Olaf recht geben. Die meisten sahen bleich aus, wirkten knochig und aufgequollen zugleich und hatten strähniges Haar. War das ein Unterschied zum Männerknast? Claus hatte immer davon erzählt, was für gut aussehende Jungs zusammen mit ihm einsaßen. Einer scheint dazu noch ein derartiger Herzensbrecher gewesen zu sein, dass er sogar eine der jungen Therapeutinnen rumgekriegt hatte.

»Sex?!«, fragte ich. »Und wo bitte schön?«

»Na, wahrscheinlich während einer Einzelsitzung. Ich war nicht dabei.«

»Das stimmt doch nie und nimmer.«

»Aber hallo, und ob das stimmt. Wir waren alle in sie verliebt, aber er bekam sie …«

»Und du? Hast du auch geflirtet oder Psychologinnen aufgerissen?«

Claus sieht mich lange an.

»Kristin, was ist das für eine Frage? Ich wollte nie wieder eine Freundin oder Frau haben. Ich fand, ich hatte es nicht verdient. Außerdem trauerte ich noch immer um Elke.«

»Entschuldigung. Aber ich meinte ja auch keine feste Beziehung …«

»Ich fand diese Therapeutin wirklich süß. Und wie gesagt, wir waren alle verknallt in sie.«

»Du wolltest nie wieder eine Freundin haben?«

»Nein. Das ist doch wohl verständlich nach allem, was ich angerichtet habe.«

»Und Sex? Wolltest du auch nie mehr Sex haben?«

»Kristin, bitte.«

»Was ist an dieser Frage so schlimm?«

Claus zögert, antwortet dann mit leiser Stimme.

»In den ersten zweieinhalb Jahren war Sex kein Thema. Danach habe ich ihn nicht für immer ausgeschlossen.«

»Und irgendwann hast du dir dann auch eine neue Beziehung gewünscht.«

»Die Therapien haben bewirkt, dass ich mich nach Jahren wieder getraut habe, diesen Gedanken überhaupt zu denken. Also, den Gedanken, dass es für mich irgendwann wieder so etwas wie eine Beziehung geben könnte.«

»Haben wir nur ›so etwas wie eine Beziehung‹«?

»Sei nicht albern. So oft, wie wir uns streiten, haben wir praktisch eine Ehe.«

Ich lache und küsse ihn.

»Danke, dass du so ehrlich bist.«

Olaf und ich erreichen die Knastschneiderei, in der Taschen und Bettwäsche genäht werden; etwa fünfzehn Frauen arbeiten hier. Alle Köpfe fahren herum, wie in einer Schulklasse beginnt Getuschel und Gekicher. Unser »Hallo zusammen« wird mit unverständlichem Gemurmel erwidert. Ich komme mir jetzt doch so vor, als wäre ich in ein Mädcheninternat geraten.

Mir fällt das ausgedruckte *SPIEGEL*-Interview ein, das ich in meiner Tasche zwischen all den anderen Rechercheunterlagen mit mir herumtrage. Darin ging es um die

Unterschiede zwischen Männer- und Frauenvollzug. Laut Theresia Höynck vom Kriminologischen Forschungsinstitut Niedersachsen lassen sich »innere und äußere Sicherheit (…) in Frauengefängnissen viel leichter gewährleisten als in Haftanstalten mit überwiegend männlichen Insassen. Natürlich gibt es auch unter Frauen physische Gewalt sowie massive Unterdrückungs- und Abhängigkeitsstrukturen – der Gefängnisaufenthalt ist schließlich keine Veranstaltung von Klosterschülerinnen. Solche Auseinandersetzungen liegen aber deutlich unter dem Niveau dessen, was im Männervollzug stattfindet.«

Claus sagte mir bei einem unserer langen Gespräche, er habe stets versucht, sich Ärger vom Hals zu halten, und das sei ihm auch gelungen. Das sei gar nicht so schwierig, wenn man keine Drogen nehme wie viele Mithäftlinge, meinte er. »Giftler« werden Drogenabhängige in Stadelheim genannt, auch dann noch, wenn sie längst zwangsweise clean sind.

Die meisten Auseinandersetzungen und die Gewalt hätten mit dem Drogenkonsum hinter Gittern zu tun, sagt Claus. Ich fragte ihn, wie denn die Gefangenen an Drogen kämen.

»Ach, manchmal flog eine Tüte über die Mauer, beim Hofgang. Einer lenkte den Beamten ab, der gerade Wachdienst hatte, und schwupp, schon war wieder ein Beutelchen mit irgendwas in irgendeiner Hosentasche verschwunden. Den genauen Zeitpunkt hatten die zuvor bei einem Besuch abgesprochen. Und wahrscheinlich schmuggeln auch manche Anwälte, Therapeuten und sogar Vollzugsbeamte was ein. Auch wenn ich dafür keine Beweise habe …«

Vergewaltigungen, wie man sie aus Knastfilmen kennt, habe er zum Glück nie mitbekommen oder gar selbst erleben müssen, berichtete Claus. Überhaupt gehe es ganz anders zu als in diesen typischen Hollywood-Filmen über Gefängnisse. Vielleicht sei die Situation in anderen Ländern wirklich so, wie sie in diesen Filmen dargestellt werde, aber deutsche Knäste seien da seines Wissens nicht so.

»Wobei«, betonte er, »ich musste mir schon Respekt verschaffen, um in Ruhe gelassen zu werden. Und das habe ich mit Sport geschafft.«

Claus hat, nachdem er seine Depression und die Suizidgedanken überwunden hatte, in Stadelheim bei jeder sich bietenden Gelegenheit trainiert. Er erhielt sogar die Erlaubnis, beim einstündigen Hofgang nicht nur schnell zu gehen, wie es viele Häftlinge machen, um sich Bewegung zu verschaffen, sondern zu laufen. Eigentlich ist das in allen Haftanstalten aus Sicherheitsgründen verboten. Die Gefängnisleitung fürchtet Ausbruchsversuche oder hat Angst, die Kontrolle zu verlieren, wenn alle Gefangenen beim täglichen Hofgang plötzlich Rennen veranstalten. Doch Claus durfte joggen und drehte täglich seine Runden, bei jedem Wetter – er war offenbar ein Musterhäftling mit einigen Privilegien.

»Na ja, außerdem war Laufen nicht gerade eine angesagte Sportart im Knast. Die Jungs interessierten sich eher für Kraftsport.«

Auch Claus trainierte so oft wie möglich im Kraftraum und zog unbeirrt sein selbst entwickeltes Trainingsprogramm durch.

»Erst hielten die mich alle für bekloppt, doch dann haben sie mitbekommen, welche Gewichte ich stemmen kann und wie schnell ich an Muskelmasse zulege, wenn ich möchte. Da fiel ihnen die Kinnlade runter, denn die meisten von denen trainieren völlig falsch.«

Und so wurde Claus beim Sport zum Ratgeber und Trainer und gewann auf diese Weise an Ansehen. Wie groß das Ansehen war, hatte ich selbst erlebt – bei der Begegnung mit Wladi im Englischen Garten.

»Der Frauenvollzug ist mühsam«, sagt die Vollzugsbeamtin, die uns begleitet, gerade, und reißt mich damit aus meinen Gedanken.

»Wissen Sie, ich war früher im Männervollzug. Da ist es einfacher, finde ich. Wenn's da Zoff gibt, dann gibt's – zack – einen auf die Zwölf, und gut ist's. Aber bei den Frauen. Puuuh …«

Weil ich nicht sofort antwortete, springt Olaf ein.

»Kann ich mir vorstellen«, sagt er und versucht, mitfühlend zu klingen, um seinen »Wärter-Patzer« von vorhin wieder auszumerzen.

»Immer dieses Gezicke und Getratsche und alles immer hintenrum.«

»Oje, klingt wirklich mühsam«, sage ich, um auch etwas zur Unterhaltung beizutragen.

»So seid ihr Mädchen halt. Immer und überall zickig.«

Die Vollzugsbeamtin lacht – Olaf kann man nicht so leicht widerstehen.

Weibliche Gefangene mögen aus Sicht der Vollzugsbeamtin vielleicht komplizierter sein, doch Frauen landen viel seltener hinter Gittern als Männer – gerade mal knapp über drei Prozent aller Inhaftierten in Deutschland sind weiblich. Sie sitzen auch nur in den seltensten

Fällen wegen schwerer Verbrechen ein, Totschlägerinnen und Mörderinnen sind eine absolute Ausnahme. Ich erinnere mich an Theresia Höyncks Statement im *SPIEGEL*-Interview: »… die Deliktstruktur (im Frauenvollzug ist) eine völlig andere. Frauen verüben deutlich weniger Gewaltdelikte – und wenn sie es tun, dann handelt es sich in der Regel um leichtere Straftaten als bei Männern. Die Mehrzahl der weiblichen Gefängnisinsassen wurde wegen Diebstahls oder Betrugs verurteilt. Viele Frauen haben gegen das Betäubungsmittelgesetz verstoßen, die meisten jedoch nicht innerhalb mafiöser Strukturen, sondern im Rahmen von Beschaffungskriminalität, um den eigenen Konsum zu sichern.«

Das bestätigt unsere Vollzugsbeamtin mit ihrem nächsten Satz: »Und dann haben wir hier so viele Drogenwracks, ein Elend ist das. Sie müssen sich nur mal umgucken, all die Ausgemergelten mit den kaputten Zähnen …«

Claus hat mir schon mehrmals vom »typischen braunfleckigen Knastgebiss« erzählt. Speed, Crack, vor allem aber die Modedroge Crystal Meth ruinieren innerhalb kürzester Zeit Zähne und Zahnfleisch. Und weil in den Haftanstalten so viele Drogenkonsumenten einsitzen, sieht man überall gelbbraune Zähne, Karies, schrumpfendes Zahnfleisch und viele Zahnlücken. Zwar haben die Strafgefangenen hinter Gittern ein Recht auf »ärztliche Grundversorgung«, die auch Zahnarztbehandlungen einschließt, aber eine kosmetische Rundumsanierung, die viele Inhaftierte nötig hätten, fällt natürlich nicht unter die Grundversorgung. Ich erinnere mich an eine Anekdote über einen in Bochum inhaftierten Wirtschaftskriminellen, den Geschäftsführer eines größeren Unternehmens, die ich bei meinen Recherchen in der *Stuttgarter Zeitung* gefunden habe. Ihm war sein provisorisches Gebiss zerbrochen; eine Reparatur lehnte der Anstaltsarzt mit den Worten ab, er habe jetzt keine Zeit, und die Gefängnisleitung riet dem Gefangenen, doch mit der »anderen Seite«, also der noch intakten, zu kauen. Über die vielen schauerlichen Knastgebisse, die uns von überall her anblitzen, muss man sich unter solchen Umständen nicht wundern.

Wir sehen uns genauer in der Schneiderei um. Die Frauen haben die Köpfe gesenkt, doch einige lächeln uns von schräg unten zu und zwinkern. Ich zwinkere zurück, und plötzlich rufen alle durcheinander.

»Wehe, du fotografierst mich!«

»Ich will auch nicht!«

»Bei dir explodiert doch eh der Fotoapparat!«

»Ich seh heut so scheiße aus!«

»Wieso heute? Du siehst immer scheiße aus!«

»Nur die Ruhe«, rufe ich dazwischen. »Ihr seht alle total megasuperduper aus, und fotografiert werden nur die, die das auch wollen. Aber ich kann euch sagen: Olaf ist ein Spitzenfotograf. Auf seinen Fotos sehen alle immer aus wie bei *Germany's Next Topmodel,* er ist ein richtiger Zauberer.«

»Ja, das stimmt«, sagt Olaf und zeigt sein berüchtigtes Grübchengrinsen.

»Können wir den eigentlich behalten?«, fragt eine.

»Ihn hier?«, sage ich und deute dabei auf Olaf.

»Ja, das Zuckerbaby!«

»Alles eine Frage des Preises.«

»Wehe du verkaufst mich so billig wie letztes Mal. Immerhin bin ich ein Sahneschnittchen«, sagt Olaf.

Einige lachen.

»Ihr seid gar nicht so schlimm, wie ich gedacht habe«, sagt eine.

Das Eis ist gebrochen – zumindest hoffe ich das.

Unsere Interviewpartnerin hier ist Jana – sie hat sich freiwillig bereit erklärt, mit uns zu sprechen und Fotos von sich machen zu lassen. Man kann davon ausgehen, dass Jana eine Vorzeigegefangene ist, andernfalls hätte die Gefängnisleitung sicher nicht zugestimmt. Jana sitzt an einer Nähmaschine. Als sie uns kommen sieht, richtet sie sich auf, lächelt uns an und wischt sich die Hände an ihrer Jeans ab – hier im Frauengefängnis scheint es keine vorgeschriebene Gefängniskluft zu geben wie bei Claus in Stadelheim. Entweder liegt es daran, dass man auf die weiblichen Eitelkeiten Rücksicht nimmt und den Frauen keine hässlichen Klamotten aufzwingt, oder der Strafvollzug ist hier im Norden etwas lockerer als bei uns im konservativen Süden.

Jana streckt uns ihre Hand entgegen, wir begrüßen uns. Sie hat eine rosige Gesichtsfarbe, weiße Zähne ohne Lücken und dezent rot gefärbtes Haar, das an den Ansätzen dunkel nachwächst – das ist nicht etwa ungepflegt, sondern der gerade total angesagte *Ombre-Look,* wie ich dank unserer Beauty-Redakteurinnen weiß. Ihre Fingernägel sind hellrosa lackiert, ihre Augenbrauen sorgfältig gezupft. Sie achtet auf ihr Aussehen, selbst hier im Gefängnis. Vielleicht hat sie sich aber auch extra für uns hübsch gemacht.

Ich frage sie, ob ich ihr bei der Arbeit zusehen darf und ob wir uns dabei ein bisschen unterhalten können, während Olaf fotografiert. Sie nickt und setzt sich wieder an ihre Nähmaschine. Ich habe mir die ganze Zeit umsonst Sorgen gemacht. Jana ist mir auf Anhieb sympathisch und ich ihr offenbar auch. Nach ein paar Minuten Small Talk erzählt sie mir, warum sie im Gefängnis ist. Sie hat für ihren Exfreund harte Drogen über die Grenze zwischen Holland und Deutschland geschmuggelt – und das mehrmals. Als sie zum ersten Mal erwischt wurde, kam sie mit einer Bewährungsstrafe davon, auch beim zweiten Mal drückte der Richter beide Augen zu, denn Jana hatte damals gerade ein Baby zur Welt gebracht. Er schickte sie nicht ins Gefängnis, doch beim dritten Mal gab es kein Pardon. Fünf Jahre hat man ihr aufgebrummt. In sechs Monaten wird sie entlassen, wenn alles gut geht. Dann war sie viereinhalb Jahre hinter Gittern, Claus saß nur zweieinhalb Jahre länger – für Mord. Natürlich bin ich froh darüber, dass er nicht zu einer lebenslänglichen Haftstrafe verurteilt worden ist, denn dann hätte ich ihn wahrscheinlich nie kennengelernt. Trotzdem fällt es mir schwer, Verhältnismäßigkeit und so etwas wie Gerechtigkeit in den beiden Strafen zu erkennen: Eine junge Mutter schmuggelt aus falsch verstandener Liebe zu ihrem Freund harte Drogen, wird zu fünf Jahren verdonnert und kommt nach viereinhalb wieder raus; ein hoffnungsvoller Unternehmensberater ermordet einen Menschen, wird zu elf Jahren verurteilt und nach sieben entlassen, die letzte Zeit dieser sieben Jahre verbringt er im offenen Vollzug. Okay, Jana ist Wiederholungstäterin, und sie bewegte sich in einem kriminellen Milieu, aber sie hat niemanden umgebracht, niemandem das Leben gestohlen. Ist das der viel diskutierte Unterschied zwischen Recht und Gerechtigkeit?

Ich habe ein schlechtes Gewissen, dass solche Gedanken in meinem Kopf herumspuken. Müsste ich nicht vorbehaltlos hinter Claus stehen und einfach nur froh und glücklich darüber sein, dass er nicht mehr im Knast sitzt? Wieso denke ich immer mal wieder über die Verhältnismäßigkeit seiner Strafe nach? Ich schiebe den Gedanken beiseite – im Moment muss ich mich auf meinen Job konzentrieren.

Besonders schlimm finde ich, dass Jana ins Gefängnis musste, als ihr Baby gerade mal ein Jahr alt war. Ihre Tochter wächst bei der Großmutter auf; Jana sieht das Mädchen nur alle zwei Wochen für wenige Stunden. Wenn sie in einem halben Jahr nach Hause darf, wird sich das Kind erst langsam an sie gewöhnen müssen; es kennt seine Mutter ja nur von den kurzen Besuchen im Gefängnis.

»Ich habe nicht miterlebt, wie sie ihre ersten Schritte gemacht hat, und ihr erstes Wort, ›Mama‹, hat sie zu meiner Mutter gesagt, nicht zu mir. Das ist – hart.«

Jana laufen Tränen über die Wangen, und auch ich habe feuchte Augen, ich denke an Leon. Ich krame Taschentücher aus meiner Handtasche und reiche ihr eines.

»Ich soll dir zwar nichts geben, nicht mal einen Kaugummi, aber ein Papiertaschentuch wird ja wohl noch erlaubt sein.«

Wir schnäuzen uns im Duett und lachen.

Olaf ist komplett in seine Arbeit versunken und macht ein Foto nach dem anderen. Wie immer wirkt er dabei wie in Trance. Die Frauen lassen nach und nach ihre Arbeit liegen und kommen, um zuzusehen.

»Fotografier mich auch mal«, sagt plötzlich eine und stupst ihn.

»Ja, mich auch!«

»Ich will auch in die Zeitung!«

»Ich auch, aber mach, dass ich gut aussehe!«

»Wie soll er das denn schaffen, du Schnepfe? Der kann doch nicht hexen!«

»Gleich geb ich dir Schnepfe, du, du, du – Opfer!«

»Hey, zeig mal, wie Jana aussieht!«

»Boah, cool geworden.«

»Mach so eins auch von mir!«

Unterschätze nie die weibliche Eitelkeit, denke ich bei mir.

Olaf hat alle Hände voll zu tun, um allen Wünschen gerecht zu werden.

Jana lächelt mich an.

»Es ist eine nette Abwechslung, dass ihr hier seid. Die Arbeit lenkt zwar ab, aber es ist trotzdem ganz schön öde hier. Ein Tag gleicht dem nächsten wie ein Ei dem anderen. Ich halte mich nur mit dem Gedanken aufrecht, dass ich bald rauskomme. Und mit der Arbeit. Auf die Taschen, die wir hier nähen, bin ich richtig stolz.« Sie hält eine hoch. »Ich hätte nie gedacht, dass ich so was kann. Bevor ich hierherkam, habe ich noch nie etwas genäht.«

Eine Glocke ertönt, es ist Mittagspause. Die Vollzugsbeamtin sammelt Scheren, Teppichmesser und andere gefährliche Werkzeuge ein, zählt sie durch und hakt sie auf einer Liste ab.

Aber noch dürfen die Frauen nicht weg – erst geht es zur Drogenkontrolle. Jana und ein paar ihrer Kolleginnen erlauben uns, sie dabei zu begleiten und auch zu fotografieren. Die Frauen werden abgetastet, Schuhe, Hosentaschen und Jackenaufschläge werden ebenso überprüft wie die Haare – überall könnten Drogen versteckt sein, sie sind allgegenwärtig. Die Gefängnisbibliothek in Vechta wurde vor einiger Zeit geschlossen, weil sie als Treffpunkt für Drogenverkauf und -konsum diente, wie uns die Vollzugsbeamtin erzählt, die gerade die Drogenkontrolle durchführt.

»O mein Gott«, denke ich, »bei geschlossener Bibliothek hätte ich hier noch nicht mal die Chance, problemlos an ein paar Bücher zu kommen.« Die einzige andere Chance, in einem Gefängnis neuen Lesestoff zu erhalten, ist eine handschriftliche Bestellung bei Buchhändlern oder bei Amazon, wie Claus mir einmal erklärt hat. Besucher dürfen keine Bücher mitbringen. Was für ein Albtraum.

Die Frauen werden in ihren Zellentrakt zurückgeführt. Acht Türen müssen dafür auf- und wieder abgeschlossen werden, der Schlüsselbund dürfte fünf Kilogramm wiegen. Gegessen wird nicht in einem Speisesaal, wie man es so oft in Filmen sieht, sondern auf der Zelle oder im Gemeinschaftsbereich dieses Stockwerks. Wobei »Gemeinschaftsbereich« etwas hochtrabend klingt. Es handelt sich dabei um das Ende eines Ganges, wo ein paar Sessel und dickblättrige Pflanzen stehen, direkt vor einem großen, mit weißen Eisenstäben vergitterten Fenster. Man sieht den Innenhof, die Mauer, den blaugrauen Himmel. Doch dass sich die Frauen überhaupt hier aufhalten dürfen und nicht in der Zelle eingeschlossen werden, wenn sie Mittagspause haben, gilt schon als »gelockerter« Vollzug.

Das Essen besteht aus Pellkartoffeln, Spinat, zwei hart gekochten Eiern und einem fettarmen Erdbeerjoghurt. Wer etwas anderes will, muss es sich vom eigenen Geld im Gefängnisladen besorgen und sich selbst zubereiten, eine Gemeinschaftsküche ist vorhanden. Die aufgelockerte Stimmung von vorhin ist verflogen, kaum einer spricht, von Lachen ganz zu schweigen.

Wieder habe ich nicht das Gefühl, in einem Gefängnis zu sein – es wirkt auf mich eher wie ein Krankenhaus. Vielleicht liegt das am Essen, das sehr nach Krankenhausküche aussieht, vielleicht am grau glänzenden Kunststoffboden, vielleicht an den verstaubten Grünpflanzen, vielleicht auch daran, dass viele hier so wirken, als wären sie schwer krank. Was ja bei den Drogenwracks auch der Fall ist, auch wenn die meisten einen – erzwungenen – Entzug hinter sich haben. Grau, trostlos, frustrierend – das sind die Wörter, die mir in den Sinn kommen, und das, obwohl das Wetter draußen warm und eigentlich gar nicht trübe ist. Doch hier drin ist davon nichts zu spüren.

Jana zeigt uns ihre Zelle. Sie teilt sie mit einer anderen Gefangenen namens Danuta, die auf der Sanddornplantage arbeitet und die wir heute Nachmittag begleiten werden. Noch ist die Zelle aber leer, Danuta arbeitet wegen der Erntephase wohl länger – und doch ist es schon jetzt furchtbar beengt. Schockiert bin ich aber nicht – ich habe inzwischen einfach zu viel darüber gelesen und gehört, daher habe ich mir alles ziemlich genau so vorgestellt.

Es gibt ein Stockbett mit durchhängenden Matratzen, bei denen mir schon der Rücken schmerzt, wenn ich sie bloß anschaue. Die Toilette ist nur mit einer Sperrholzwand abgetrennt.

»Man bekommt wirklich alles mit, es hat lange gedauert, bis ich mich daran gewöhnt hatte. Ich meine, man ist mit der anderen Frau ja nicht befreundet, das ist einem schon peinlich«, erzählt Jana.

Ich schüttle mich – selbst wenn ich hier mit meinen allerbesten Freundinnen einsitzen würde, hätte ich damit Probleme und würde wahrscheinlich unter chronischer Verstopfung leiden.

An den Wänden hängen Fotos von Janas Tochter und Danutas erwachsenen Söhnen zwischen vielen Blumen-, Kätzchen- und Landschaftsbildern. Wieder läuft mir ein Schauder über den Rücken bei der Vorstellung, jahrelang keinen Spaziergang in freier Natur machen zu können, keinen Baum, keinen Strand, keine Wiese zu Gesicht zu bekommen. Natürlich weiß das jeder, schließlich ist das hier ein Knast. Trotzdem fühlt es sich noch mal anders an, wenn man wirklich in einer solchen winzigen Zelle steht und die schlechte Luft einatmet. Erst dann wird einem bewusst, was das Wort »Freiheitsstrafe« bedeutet.

Es ist wie eine Befreiung, nach dem Mittagessen Danuta auf die Sanddornplantage zu begleiten, die direkt hinter dem Gefängnis liegt. Danuta ist mit achtundvierzig Jahren deutlich älter als Jana. Auf die Frage, was sie verbrochen hat, antwortet sie knapp: »Räuberische Erpressung und Scheckbetrug. Zusammen mit meinem Ex.«

Mehr will sie dazu nicht sagen.

Danuta trägt eine blaue Latzhose und ein pinkfarbenes Träger-Top, das ihre kräftigen Oberarme frei lässt, die nach den ersten Erntetagen ziemlich sonnenverbrannt aussehen.

»Man braucht schon ein bisschen Kraft und Ausdauer, wenn man hier arbeiten will«, sagt sie, als sie uns zeigt, wie man mit einer großen Schere die Äste mit den reifen Sanddornbeeren einzeln abschneidet. »Für Jana, das zarte Mäuschen, wäre das nix.« Sie wirft die Äste in eine Schubkarre, die sie dann zusammen mit einer Kollegin hochhievt und in einen Container leert. »An den Dornen kann man sich richtig wehtun. Abends ist man auch echt kaputt. Aber es ist schön, in die Sonne rauszukommen, das kann ich dir sagen. Da blühe ich richtig auf.«

Wenn sie wieder draußen ist, will sich Danuta bei einer Gärtnerei bewerben. »Meine Chancen sind auf jeden Fall größer, dass sie mich nehmen, wenn sie hören, wo ich hier im Knast gearbeitet habe.«

Abends begleiten wir Jana und Danuta noch zum Sport. Er findet in einer großen Turnhalle statt, die mich an mein altes Gymnasium erinnert. Frauen und Mädchen jeden Alters stehen in langen Reihen und folgen den Anweisungen der jungen Trainerin, einer Sportlehrerin von draußen, die hier zwei Mal im Monat Kurse anbietet. Man sieht den Gefangenen den Bewegungsmangel an. Keine von ihnen wirkt besonders sportlich. Viele tun sich mit den einfachsten Übungen schwer, andere sind bereits nach fünf Minuten schweißüberströmt. Doch alle sind mit großem Eifer dabei, und es wirkt für einige Minuten wie eine ganz normale Sportstunde – bis die Abendsonne die langen Schatten der Gitterstäbe vor den Fenstern über den Boden und auf die trainierenden Frauen wirft.

Olaf und ich fahren mit dem Taxi zum Hotel. Morgen früh werden wir wiederkommen, schon morgens um halb sechs, um beim Wecken, dem Frühstück und dem Arbeitsbeginn dabei zu sein. Olaf will keine Gelegenheit für ein tolles Bild verpassen.

Vechta ist eine ziemlich unspektakuläre deutsche Mittelstadt, wie ich bei der Taxifahrt feststelle, trotzdem kommt man sich nach acht Stunden im Knast vor wie in einer anderen Welt. Zwei Kinder schlecken Eis mit Schokostreuseln vor einer Eisdiele; eine hübsche, junge Frau nimmt ein herabgesetztes Sommerkleid von einem Kleiderständer vor einem Laden und hält es sich probeweise an den Körper; ein Labrador springt in einem kleinen Park einem Ball hinterher; ein Pärchen knutscht an einer Bushaltestelle; eine Mutter schiebt einen Kinderwagen, an dessen Seite ein roter Sparkassen-Luftballon festgebunden ist. Ich denke an Jana und ihre Tochter und an all die anderen Frauen, die zum Teil seit Jahren von diesem ganz normalen Alltag ausgeschlossen sind. Ja, ich weiß, sie alle haben Verbrechen begangen, sie alle sind »keine Klosterschülerinnen«. Aber ich kann mich nicht dagegen wehren – ich habe Mitleid. Das Frauengefängnis in Vechta ist kein dunkler, feuchter Kerker, die Zustände sind alles andere als katastrophal. Trotzdem habe ich den Tag dort als schlimm und belastend empfunden. Die Enge, die schlechte Luft, die niedergedrückte Stimmung, die grauen Gesichter, die allgegenwärtigen Drogenprobleme, die Gitter überall, vor allem aber: das Gefühl, vollkommen fremdbestimmt und in einem Korsett von unzähligen Regeln eingezwängt zu sein. Nie, nie, nie, so überlege ich mir, werde ich irgendetwas anstellen, das mich ins Gefängnis bringen könnte. Keine Woche würde ich es dort aushalten.

Während ich aus dem Taxifenster auf das spätsommerliche Vechta starre, fällt mir Claus' Geschichte über eine Fahrt durch München im Knastbus ein – einer dieser ausbruchssicheren, schwer bewachten Busse mit schmalen Fensterschlitzen, die man manchmal in den Innenstädten oder auf der Autobahn sieht. Bis ich Claus kennenlernte, habe ich mich beim Anblick solcher Busse immer ein wenig gegruselt, wenn ich mir die von außen unsichtbaren Insassen vorstellte. Jetzt sehe ich sie, wie so vieles, mit anderen Augen. Claus musste mit diesem Bus wegen einer komplizierten Zahn-OP zu einem Spezialisten am anderen Ende der Stadt gebracht werden; der Anstaltszahnarzt traute sich den Eingriff nicht zu.

»Ich weiß nicht, ob der Fahrer extra die schönsten Straßen Münchens entlanggefahren ist oder ob das einfach Zufall war. Aber nach vier Jahren in Stadelheim war es einfach Wahnsinn, durch diese kleinen Fenster das echte Leben draußen zu sehen. Die schönen Häuser! Bäume mit Herbstlaub! Bunt dekorierte Schaufenster! Obststände voller Früchte! Hübsche Frauen in schicken Kleidern! Und so viele Menschen, dass einem ganz schwindlig geworden ist. Ich war total aufgewühlt danach.«

Und dennoch: So schwierig die Zeit hinter Gittern auch für ihn war, fühlte sich Claus dort auch auf eine seltsame Weise sicher und beschützt. Er musste sich zwar in den Therapien mit seiner Tat und seiner Schuld auseinandersetzen, aber er musste keinen Menschen gegenübertreten, die ihn hassten und ablehnten, weil er Elke getötet hatte. Er musste nicht auf einer Party Leuten in die Augen sehen, die er von früher kannte. Das würde ihn draußen zwangsläufig erwarten. Er musste sich nicht um einen neuen Job kümmern, eine Wohnung suchen, sich ein neues Leben aufbauen mit all den Problemen, die jemanden erwarten, der aus der Haft entlassen wird. Und er musste sich auch nicht mit der Frage herumschlagen, ob er überhaupt in der Lage wäre, nach all dem, was passiert ist, eine Liebesbeziehung zu führen – und ob er eine Frau findet, die sich darauf einlässt.

Wie es weitergeht

Wir sitzen bei einer Paartherapeutin – elf Monate, zwei Wochen, fünf Tage und siebzehneinhalb Stunden nachdem mir Claus den Mord an seiner Exfreundin gestanden hat. Wir haben nicht eng nebeneinander auf einer kleinen Ledercouch Platz genommen, wie man es so oft in Filmen sieht, wenn ein Paar beim Therapeuten gezeigt wird; wir sitzen stattdessen in Rattanstühlen mit taubenblauen Sitzkissen. Monatelang habe ich auf diese Therapie gedrängt, und nun finde ich es ganz schrecklich hier. Die Luft ist so stickig, wie ich es befürchtet hatte. Es ist stark überheizt – und wenn ich das schon so empfinde, muss es wirklich heiß sein, denn ich habe es eigentlich gern extrawarm und kuschelig, was stets zu Diskussionen und Gezänk zwischen Claus und mir führt, wenn wir uns in denselben Räumen aufhalten. Ich blicke ihn an, hebe die Augenbrauen; er wischt sich unauffällig mit dem Handrücken über die Stirn und formt ein unhörbares »Puuuh« mit seinen Lippen.

Vor uns, auf einem Kiefernholztischchen, steht eine Packung Kleenex – auch das trägt nicht gerade dazu bei, meine Stimmung zu heben. Tränen scheinen hier fest eingeplant zu sein.

Neben den Kleenex liegt ein Holzbrett, es sieht auf den

ersten Blick wie ein Brettspiel aus. Doch dann erkenne ich, dass es irgendein Therapiewerkzeug sein muss, denn um einen aufgemalten Kreis auf dem Brett sind verschiedene Gefühle aufgedruckt: Wut, Angst, Hass, Liebe, Freude, Ablehnung und so weiter. Ein drehbarer Holzpfeil in der Mitte kann so bewegt werden, dass er wie eine Art Uhrzeiger auf das jeweilige Gefühl weist, das man empfindet. Esoterikscheiß. O Gott, ich hasse so was, denke ich.

Claus hat sich endlich um die Therapiestunde gekümmert, und er hat natürlich eine blonde, sehr attraktive Therapeutin ausgesucht, die gleich bei mir ums Eck praktiziert. Als er mir den Link zu ihrer Homepage mailte, musste ich grinsen.

»War ja klar, dass du zu einer Blondine willst«, sagte ich am Telefon zu ihm.

»Aber du musst zugeben, dass sie einen ganz guten Eindruck macht, wenn man sich das alles durchliest, was sie da auf ihrer Website so schreibt.«

»Ja, macht einen Spitzeneindruck«, antwortete ich und meinte das nur ein klein wenig ironisch. Es klang wirklich gut.

Jetzt, wo ich ihr gegenübersitze, finde ich sie nicht mehr ganz so attraktiv wie auf dem Foto im Netz, trotzdem durchzuckt mich ein Anflug von Eifersucht, so wie jedes Mal, wenn ich mit schönen blonden Frauen zu tun habe, von denen ich weiß, dass sie Claus gefallen. Und wie jedes Mal ärgere ich mich schrecklich über mich selbst. Wir kann man in diesem, meinem, hohen Alter nur so unglaublich bescheuert, kindisch und albern sein, frage ich mich?

Noch dazu, wo diese Therapeutin sehr sympathisch und kompetent wirkt – auch wenn sie eindeutig zu selten lüftet.

Claus hat mich vorgewarnt. Er sagte, es könne uns passieren, dass wir gleich wieder weggeschickt werden, weil sich die Psychologin den Fall nicht zutraut. Noch weiß sie nichts über uns, und wir sind ja nicht gerade ein Durchschnittspärchen. Claus spricht aus Erfahrung. Eine Psychologin lehnte ab, ihn zu behandeln, als er direkt nach der Haftentlassung einen geeigneten Therapieplatz suchte – das gehörte zu seinen Bewährungsauflagen. Ich hatte mir früher immer vorgestellt, dass entlassenen Strafgefangenen automatisch ein Therapeut zugewiesen wird, ähnlich wie ein Bewährungshelfer. Doch bei Claus war das nicht der Fall, er musste sich selbst darum kümmern.

»Und diese Psychologin sagte damals ganz klar zu mir: ›Das ist mir zu hart, damit kann ich nicht umgehen, da fühle ich mich überfordert.‹ So was muss man natürlich akzeptieren, ist ja auch durchaus verständlich. Und es ist mir lieber, sie sagt es gleich als erst nach ein paar Stunden.«

Unsere Therapie-Blondine bleibt jedoch bewundernswert gelassen, als Claus gleich in den ersten Sätzen von dem Mord an Elke berichtet. Er benutzt ähnliche Formulierungen wie damals, als er es mir gestanden hat. Wieder einmal wird mir bewusst, wie oft er diese Geschichte schon erzählt haben muss – wieder und immer wieder.

»Direkt nach der Haft habe ich quasi ununterbrochen davon gesprochen. Wieso, weshalb, warum; natürlich habe ich auch von der Zeit im Gefängnis berichtet, und dann wieder wieso, weshalb, warum. Immerzu und immer wieder, und zwar so lange, bis meine Freunde sagten: ›Hör auf, wir können es nicht mehr hören.‹« Das hat er mir vor Kurzem mal erzählt.

Und genau das ist eines unserer Probleme, denke ich. Claus' Freunde, Bekannte, seine Familie und auch er selbst hatten viele Jahre Zeit, sich mit der Sache auseinanderzusetzen, den Schock zu überwinden, zu trauern und eine Methode zu finden, damit umzugehen. Ich hatte das nicht.

Nur eine Sekunde lang hatten sich die Augen der Therapeutin geweitet, als Claus den Satz »Ich habe meine langjährige Freundin ermordet und bin deshalb zu einer elfjährigen Haftstrafe verurteilt worden« ausspricht, dann hat sie sich wieder im Griff.

Natürlich werde sie mit uns arbeiten, wenn wir das möchten, sagt sie. Es gebe keinen Grund, uns abzulehnen, und ein Problem mit Claus habe sie deshalb auch nicht, außerdem habe er ja seine Haftstrafe abgesessen. Sie lächelt uns zu, und wir alle nicken gleichzeitig.

Ich habe es also geschafft, bin endlich da, wo ich seit Monaten sein möchte: in einer Therapie, zusammen mit Claus. Doch es fühlt sich nicht an wie ein Sieg oder ein Triumph, mich überkommt noch nicht einmal Erleichterung, denn ich habe das Gefühl, diese Paartherapie erzwungen zu haben. Zu oft hat Claus wiederholt, dass er zwar mitmachen wird, wenn ich darauf bestehe, aber »nur wegen dir«. Zu lange hat er Ausreden erfunden, die ganze Sache hinausgezögert, meine Bitten und Nachfragen mit einem Nicken oder einem Lächeln vom Tisch gewischt.

So lange, bis in mir Zweifel wuchsen, wie wichtig ich ihm wirklich bin, und ich mich zu fragen begann, ob ich seinen ganzen Versprechungen und großen Worten trauen kann.

So lange, bis ich ihm in einem weiteren, ziemlich schlimmen Streit mit Trennung gedroht habe, sollte er sich nicht endlich um die Paartherapie kümmern. Auch bei dieser Auseinandersetzung habe ich Claus' Zahnbürste in meinem Bad zerbrochen und das neue, inzwischen gerahmte Foto von uns beiden in den Mülleimer geworfen. Ja, diese Zahnbürsten-Zerstörungswut ist in etwa so kindisch und klischeehaft wie meine Eifersucht auf alle Blondinen, aber es ist außerdem noch etwas anderes: eine ziemlich hilflose Reaktion. Und genauso fühle ich mich auch. Hilflos.

Alle meine Freunde haben vollstes Verständnis für Claus' Verzögerungstaktik beim Thema »Paartherapie«. Ich höre von ihnen Sätze wie: *Ist doch logisch, dass der die Nase voll hat; kann ich gut verstehen; nach zehn Jahren Therapie hättest du auch keine Lust mehr; der will jetzt einfach nach vorn blicken und nicht dauernd zurück; Therapie-Overkill* – das letzte Statement stammt natürlich von Olaf. Zugleich sind aber auch alle ratlos, wenn ich sie darum bitte, mir zu sagen, wie ich denn mit dem Ganzen umgehen und leben soll. Wie ich mit der Unsicherheit und dem Gefühlschaos klarkommen soll. Was sie an meiner Stelle tun würden. Ob sie sich vorstellen könnten, ihre Zukunft mit einem Mörder an ihrer Seite zu planen. Auf einen Exknacki zu bauen.

Dann schweigen alle betreten und sagen irgendwann Ähnliches wie: *Na ja, um eine Therapie kommt ihr wahrscheinlich nicht herum; hättet ihr schon viel früher damit anfangen sollen; da muss er halt irgendwie durch; du musst ihm einfach sagen, wie wichtig das für euch ist.*

Als ob ich das nicht tausendmal gemacht hätte.

Wir sind jetzt endlich hier, aber es fühlt sich an, als wäre es zu spät.

Wir streiten zu oft, zu heftig, zu laut, die Auslöser sind – wie bei vielen anderen Paaren – absurd, nichtig, lächerlich. Doch ich weiß nicht, ob es sich um ganz normale Pärchenprobleme handelt, ob wir einfach zu unterschiedlich sind – oder ob Claus' Vergangenheit bei alldem eine Rolle spielt.

Neulich zum Beispiel. Ich hatte mir eine schlimme Erkältung eingefangen mit allem, was dazugehört: Husten, Fieber, Kopf- und Gliederschmerzen – ich fühlte mich hundeelend. Claus war auch angeschlagen, brachte mir aber trotzdem eine Dose Hühnersuppe vorbei, die ja als Hausmittel gegen Erkältungskrankheiten gilt, auch wenn ich nicht mehr weiß, warum. Lieb, fürsorglich, zuvorkommend – mir wird jetzt noch ganz warm ums Herz, wenn ich an diese Erste-Hilfe-Aktion von ihm denke. Dann jedoch lief wieder einmal alles schief. Ich stand ungekämmt und fiebrig mit meinem alten, ausgefransten Bademantel in der Küche, öffnete die Dose und kippte ihren schwabbeligen Inhalt in einen Topf. Claus saß auf einem Küchenstuhl, beschwerte sich wie immer darüber, wie unbequem und hart meine Stühle seien – und fing an, Ratschläge zu erteilen und Handlungsanweisungen zu geben.

Weißt du überhaupt, wie man Dosensuppe macht – ich meine, du hast ja noch nicht mal 'ne Mikrowelle. Du musst den Herd schon etwas höher drehen, sonst wird das ja nie warm. Mit einer Mikrowelle wäre das in wenigen Sekunden fertig. Hast du umgerührt, du musst unbedingt umrühren. Hast du überhaupt irgendwas Vernünftiges zum Umrühren? Aus diesem Minischüsselchen willst du die Suppe essen? Hast du nix anderes, einen normalen Suppenteller? Also, ich verstehe nicht, warum du den Herd nicht auf die Höchststufe drehst, ich mache das immer so. Kannst du mir einen anderen Löffel geben, der hier ist nicht ganz sauber. In der Mikrowelle wäre das längst warm. Und so weiter und so fort.

All das sagte ein Mensch, der in seiner nicht allzu sauberen Ein-Quadratmeter-Küche höchstens mal eine Fertigpizza in den Ofen schiebt oder eine Thunfischnudelpfanne zusammenrührt – das Rezept dazu hat er im Knast gelernt.

Anfangs blieb ich freundlich. Ich beantwortete geduldig jede Frage, rührte brav um, stellte gehorsam den Herd höher, holte schnell einen großen Suppenteller aus der Spülmaschine und wusch ihn mit der Hand ab, brachte ihm mit einer Entschuldigung einen neuen, sauberen Löffel. Dann bat ich darum, mich doch bitte einfach machen zu lassen, da ich trotz meines Fiebers durchaus in der Lage sei, eine Dosensuppe aufzuwärmen.

Ich stellte mir vor, ich würde gerade nicht diese Suppe heiß machen, sondern ein Baby aus meinem Körper pressen oder wickeln oder stillen oder baden oder anziehen. Würde Claus dann auch hinter mir stehen und in jeder Sekunde Regieanweisungen geben? Ein grauenhafter

Gedanke. Wie sollen wir beide ein Kind aufziehen, das er sich so sehr wünscht, wenn er mir noch nicht einmal zutraut, eine Dosensuppe aufzuwärmen?

Ich merkte, dass es in mir anfing zu brodeln wie im Suppentopf vor mir. Und irgendwann – ich glaube, nach seiner Bemerkung, dass ich während des Essens den Deckel auf den Topf legen solle, damit die Suppe warm bliebe – verlor ich die Fassung und fuhr ihn an: »Hältst du mich eigentlich für komplett bekloppt? Zu doof für eine Dosensuppe? Was soll diese ununterbrochene Besserwisserei, Nörgelei und Rumerzieherei? Warum kannst du mich nicht einfach mal machen lassen und den Mund halten?«

Natürlich war ich für Claus' Geschmack viel zu laut. Und schon waren wir im schönsten Streit, in dem es nach einer Stunde wieder mal um Trennung ging. Von der Dosensuppe zur Trennung in einer Stunde – darin sind wir Weltmeister.

Oder wie gerade eben auf dem Weg zur Paartherapie. Claus holte mich ab. Er hatte vorgeschlagen, gemeinsam hinzugehen, da die Praxis nur wenige Hundert Meter von meiner Wohnung entfernt ist. Nach dem Begrüßungsküsschen erzählte ich ihm davon, dass ich das Depressions-Sonderheft deutlich früher abgeben müsse als ursprünglich vereinbart und dass ich außerdem mehr Geschichten schreiben werde, da einige Autorinnen krank geworden seien. Ich fing an zu jammern, dass die nächste Zeit ziemlich stressig werden würde.

»Mir graut davor, aber da muss ich jetzt halt durch«, sagte ich zu ihm.

Claus sah das völlig anders. Das solle ich mir nicht gefallen lassen, ich müsse lernen, auf den Tisch zu hauen und mich durchzusetzen, alt genug sei ich ja wohl; ob ich denn überhaupt schon mal mit der Redaktionsleiterin gesprochen und ihr klargemacht hätte, dass das so nicht gehe; und dass so etwas auch zum Job gehöre, mal ganz deutlich seinen Standpunkt zu verteidigen …

Ich reagierte genervt.

»Nein, verdammt, das habe ich nicht, und darum geht es doch überhaupt nicht …«

»Ein typisches Mann-Frau-Problem«, sagt die Paartherapeutin eine halbe Stunde später und lächelt uns milde an.

»Sie«, sagt sie und blickt in meine Richtung, »wünschen sich emotionale Unterstützung, möchten sich einfach mal ausheulen und getröstet werden.« Dann guckt sie Claus an. »Und Sie bieten ihr sofort Problemlösungen an, auf einer sehr rationalen Ebene. Versuchen Sie doch stattdessen mal, Ihre Freundin emotional zu unterstützen, sprich zu trösten, wenn sie sich im Job überfordert fühlt. Sagen Sie einfach mal nichts, und nehmen Sie sie stattdessen in den Arm.«

Claus nickt.

»Und Sie könnten die Ratschläge Ihres Freundes doch auch positiv sehen. Es sind Vorschläge, es ist seine Form, Ihnen zu helfen, kein Angriff.«

Auch ich nicke.

Wieder wendet sie sich Claus zu.

»Und was die Dosensuppe betrifft: Sie meinen es bestimmt nur gut. Aber letztlich vermitteln Sie Ihrer Freundin damit immer: *Mach's anders, mach's wie ich*. Tun Sie sich schwer damit, zu akzeptieren, wenn Dinge anders gemacht werden, als Sie sie machen würden?«

»Ja, sehr«, sage ich, bevor Claus antworten kann.

»Nein, überhaupt nicht!«, ruft Claus.

»Doch, du Kontrollfreak«, denke ich und schäme mich für meinen Gedanken.

»Auch wenn Sie sich nicht schwer damit tun – auf Ihre Freundin muss es so wirken, wenn Sie ihr beim Dosensuppenaufwärmen so viel dazwischenreden. Verstehen, Sie, was ich meine?«

»Hm, ja«, meint Claus.

»Und Sie sollten sich bewusst machen, dass auch das kein Angriff Ihres Freundes ist. Versuchen Sie es doch einmal aus seiner Perspektive zu betrachten …«

»Genau«, sagt Claus und unterbricht die Therapeutin. Eine Angewohnheit, mit der er mich während unserer Streitereien zur Raserei bringt – oft lässt er mich kaum noch zu Wort kommen, was mich wiederum dazu bringt, immer lauter zu werden. »Ich meine, wir lieben uns doch«, fährt Claus fort, »da sollte doch klar sein, dass ich nicht alles böse meine. Kristin legt, ich meine, du legst immer alles gegen mich aus.«

»Da geben Sie ein gutes Stichwort: Liebe. Erinnern Sie sich noch an die Anfangszeit, als Sie frisch verliebt waren?«, ergreift die Therapeutin wieder das Wort.

Wir nicken synchron.

»Da sind Sie sich in Liebe begegnet. Darum muss es wieder gehen. Sich in Liebe zu begegnen.«

Bei ihren letzten Sätzen ziehe ich scharf die Luft ein und seufze innerlich.

Die Therapeutin hat recht mit ihrer Analyse und ihren Ratschlägen. Doch Ausdrücke wie »in Liebe begegnen« haben bei mir denselben Effekt wie zwei Styroporstücke, die aneinandergerieben werden – ich kann es nicht hören, ohne dabei zu leiden.

Himmel, Kristin, denke ich, hör auf damit, dich über solche unwichtigen Kleinigkeiten oder einzelne Formulierungen aufzuregen. Was die Blondine sagt, stimmt. Stimmt. Stimmt. Verdammt noch mal.

Ich fange an zu überlegen, wann Claus und ich uns zuletzt in Liebe begegnet sind, aber es klappt nicht. Alles in mir sträubt sich; dieser Ausdruck ist einfach zu grauenvoll. Ich versuche es mit *Wann waren wir uns zuletzt nah, wann haben wir eine schöne Zeit miteinander gehabt?* Erschreckend, dass ich so lange überlegen muss. Zum Glück fällt mir irgendwann das Anfänger-Weinseminar ein, das wir vor Kurzem zusammen besucht haben. Wir trinken beide äußerst gern Wein, wissen aber so gut wie gar nichts darüber. Also gingen wir mit dem festen Vorsatz zu der dreistündigen Abendveranstaltung, möglichst viel über Weinsorten, korrektes Probieren im Restaurant, gute und schlechte Weine und den richtigen Wein zum Essen zu lernen. Das Seminar war jedoch alles andere als eine theoretische Angelegenheit; es handelte sich eher um eine ausufernde Weinprobe, wie wir nach kürzester Zeit feststellten. Wir probierten uns durch zwanzig Weine, versuchten dabei Johannisbeeren, Mandarinen, Walnüsse, Mangos, Schmieröl, Blumenerde, Kupfer und sogar Kuhmist-Aromen herauszuschmecken. Wir schwenkten, schnupperten, schmatzten, gurgelten und stopften uns nebenher mit Salami, selbst gebackenem Brot und Käsewürfeln voll. Am Ende kicherten wir nur noch – ich hatte es längst aufgegeben, mir irgendetwas zu merken. Wir wankten Arm in Arm nach Hause mit dem festen Vorsatz, so bald wie möglich das Fortgeschrittenen-Seminar zu besuchen.

»Meinst du, der fragt uns ab, bevor wir mitmachen dürfen?«, lallte ich. »Dann können wir's nämlich vergessen, der stuft mich sofort zurück in den Anfänger-Kurs. Ich weiß jetzt schon nix mehr.«

»Ich sag dir vor«, antwortete Claus, der deutlich nüchterner war. »Darin bin ich Profi.«

Wir lachten, und ich gab ihm ein Küsschen auf die Wange.

Das Geständnis, Elke, der Mord, alle Schwierigkeiten waren für einen Abend lang völlig verschwunden. Wir waren ein ganz normales Paar; es fühlte sich an wie am Anfang unserer Beziehung, als ich noch nichts wusste.

Wir brauchen mehr solcher Momente, denke ich und zupfe an dem taubenblauen Sitzkissen, viele, viele, viele mehr. Diese schönen Momente müssen ein Gegengewicht zu Claus' Vergangenheit bilden. Dann wird alles gut.

Obwohl mich diese erste Paartherapiestunde angestrengt und ermüdet hat, ist sie nicht die letzte. Claus und ich sind uns einig, dass es etwas gebracht hat, darum gehen wir wieder hin. Lernen neue Kommunikationstechniken und kommen uns lächerlich vor. Zwei Stunden lang muss der eine etwas sagen, auf das der andere nicht sofort antwortet, sondern das gerade Gehörte zusammenfasst und dann nachfragt, ob er alles richtig verstanden hat. Erst danach darf er eine Antwort geben – die der Gesprächspartner dann wieder mit eigenen Worten zusammenfasst, bevor er seinerseits reagiert.

Es ist mühsam. Es nervt. Und ich weiß nicht, ob es uns weiterbringen wird. Claus sieht nicht aus, als würde er mir in Liebe begegnen wollen, sondern als würde er gleich das Gefühlsbrett gegen die Wand schmeißen.

»Ist Ihnen das jetzt zu viel?«, fragt ihn die Therapeutin.

»Nein, nein, überhaupt nicht«, antwortet Claus.

Ich glaube ihm kein Wort.

Die Therapeutin auch nicht: »Sie sehen aber so aus.«

Doch auch diese Sitzung bringen wir hinter uns, zahlen unsere zweihundert Euro für zwei Stunden und gehen nach Hause. Meine Frage, inwieweit der Mord und Claus' Vergangenheit unsere Beziehung überschatten, kann die Therapeutin nicht beantworten.

»Das kann ich Ihnen leider auch nicht sagen, wie sich das auswirkt.«

Wie sollte sie auch, nach diesen paar Stunden?

Gibt es überhaupt eine Antwort darauf? Ich bin kurz davor, aufzugeben.

Sonntagsfrühstück in meiner Küche. Claus ist wie immer früher aufgestanden und hat bereits einen Halbmarathon hinter sich. »Nein, mehr als einen Halbmarathon«, korrigiert er mich. »Dreiundzwanzig Kilometer.«

Ich streiche Butter auf die noch warme Brezel, die er mir mitgebracht hat, beiße hinein und schaue ihn an.

»Ach so. Wahnsinn«, sage ich mit vollem Mund und meine es genau so. Nach wie vor ist es mir völlig schleierhaft, wie man vor dem Frühstück dreiundzwanzig – ich betone: dreiundzwanzig – Kilometer laufen kann, und das auch noch bei Nieselregen. Doch Hauptsache, es macht ihn glücklich. Und noch wichtiger: Ich muss nicht mitkommen.

Wie immer ist Claus ganz aufgedreht und erzählt davon, wie er seine Trinkflasche im Gebüsch versteckt hat, um sie nicht mittragen zu müssen; wie gut sich die neue Trainingsjacke auf der Haut anfühlt, auch wenn die Farbe eigentlich nicht nach seinem Geschmack ist – ein grelles Blau … »Oder was denkst du?«, fragt er. »Ich steh auf kräftige Farben. Keine halben Sachen. Das weißt du doch.« Ach ja, und wie vielen anderen Joggern er trotz des miesen Wetters im Englischen Garten begegnet ist.

Ich rühre in meiner Tasse um und nehme einen Schluck Kaffee.

»Unglaublich.«

Auf meinen Knien liegt ein Artikel aus dem Gesellschaftsteil der *FAS*. Er passt nicht ganz zu unserer Situation, zumindest will ich das nicht hoffen. Die Überschrift lautet nämlich: »Wenn die Liebe geht«. Hängen geblieben bin ich an der Unterzeile: »Von Tätern und Opfern in Partnerschaften«. Claus ist ein Täter. Aber bin ich ein Opfer?

Der Paartherapeut Ulrich Clement nennt in diesem Artikel die »Grundfigur aller Paarkonflikte schlechthin: Wenn es schlecht läuft, ist der andere immer ein bisschen mehr schuld als ich selbst«. Denn: »Keiner hat gern Schuld. In moralischer Hinsicht ist die Opferrolle überlegen.« Interessanterweise, so steht es in der Zeitung, habe der Paartherapeut immer nur mit Opfern zu tun, als Täter sehe sich bei Paarkonflikten kaum jemand.

Ich blicke aus dem Küchenfenster auf Claus' und Elkes alte Wohnung.

Elke war ein Opfer, ein wirkliches Opfer. Ich bin keines.

Ich habe mich freiwillig dafür entschieden, mit Claus zusammen zu sein und zu versuchen, eine Beziehung aufzubauen, trotz aller Schwierigkeiten. Es ist das, was ich mir wünsche. Oder?

Abends wollen wir ins Kino gehen. Das heißt: Ich will. Claus lässt sich widerstrebend mitschleifen. Als ich ihm letzte Woche von dem Film vorgeschwärmt habe, sagte er nach einigem Zögern: »Na gut, ich komme mit. Das überstehe ich. Stadelheim habe ich schließlich auch überstanden.«

Ich fand diesen Spruch nicht besonders lustig und dachte daran, wie viel Spaß ich mit Olaf oder Hannah gehabt hätte, die das Erscheinen dieses Films genau wie ich kaum erwarten konnten. Es machte mich wie immer traurig, zu erkennen, wie wenig wir gemeinsam haben, wie schwer es uns fällt, etwas zu finden, an dem wir beide Spaß haben. Trotzdem sagte ich nichts, sondern quetschte nur ein »Haha« hervor. Und fügte hinzu: »Lieb, dass du dich überreden lässt.«

Der Film beginnt um acht. Als ich um Viertel nach sieben zum Aufbruch mahne, sagt Claus: »Jetzt schon?«

»Ja, wir müssen die Karten eine halbe Stunde vorher …«

»Ich hatte dir doch gesagt, du sollst reservieren.«

»Hab ich doch.«

»Ja, aber so reservieren, dass wir sie jederzeit am Automaten abholen können, damit wir nicht so früh losmüssen. So wie ich es beim letzten Film gemacht habe. Ich habe echt keine Lust, jetzt schon dorthin zu dackeln und dann ewig rumzustehen.«

»Sorry, das hab ich irgendwie verdaddelt. Wir müssen sie an der Kasse abholen. Ist doch jetzt nicht so …«

»Wann hast du denn reserviert?«

»Heute Nachmittag.«

»Heute? Nachmittag? So spät? Hast du denn noch gute Plätze bekommen?«

»Geht so, also eher am Rand, aber …«

»Das gibt's doch jetzt nicht. Ein 3-D-Film in Überlänge, und wir sitzen am Rand.«

»Die sind wirklich nicht schlecht, die Plätze, ehrlich. Ich …«

»Und warum hast du nicht schon letzte Woche bestellt, als wir darüber gesprochen haben?«

»Weil, weil, weil … Verdammt, ich weiß es auch nicht. Ich habe es einfach vergessen.«

Ich denke an den Satz der Therapeutin, dass mich Claus in solchen Momenten nicht angreifen oder herabsetzen will, sondern dass das seine Art ist, mir zu helfen. Leider fühlt es sich überhaupt nicht danach an. Und diese dauernden Unterbrechungen mitten im Satz machen mich wahnsinnig.

»In Liebe begegnen. In Liebe begegnen. In Liebe begegnen«, murmle ich.

»Was?«, fragt Claus.

»Ich bin sauer«, fauche ich, »total sauer. Musst du mich eigentlich immer wegen allem niedermachen, verdammt?«

So viel zu meiner Fähigkeit, die Ratschläge der Therapeutin umzusetzen.

Wir gehen nicht ins Kino. Wir streiten. Nach einer halben Stunde geht es wieder um Trennung. Von der Kinokarte zur Trennung in dreißig Minuten. Es geht immer schneller.

Claus verlässt die Wohnung. Natürlich knallt er dabei nicht mit Türen, wie ich es immer mache, er zieht sie vorsichtig hinter sich zu. Wie immer rührt es mich, dass er bei jedem Streit versucht, so ruhig wie möglich zu bleiben und einen Konflikt unter keinen Umständen eskalieren zu lassen. Ich nehme an, das hat er jahrelang in Therapien trainiert. Leider kompensiert er das gern mit dummen Sprüchen und kleinen Gemeinheiten. Die Rollen sind beim Streiten inzwischen glasklar verteilt: Ich werde laut, er wird gemein. Mir fällt der Satz aus der Zeitung ein: *Wenn es schlecht läuft, ist der andere immer ein bisschen mehr schuld als ich selbst.* In diesem Fall ist Claus aber wirklich ein bisschen mehr schuld, denke ich, schließlich hat er … Ach, Quatsch. Ich habe mich genauso beschissen verhalten. Aber er war noch schlimmer als ich, beschließe ich und tue mir leid.

Laut den Paartherapeuten in dem *FAS*-Artikel greift in solchen Fällen ein »tief verankertes Muster aus Sandkastentagen: ›Der hat mich geschubst.‹ – ›Aber der hat mich mit der Schippe gehauen.‹« Stimmt genau. Ich verhalte mich wie ein Kindergartenkind. Verdammt. Warum ist alles so kompliziert?

Ich spüre, wie mir Tränen in die Augen steigen. Ich gehe ins Bad und schnappe mir seine Zahnbürste, halte sie in beiden Händen, biege sie durch. Gleich wird sie brechen – da sehe ich mich im Spiegel.

»Nein«, sage ich laut zu meinem Spiegelbild. »Schluss damit!«

So kann es einfach nicht weitergehen, Mord hin oder her.

Ich lege die Zahnbürste wieder zurück an ihren Platz, esse ein Stück Trüffelschokolade, um mich zu beruhigen, dann noch eins und warte, bis ich sicher bin, dass Claus zu Hause angekommen ist. Ich nehme das Handy und wähle seine Nummer. Ich rechne damit, dass er nicht rangeht, so wie ich manchmal, wenn wir uns gestritten haben. Doch Claus ist anders, er nimmt ab. Seine ersten Worte sind jedoch alles andere als freundlich:

»Was ist?«

»Ich möchte mit dir reden.«

»Ich aber nicht mit dir. Wir haben doch die ganze Zeit geredet.«

»Ja, aber –«, ich zögere, das nächste Wort auszusprechen, »vernünftig reden.«

»Vernünftig? Und das aus deinem Mund.«

»Ich setze mich ins Auto und fahre schnell zu dir.«

»Nein!«

»Wie – nein?«

»Ich möchte nicht, dass du zu mir kommst. Ich möchte nicht reden. Ich will meine Ruhe. Bleib bloß zu Hause.«

»Aber …«

Claus hat aufgelegt. So etwas macht er sonst nie – das ist eher mein Part.

Ich gehe in die Küche und esse noch ein Stück Trüffelschokolade. Egal, was er sagt, ich fahre jetzt zu ihm. Entschuldige mich, bitte darum, sich die Regieanweisungen zu verkneifen, wenigstens ab und zu. Und weiter mit mir zur Paartherapie zu gehen, auch wenn es nervt. Ich nehme mir vor, ihm in Liebe zu begegnen. Ich schlüpfe in den neuen Pulli, für den er mir kürzlich ein Kompliment gemacht hat, ziehe den von meinen Krokodilstränen verwischten Kajal nach, bürste meine so gar nicht blonden Haare, packe das Hemd ein, das er bei seinem überstürzten Aufbruch vergessen hat. Dann fahre ich los. Zwanzig Minuten später stehe ich vor Claus' Haustür. In seiner kleinen Küche brennt Licht. Ich drücke auf den Klingelknopf. Nichts passiert. Ich warte zwei Minuten. Drücke noch einmal. Wieder nichts.

»Das glaube ich jetzt einfach nicht«, sage ich laut.

Ein Fußgänger dreht sich kurz nach mir um.

Ich trete vom Klingelschild einen Schritt zurück und blicke an dem hässlichen Neubau hoch, um sicherzugehen, dass ich wirklich Licht in der Küche gesehen habe. Ja. Kein Zweifel. Noch mal klingeln. Keine Reaktion.

Als ich das Handy aus meiner Manteltasche fummle, koche ich innerlich bereits. Alle guten Vorsätze, wie etwa eine ehrlich gemeinte Entschuldigung für mein Verhalten und ein ruhiges, vernünftiges, erwachsenes Gespräch, sind verpufft.

Er macht nicht auf, er geht nicht ran. Spinnt der? Was nimmt er sich eigentlich heraus? Ich komme extra angekrochen, und er lässt mich auf der Straße stehen? Inzwischen koche ich nicht nur, ich bin kurz davor, zu explodieren. Das war's. Das lasse ich mir nicht gefallen. Das geht zu …

Mein Handy summt. Claus.

»Sag mal, geht's noch?«, fauche ich sofort.

»Kristin …«

»Das ist ja wohl das Alleroberletzte!«

»Wo bist du denn?«

»Das weißt du genau. Vor deiner Haustür. Vier Mal habe ich jetzt geklingelt, ich mache mich hier zum Deppen, und du …«

»Ich bin nicht zu Hause.«

»Das ist doch gelogen. Ich sehe doch, dass in deiner Küche Licht brennt.«

»Das habe ich wohl nicht ausgeschaltet, ich bin etwas überstürzt losgelaufen.«

»Losgelaufen? Wo bist du? Bist du etwa im Dunklen zum Joggen gegangen?«

»Nein. Ich stehe vor deiner Haustür und habe mich darüber geärgert, dass du wieder Trotzköpfchen spielst und nicht öffnest.«

»Du bist bei mir?«

»Und du bist bei mir.«

Ich hole Luft. Mein Ärger hat sich in nichts aufgelöst. Irgendwo aus der Mitte meines Körpers bahnt sich ein glucksendes Lachen den Weg nach draußen. Ich höre, dass auch Claus lacht.

Vergiss Candle-Light-Dinner, vergiss Rosensträuße, vergiss Liebeserklärungen im Mondschein, vergiss selbst verfasste Liebesgedichte – das hier ist das Romantischste, was dir je passiert ist, Kristin, schießt es mir durch den Kopf. Wie im Film. Nein, schöner.

Ich liebe dich, denke ich, ich liebe dich wirklich. Doch ich spreche es nicht aus. Ich sage:

»Warte. Ich bin gleich bei dir.« Und nach einer Pause füge ich hinzu: »Wir müssen reden.«